MEG-Marktbilanz
Eier und Geflügel 2023

Deutschland · EU · Welt

MEG-Marktbilanz
Eier und Geflügel 2023
Deutschland - EU - Welt

Redaktion
Margit M. Beck
MEG - Marktinfo Eier & Geflügel
Schallengasse 12 - 53127 Bonn
Telefon: + 49(0)228-629 47 971
Telefax: + 49(0)228-962 00 987
E-Mail: meg@ulmer.de
Internet: www.marktinfo-eier-gefluegel.de

Verlag
Eugen Ulmer KG
Wollgrasweg 41 - 70599 Stuttgart-Hohenheim
Telefon: + 49(0)711-4507-0
Telefax: + 49(0)711-4507-120
E-Mail: info@ulmer.de
Internet: www.ulmer-verlag.de

ISSN 1869-1668
ISBN 978-3-8186-1839-1 (Print)
ISBN 978-3-8186-1840-7 (E-Book)
ISBN 978-3-8186-1841-4 (E-Book *Pro*)

Redaktionsschluss: Mai 2023
© Eugen Ulmer KG 2023. Alle Rechte vorbehalten.

Herstellung
mediaTEXT Jena GmbH, Jena

Druck
W. Kohlhammer Druckerei GmbH + Co.KG, Stuttgart

Rekordpreise auf allen Vermarktungsstufen

Liebe Leserinnen und Leser,

wer glaubte, dass die Eier- und Geflügelfleischmärkte nach zwei Jahren Corona und entsprechenden Marktverschiebungen 2022 zur Ruhe kommen würden, sah sich getäuscht. Entlang der gesamten Wertschöpfungskette war die Branche mit höheren Preisen konfrontiert. Preistreibend war 2022 insbesondere die Entwicklung der Futterpreise, nicht zuletzt als Folge des Ukrainekriegs. Zudem mussten die Produzenten höhere Kosten für Lohn-, Verpackung oder Transport verkraften. Auch die stark gestiegenen Energiepreise stellten eine Herausforderung für die Branche dar. Die Verteuerung der Produktion führte auch zu steigenden Preisen auf Großhandelsebene. Die höheren Beschaffungskosten gab der Lebensmitteleinzelhandel an die Verbraucher weiter. Die gestiegenen Verbraucherpreise führten im Laufe des Jahres zu einem veränderten Verbraucherverhalten. Premiumprodukte wurden eher vernachlässigt und preisgünstige Alternativprodukte bevorzugt.

Nach den Lockerungen der Corona-Maßnahmen rutschten die Haushaltskäufe am deutschen Eier- und Geflügelfleischmarkt insgesamt unter den hohen Level der Coronajahre. Das seit Anfang 2022 gültige Verbot des Tötens männlicher Küken belastet zudem die deutsche Eierbranche stark. Etliche Brütereien gaben auf und das Schlupfvolumen sank drastisch. Die Aviäre Influenza hielt die Branche 2021 in vielen Ländern weiterhin in Atem. Nicht nur in Asien und Europa setzte sich die Pandemie fort. Auch in Nord- und Südamerika kam es zu Ausfällen.

In unserer MEG-Marktbilanz 2023 analysieren wir diese und weitere Entwicklungen im Detail.

Interessenten, die kontinuierlich über die Marktbewegungen informiert sein wollen, möchten wir auf unser Onlineangebot und auf die Maildienste Eier und Geflügel kompakt hinweisen. Wir laden Sie zu einem befristeten dreimonatigen Schnupperabo ein. Mehr dazu finden Sie auf unserer Website **www.marktinfo-eier-gefluegel.de**.

Daten, die bei Redaktionsschluss der Marktbilanz Eier und Geflügel noch nicht vorlagen, können Sie per Webcode online abrufen. So funktioniert der Abruf: Gehen Sie auf unsere Homepage www.marktinfo-eier-gefluegel.de. Geben Sie den Webcode **576 59 22** in die Suchmaske ein und Sie finden die aktualisierten Seiten.

Wie immer zuletzt unsere Bitte: Wenn Sie spezielle Daten vermissen, Anregungen oder Fragen haben, lassen Sie es uns wissen.

Margit M. Beck, Marktinfo Eier & Geflügel

Inhaltsverzeichnis

Tabelle   Seite

Zeichenerklärung, Quellenangaben, Währungstabelle 11

1. Kommentare

Deutschland: Eiermarkt
Eierverbrauch 2022 gesunken .... 12 - 13

EU/Drittländer: Eiermarkt
International höhere Eierpreise .... 14 - 16

Marktforschung Eier
Eierkäufe leicht unter Vor-Corona-Niveau .... 17 - 20

Deutschland: Geflügelmarkt
Geflügelfleischproduktion verteuert .... 21 - 23

EU/Drittländer: Geflügelmarkt
Selbstversorgungsgrad rückläufig .... 24 - 26

Marktforschung Geflügel
Haushaltskäufe von Geflügelfleisch gesunken .... 27 - 30

EU: Marktorganisation 31

MEG
MEG-Dienste im Überblick 32

2. Deutschland/EU: Gesamt- und Ernährungswirtschaft und Strukturdaten

Ausgewählte gesamt- und ernährungswirtschaftliche Daten

1	Deutschland: Gesamt- und Ernährungswirtschaft	34
2	Produktspezifische Daten zur Ernährungswirtschaft in Deutschland	35
Grafik:	Wirtschaftsdaten für Deutschland	35
3	Europäische Union: Bevölkerung in der EU und Drittländer	36
4	Europäische Union: Gesamt- und Ernährungswirtschaft	37
Grafik:	DE: Anzahl der Brütereien für Legeküken	37

Inhaltsverzeichnis

Tabelle		Seite
	Strukturdaten in der Geflügelwirtschaft	
5	DE: Brütereien und deren Fassungsvermögen im Dezember	38
6	DE: Anzahl der meldepflichtigen Schlachtereien	39
Grafik:	DE: Geflügelschlachtereien und geschlachtete Tiere	39
7	EU: Brütereien und Fassungsvermögen der Brutanlagen für Hühnereier	40
7b	EU: Brütereien und Fassungsvermögen der Brutanlagen für Puten- und Enteneier	41
8	Bestandsgrößen in der Legehennenhaltung in Deutschland	42
9	Bestandsgrößen in der Legehennenhaltung nach Bundesländern	43
10	Bestandsgrößen in der Junghühnermast in Deutschland	44
11	Bestandsgrößen in der Junghühnermast nach Bundesländern	45
12	Bestandsgrößen in der Putenmast in Deutschland	46
13	Bestandsgrößen in der Putenmast nach Bundesländern	47
	EU: Bestandsgrößen in der Legehennenhaltung	
14	Zahl der Betriebe	48 - 50
15	Zahl der Legehennen	51 - 53
	EU: Bestandsgrößen in der Junghühnermast	
16	Zahl der Betriebe	54 - 56
17	Zahl der Jungmasthühner	57 - 59
	DE: Ökohaltung	
18	Betriebe mit Geflügelhaltung in ökologischer Wirtschaftsweise (Stand 2016)	60
18b	Bestände von Geflügel in ökologischer Wirtschaftsweise (Stand 2016)	61
18c	Betriebe mit Geflügelhaltung in ökologischer Wirtschaftsweise (Stand 2020)	62
18d	Bestände von Geflügel in ökologischer Wirtschaftsweise (Stand 2020)	63
3.	**Deutschland: Eier**	
19	Versorgungsbilanz Eier	66
20	Legehennenbestände in den Bundesländern	67
21	Legehennenhalter in den Bundesländern	68
	Bruteier und Küken	
22	Bruteiereinlagen der Legerassen	68
23	Kükenschlupf der Legerassen	69
24	Außenhandel mit Bruteiern	69
25	Außenhandel mit Küken der Legerassen	70
26	Einstallungen von Legeküken	71
Grafik:	DE: Schlupf von Legeküken	71
	Eierproduktion	
	Legehennenhaltung und Eiererzeugung	
27	- Meldende Betriebe	72

Tabelle		Seite
28	- Hennenhaltungsplätze	73
29	- Legehennen im Monatsdurchschnitt	74
30	- Auslastung der Haltungskapazität	75
31	- Eiererzeugung	76
32	- Legeleistung je Henne	77
33	Legehennenhaltung nach Haltungsformen	78
34	Legehennenbetriebe und Eiererzeugung nach Haltungsformen und Bundesländern	79
35	Hennenhaltungsplätze nach Haltungsformen und Bundesländern	80
Grafik:	DE: Meldende Betriebe und Hennenhaltungsplätze	80
36	Legehennenhaltung nach Bestandsgrößen	81

Außenhandel mit Konsum- und Bruteiern

37	Einfuhren von Eiern von Hausgeflügel in der Schale zum Verzehr in Stück	82
38	Einfuhren von Eiern von Hausgeflügel in der Schale zum Verzehr in Euro	83
Grafik:	DE: Länderanteile an den Importen von Schaleneiern zum Konsum	83
39	Ausfuhren von Eiern von Hausgeflügel in der Schale zum Verzehr in Stück	84
40	Ausfuhren von Eiern von Hausgeflügel in der Schale zum Verzehr in Euro	85
Grafik:	DE: Länderanteile an den Exporten von Schaleneiern zum Konsum	85
41	Einfuhren von Eiprodukten	86
42	Ausfuhren von Eiprodukten	87

Preise

43	Großhandelspreise für deutsche Eier - Discountbereich/Absatz über Zentrallager	88
44	Großhandelspreise für niederländische Eier – Käfig/Kleingruppenware	89
45	Großhandelspreise für niederländische Eier - Bodenhaltungsware	90
46 - 53	Notierungen und Preisfeststellungen	91 - 103
Grafik:	Notierungen der Weser-Ems Eierpackstellen	99
Grafik:	Schwerpunktpreise für Bio-Eier ab Packstelle	103
54	Verbraucherpreise für Eier in Deutschland	104
55	Preise für Legehennenalleinfutter	105
56	Erlös: Futterkosten-Relation	105

4.	**EU/Drittländer: Eier**	

Produktion und Verbrauch

57	Kükenschlupf der Legerassen	108
58	Legekükenexporte der EU-Länder	109
Grafik:	Veränderungen von Schlupf bzw. Einstallungen ausgewählter EU-Staaten	109
58 b	Legekükenimporte der EU-Länder	110
59	Versorgungsbilanz Eier der EU	110
60	Verwendbare Eiererzeugung in EU-Ländern	111
61	Gemeldete Legehennen nach Haltungsform	112
62	Eiererzeugung in Drittländern	113
Grafik:	Entwicklung der Konsumeiererzeugung der EU	113

Inhaltsverzeichnis

Tabelle		Seite
63	Eierverbrauch je Einwohner und Jahr	114
64	Selbstversorgungsgrad Eier der EU-Länder	115
Grafik:	Prozentuale Anteile an der EU-Eierproduktion	115

Außenhandel mit Eiern

65	Importe von Hühnereiern in der Schale zum Verzehr	116
66	Exporte von Hühnereiern in der Schale zum Verzehr	117
67	Importe von Eiprodukten	118
68	Exporte von Eiprodukten	119

Preise

69	Preise für Legehennenfutter in EU-Ländern	120
70	Internationale Erzeugerpreise für Eier	120
71	EU: Großhandelspreise für Eier	121
72	Verbraucherpreise für Eier in EU- und Drittländern	122

Daten zur Eierwirtschaft ausgewählter Länder

73-74	Niederlande	122 - 123
75	Frankreich	123
76-77	Vereinigtes Königreich	124
78	Spanien	125
79-80	Polen	125 - 126
Grafik:	Polen: Exporte von Schaleneiern	126

5. Deutschland: Geflügel

81	Versorgungsbilanz Fleisch in Deutschland	128

Geflügelfleisch insgesamt

82	Versorgungsbilanz Geflügelfleisch in Deutschland	129 - 130
83	Mastgeflügelbestände in den Bundesländern	131 - 132
84	Mastgeflügelhalter in den Bundesländern	133 - 134
85	Geflügelschlachtungen meldepflichtiger Betriebe in Deutschland	135

Außenhandel

86	Gesamteinfuhren von Geflügelfleisch	136
87	Monatliche Einfuhren von Geflügelfleisch	137
Grafik:	DE: Herkunft der Importe von Geflügelfleisch	137
88	Herkunft der Geflügelfleischeinfuhren	138 - 139
89	Monatliche Ausfuhren von Geflügelfleisch	140
Grafik:	DE: Empfänger der Exporte von Geflügelfleisch	140
90	Ausfuhren von Geflügelfleisch nach Arten und Bestimmungsländern in t	141
91	Ausfuhr von Geflügelfleisch nach Arten und Bestimmungsländern in Euro	142

Tabelle		Seite
	Hühner	
	Bruteier und Küken	
92	Bruteiereinlagen zur Erzeugung von Mastküken	142
93	Schlupf von Masthähnchen	143
94-95	Außenhandel mit Mastküken	143 - 144
96	Einstallungen von Mastküken	144
97	Außenhandel mit lebenden Hühnern	145
	Schlachtungen	
98	Monatliche Hähnchenschlachtungen	145 - 146
Grafik:	Deutschland: Hähnchenschlachtungen nach Herrichtungsform	146
99	Monatliche Hähnchenschlachtungen nach Zubereitungsarten und Angebotsform	147 - 148
Grafik:	Deutschland: Entwicklung der Hähnchenschlachtungen nach Angebotsform	148
	Außenhandel	
100	Einfuhren von ganzen Hähnchen/Hühnern nach Monaten und Herkunftsländern	149
101	Einfuhren von Hähnchen-/Hühnerteilen nach Monaten und Herkunftsländern	150
102	Aufgliederung der Einfuhren von Hähnchen-/Hühnerteilen	151
103	Ausfuhren von ganzen Hähnchen/Hühnern nach Monaten und Bestimmungsländern	152
104	Ausfuhren von Hähnchen-/Hühnerteilen nach Bestimmungsländern	153
	Preise	
105	Auszahlungspreise an die Hähnchenmäster	154 - 155
Grafik:	Entwicklung von Erzeugerpreisen und Mastfutter am Hähnchenmarkt	154
106	Schlachtereiabgabepreise für gefrorene Brathähnchen	156
Grafik:	Großhandelspreise für frische Hähnchenbrust	156
107	Schlachtereiabgabepreise für gefrorene Hähnchenteile	157
108	Schlachtereiabgabepreise - Frische Ware	158 - 159
109	Verbraucherpreise für gefrorene Hähnchen in Deutschland	159
110	Verbraucherpreise für frische Hähnchen in Deutschland	160
111	Verbraucherpreise für frische Hähnchenbrust (inkl. Schnitzeln) in Deutschland	160
112	Börsenpreise für Futtermittel	161
113	Preise für Hähnchenmastfutter	162
114	Erlös: Futterkosten-Relation	162
	Puten	
	Küken und Schlachtungen	
115	Schlupf von Putenküken	163
Grafik:	Großhandelspreise für frische Putenbrust	163
116	Außenhandel mit Putenküken und lebenden Puten	164
117	Monatliche Schlachtungen von Puten	165

Tabelle		Seite

Außenhandel

118	Einfuhren von ganzen Putenschlachtkörpern	166
119	Einfuhren von Putenteilen	166
120	Aufgliederung der Einfuhren von Putenteilen	167
121	Ausfuhren von ganzen Puten und Putenteilen	168
122	Einfuhren von Zubereitungen von Geflügelfleisch	169
123	Aufgliederung der Einfuhren von Zubereitungen	170 - 171
124	Ausfuhren von Zubereitungen von Geflügelfleisch	171

Preise

125	Auszahlungspreise an die Putenmäster	172
126	Schlachtereiabgabepreise für frisches Putenfleisch	173 - 175
127	Verbraucherpreise für frische Putenbrust	175
128	Preise für Putenmastfutter	176

Suppenhennen, Enten und Gänse
Daten vom Schlacht- und Suppenhennenmarkt

129	Monatliche Schlachtungen von Suppenhennen	176- 177
130	Erzeugerpreise für Schlachthennen	177
131	Schlachtereiabgabe- bzw. Großhandelspreise für Suppenhennen	178
132-136	**Daten vom Entenmarkt**	178 – 181
Grafik:	*Herkunft der deutschen Importe von Enten und Ententeilen*	*180*
137-141	**Daten vom Gänsemarkt**	182 - 184
Grafik:	*Herkunft der deutschen Importe von Gänsen und Gänseteilen*	*183*

6. EU/Drittländer: Geflügel

Fleisch

142	Versorgung der EU mit Fleisch insgesamt	186
Grafik:	*Pro-Kopf-Verbrauch von Hähnchen-, Puten- und Schweinefleischfleisch*	*186*
143	Bruttoeigenerzeugung von Fleisch insgesamt in EU- und Drittländern	187

Geflügelfleisch insgesamt

144	Geflügelfleischbilanz der EU	188
145	Bruttoeigenerzeugung von Geflügelfleisch in der EU	188
146	Geflügelfleischerzeugung in Drittländern	189
Grafik:	*EU: Entwicklung der Hähnchenproduktion*	*189*
147	Importe der EU-Länder	190 - 191
148	Exporte der EU-Länder	192 - 193
149	Außenhandel von Drittländern mit Geflügel- bzw. Hähnchenfleisch	194
150	Pro-Kopf-Verbrauch von Geflügelfleisch in EU- und Drittländern	195
151	Selbstversorgungsgrad Geflügelfleisch in der EU	196
Grafik:	*Nachweisbare Hühnerproduktion in der Welt*	*196*

Inhaltsverzeichnis

Tabelle		Seite
	Hühner	
152	Kükenschlupf der Masthähnchen	197
153	Mastkükenexporte der EU-Länder	197
154	Hähnchenproduktion in EU- und Drittländern	198
155	Pro-Kopf-Verbrauch von Hähnchen in EU- und Drittländern	199
156	Erzeugerpreise für Hähnchen in EU- und Drittländern	199
157	Erzeugerpreise für Schlachthennen in EU-Ländern	200
158	EU: Großhandelspreise für Hähnchen	200
159	Verbraucherpreise für Hähnchen	201
160	Preise für Hähnchenmastfutter in EU-Ländern	201
Grafik:	*Entwicklung der Hühnerproduktion in großen Produktionsländern*	201
	Puten und Enten	
161	Putenproduktion in EU- und Drittländern	202
162	Einstallungen bzw. Schlupf von Putenküken und Putenfleischexporte	203
163	Pro-Kopf-Verbrauch von Puten in EU- und Drittländern	203
164	Internationale Erzeugerpreise für Puten	204
Grafik:	*Polen: Entwicklung der Erzeugerpreise für Hähnchen und Puten*	204
165	Entenproduktion in EU-Ländern	205
	Daten zur Geflügelwirtschaft ausgewählter EU-Länder	
166-168	Niederlande	206 - 207
169-173	Frankreich	207 - 210
174	Belgien	210
175	Dänemark	211
176-177	Vereinigtes Königreich	211 - 212
178-179	Polen	212 - 213
Grafik:	*Polen: Entwicklung des Außenhandels mit Geflügelfleisch*	213

Hinweis

Hinweis zu den Preistabellen

Sofern nicht anders vermerkt, handelt es sich bei allen Preisen um Nettopreise, ohne Mehrwertsteuer. Preise für Produkte, die einer Handelsklassenverordnung unterliegen, beziehen sich immer auf Handelsklasse A.

Zeichenerklärungen

.	=	keine Angaben verfügbar
-	=	nichts
12345	=	unterstrichene Zahlen MEG-Schätzung
0	=	weniger als die Hälfte der verw. Einheit
s	=	geschätzt
r	=	revidiert
v	=	vorläufig
LG	=	Lebendgewicht
SG	=	Schlachtgewicht

Länderkürzel nach ISO 3166

AR	=	Argentinien
BR	=	Brasilien
CN	=	China
IN	=	Indien
IR	=	Iran
JP	=	Japan
MX	=	Mexiko
RU	=	Russland
ZA	=	Südafrika

Abkürzungen

AMI	=	Agrarmarkt Informations-Gesellschaft mbH, Bonn
BLE	=	Bundesanstalt für Landwirtschaft und Ernährung, Bonn
BMEL	=	Bundesministerium für Ernährung und Landwirtschaft, Bonn (seit 2013)
CBS	=	Central Bureau voor de Statistiek, Voorburg, Heerlen
EUROSTAT	=	Statistisches Amt der Europäischen Union, Luxemburg, Brüssel
FAO	=	Food and Agriculture Organisation of the United Nations, Rom
GfK	=	Marktforschungsinstitut GfK, Nürnberg
IEC	=	International Egg Commission, London
MEG	=	Marktinfo Eier & Geflügel
MINROL	=	Polnisches Landwirtschaftsministerium, Warschau
NOP	=	Nationale Organisatie Pluimveehouders
OECD	=	Organisation für wirtschaftliche Zusammenarbeit und Entwicklung
USDA	=	U.S. Department of Agriculture, Washington D.C.

Euro-Umrechnungskurse Jahresdurchschnitt 2022

	Währung	1 Euro entspricht	Währung	entspricht Euro
Ver. Königreich	GBP	0,8896	1 £	1,1275
Dänemark	DKK	7,4365	100 Dän. Kronen	13,4472
Schweden	SEK	11,1218	100 Schw. Kronen	8,9914
Schweiz	CHF	0,9847	1 Schweizer Franken	1,0155
Norwegen	NOK	10,5138	100 Norw. Krone	9,5113
USA	USD	1,0666	1 $	0,9376
Japan	JPY	140,66	100 Yen	0,7109
Polen	PLN	4,6808	100 Zloty	21,3639
Ungarn	HUF	400,87	100 Forint	0,2495
Thailand	THB	36,8350	100 Thai Bath	2,7148
Russland [1]	RUB	85,3004	100 Russ. Rubel	1,1723
Südafrika	ZAR	18,0986	100 South African Rand	5,5253
Tschechien	CZK	24,116	100 Tsch. Kronen	4,1466
Brasilien	BRL	5,6386	1 Brasil. Real	0,1773
Rumänien	RON	4,9495	1 Ron	0,2020
Türkei	TRY	19,9649	1 Türkische Lira	0,0501
Hong-Kong	HKD	8,3163	100 Hong Kong Dollar	12,0246

[1] 2021
Quelle: Deutsche Bundesbank

Deutschland Eiermarkt

Eierverbrauch 2022 gesunken

Laut Destatis wurden insbesondere in den ersten Monaten des Jahres 2022 mehr Legehennen in Deutschland gehalten als noch 2021. In der zweiten Jahreshälfte kam es dann zu einer niedrigeren Auslastung der Haltungskapazität in den Ställen. In der Jahressumme wurden dennoch in den Ställen mit 3.000 und mehr Haltungsplätzen mehr Eier erzeugt. Dies spiegelt sich auch in der noch vorläufigen Versorgungsbilanz für Eier wider, die von der BLE (Bundesanstalt für Landwirtschaft und Ernährung) und MEG abgestimmt wurde. Unter Berücksichtigung der nicht von Destatis erfassten kleineren Bestände, dürfte die Konsumeierproduktion in Deutschland 2022 gegenüber dem Jahr 2021 um 0,9 % auf 14,76 Mrd. Eier gestiegen sein. Insgesamt bezifferte sich der Legehennenbestand auf 50,4 Mio. Hennen (ohne Elterntiere), das waren 1,3 % mehr als 2021. Somit stieg der Bestand stärker als die Produktion, weil die jährliche Legeleistung je Henne um 1 Ei auf 293 Eier zurückpendelte.

Insgesamt wurden etwas weniger Eier eingeführt, aber mehr exportiert (siehe Grafik), daher verfehlte der deutsche Nahrungsverbrauch mit 19,31 Mrd. Eier das Vorjahresergebnis um 0,4 %. Dies führte zu einem geringeren Pro-Kopf-Verbrauch. Pro Einwohner wurden noch 230 Eier verbraucht. Das waren sogar 1,3 % weniger als 2021, denn die Einwohnerzahl Deutschlands hat sich 2022 im Vergleich zu 2021 deutlich vergrößert. Destatis wies für Mitte 2022 eine Einwohnerzahl von 84,1 Mio. Menschen aus, das waren fast 1 Mio. mehr als Mitte 2021. Der Zuwachs war nicht zuletzt auf die hohe Anzahl ukrainischer Kriegsflüchtlinge zurückzuführen. Der Verbrauch des Jahres 2021 wurde anhand der nun endgültig vorliegenden Außenhandelsergebnisse korrigiert und lag bei 233 Eiern pro Einwohner. Beim hohen Verbrauch des Jahres 2020 von 242 Eiern pro Kopf ist zu bedenken, dass hier auch Corona-bedingte Lagerbestände, die statistisch nicht zu erfassen sind, mit einflossen. Nicht alle diese Eier wurden auch 2020 gegessen.

Im Vergleich zum Jahr 2005, als mit 205 Eiern in diesem Jahrhundert der niedrigste Pro-Kopf-Verbrauch in Deutschland ermittelt wurde, lag der Konsum aber noch um 25 Eier bzw. 12 % höher. Hier könnte sich auch niederschlagen, dass Eier in den zurückliegenden Jahren verstärkt in der Convenience-Branche eingesetzt wurden. So beinhalten zum Beispiel vegetarische Brotaufstriche oftmals Eier bzw. Eiprodukte.

Selbstversorgungsgrad gestiegen

Weiterhin blieb Deutschland auf Importe zur Bedarfsdeckung angewiesen. Insgesamt standen Einfuhren von 7,3 Mrd. Eiern (inklusive Eiprodukten) Ausfuhren von 2,6 Mrd.

Deutschland: Eiermarkt

Eiern gegenüber. Aus den vorliegenden Kennziffern errechnete sich für 2022 ein Selbstversorgungsgrad von 75,7 %, das waren 1,0 Prozentpunkte mehr als 2021. Damit setzte sich der Trend zu einer leicht steigenden Selbstversorgung seit dem Jahr 2014 fort. Damals lag der Selbstversorgungsgrad bei lediglich 68,1 %.

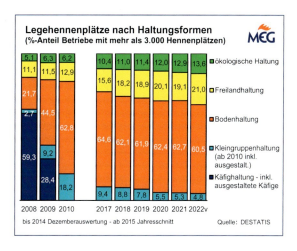

Rekordpreise am Spotmarkt

Seit Februar 2008 werden die Preise für Bodenhaltungseier in Deutschland systematisch erfasst. Eine Verknappung des Eierangebots kann am Spotmarkt rasch steigende Packstellenabgabepreise nach sich ziehen. So führte das Aus der klassischen Käfighaltung in Deutschland 2010 zu einem geringeren Angebot an Eiern insgesamt und steigenden Preisen. Ähnlich hoch schnellten die Preise im Jahr 2012 als EU-weit das Verbot der klassischen Käfighaltung griff und die Ställe umgebaut wurden. Auch die umfangreichen Keulungen von Legehennen (insbesondere in den Niederlanden) im Zusammenhang mit dem Fipronilskandal 2017 führten zu erhöhten Preisen. Noch nie wurde aber so hoch notiert wie im März 2023. Im Monatsschnitt erreichte die MEG-Preisfeststellung für Bodenhaltungseier 16,34 Euro je 100 M-Eier, das war 62 % mehr als im März 2022 als die Preise bereits angezogen waren. Im Februar 2022 waren erst 7,56 Euro je 100 M-Eier notiert worden. Die jüngsten Preissteigerungen am Spotmarkt für Eier waren möglich, da die deutsche Produktion im Laufe des Jahres 2022 tendenziell zurückgefahren wurde. Die Bruttomarge am Spotmarkt – ohne Berücksichtigung der gestiegenen Kosten für OKT-Ware – lag deutlich über dem Vorjahr. Da die Lieferung von Eiern an den Lebensmitteleinzelhandel in der Regel zu festen Kontraktpreisen erfolgt, konnte die Rentabilität in diesem Sektor, seit der Preisanpassung im Frühjahr 2022, kaum zulegen. Die

Bruttomarge berechnet sich aus dem Erlös minus Kosten für Futter und Bestandserneuerung. Alle weiteren Kosten sind nicht berücksichtigt.

Kleinere Brütereien gaben auf

Die Entscheidung der Bunderegierung, das Töten männlicher Küken der Legeherkünfte in Deutschland ab dem 1. Januar 2022 zu untersagen, führte dazu, dass 2022 etliche Brütereien aufgaben. Für das Jahr 2021 wies Destatis in Deutschland noch 22 Brütereien für Legeherkünfte aus. Nur noch 15 Betriebe wurden 2022 erfasst. Dabei kapitulierten speziell kleinere Brütereien.

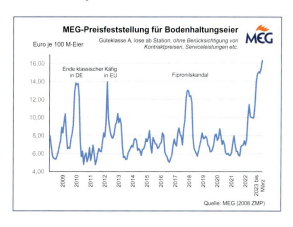

MEG-Marktbilanz Eier und Geflügel 2023

EU/Drittländer

Eiermarkt

International hohe Preise

Die durch den Ukraine-Krieg ausgelöste Verteuerung der Eierproduktion machte sich in der gesamten EU bemerkbar. Laut EU-Kommission lagen die Packstellenabgabepreise im Schnitt aller Länder 2022 rund 43 % über dem Niveau von 2021. Auch am Weltmarkt kam es zu höheren Preisen, insbesondere in den USA. Dort kam es durch die Aviäre Influenza zu enormen Produktionsausfällen.

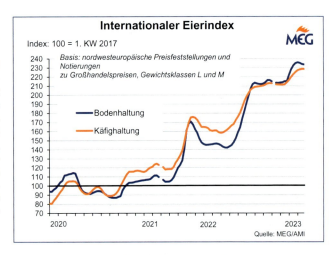

Internationaler Eierindex
Quelle: MEG/AMI

Rückgang der EU-Produktion 2022

Laut Einschätzung der Europäischen Kommission zeigt sich für 2022 ein Rückgang der Konsumeierproduktion um 3,4 % im Vergleich zu 2021. Insgesamt wurden 2022 demnach 6,29 Mio. t Konsumeier erzeugt. Die Bruteierproduktion blieb mit plus 0,3 % nahezu auf Vorjahresniveau. Sie machte mit 685.000 t einen Anteil von knapp 10 % an der Gesamteierproduktion aus.

Die drei größten Konsumeierproduzenten sind Frankreich, Deutschland und Spanien. In Frankreich sank die Produktion vorläufigen Schätzungen zufolge um 7,9 % von 972.300 t im Jahr 2021 auf 895.500 t. Zurückzuführen ist dies auf massive Ausbrüche der Aviären Influenza. Für 2023 gehen die Experten jedoch davon aus, dass die Produktion von Konsumeiern in der EU-27 im Vergleich zu 2022 wieder um 1,4 % steigen wird.

Mehr ukrainische Eier in die EU geliefert

Angesichts des russischen Angriffskrieges gegen die Ukraine beschloss die EU, zum Zwecke der Entlastung der ukrainischen Produzenten, zum 04. Juni 2022 einen Zollsatz von 0 % für ukrainische Eierimporte. Seit der Einführung der neuen Regelung sind die Importe deutlich gestiegen. Insgesamt wurden von Januar bis Dezember 26.199 t Schaleneiäquivalente aus der Ukraine in die EU eingeführt. Damit kamen 53 % der gesamten EU-Eierimporte aus der Ukraine. Im Vorjahr waren es 23 % gewesen. Insgesamt importierte die EU im selben Zeitraum rund 49.696 t Eier und Eiprodukte, das waren 36 % mehr als im Vorjahr. Die Importmenge von 2020 wird jedoch aller Voraussicht nach 2022 nicht überschritten werden.

Der Großteil der Importe ging nach Litauen. Ab Mai 2022 importierten auch Polen und die Niederlande Eier aus der Ukraine. Die importierten Eier dürften zu großen Teilen an Verarbeitungsbetriebe gehen. Den deutschen Markt haben die ukrainischen Importe bisher kaum tangiert. Nicht auszuschließen sind aber indirekte Zulieferungen über Polen oder die Niederlande zum Beispiel als Verarbeitungsware.

EU/Drittländer: Eier

EU: Bodenhaltung holt weiter auf

Zum Stichtag 1. April 2021 gab es laut Europäischer Kommission in der EU 377,2 Mio. Legehennenplätze. Damit wurde die Legehennen-Kapazität in der EU 27 im Vergleich zum Zählzeitpunkt 2020 um 1,5 % ausgeweitet. Die meisten Hennen in der EU leben nach wie vor in ausgestalteten Käfigen. Ihr Anteil belief sich 2021 auf 45,5 %. Im Jahr 2020 waren es im Gebiet der EU 27 noch 48,1 %.

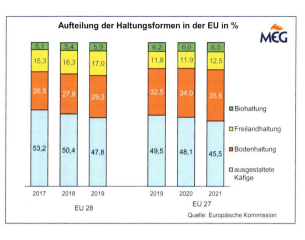

Das Thema Alternativhaltung spielt in immer mehr Mitgliedsstaaten eine wachsende Rolle. Im Jahr 2021 machte die Haltung in ausgestalteten Käfigen bereits in 11 von 27 Mitgliedsstaaten einen Anteil von weniger als 50 % aus. 2020 hatten nur in 8 Mitgliedsstaaten alternative Haltungssysteme überwogen. Die meisten Mitgliedsländer setzten bei den Alternativen nach wie vor auf Bodenhaltung. In diesem Bereich gab es auch von 2020 auf 2021 den größten Zuwachs. Der Anteil dieser Haltungsform stieg in der EU im Vergleich zum Vorjahr um 1,6 Prozentpunkte und umfasste somit 2021 insgesamt 35,6 % der Legehennenplätze. Das Wachstum der Freilandplätze fiel mit 0,6 Prozentpunkten bzw. 2,9 Mio. Plätzen etwas geringer aus. Der Anteil der Bio-Haltung stieg EU-weit um 0,3 Prozentpunkte auf 6,5 %. Daten zu den Haltungsformen für das Jahr 2022 werden erst nach Redaktionsschluss der Marktbilanz Eier und Geflügel 2023 zur Verfügung stehen. Diese können dann via Webcode abgerufen werden (siehe Editorial, Seite 3).

Wächst die EU-Eierproduktion mittelfristig?

Wie geht es weiter mit der Eierproduktion in der Europäischen Union? Dazu hat die EU-Kommission im Januar 2023 eine Einschätzung veröffentlicht, die bis zum Jahr 2032 reicht. Danach soll der Produktionsrückgang des Jahres 2022 bereit 2023 fast vollständig kompensiert werden. Für die Jahre 2024 bis 2032 wird ein jährliches mittleres Wachstum der Konsumeierproduktion von 0,4 % prognostiziert. Damit könnte die Produktion bis zum Jahr 2032 auf 6,68 Mio. t Schaleneiäquivalente angewachsen sein. Auch der innergemeinschaftliche Konsum von Eiern könnte in der kommenden Dekade wachsen. Ein Zuwachs von 13,7 kg je Einwohner im Jahr 2023 auf 14,4 % im Jahr 2032 scheint denkbar.

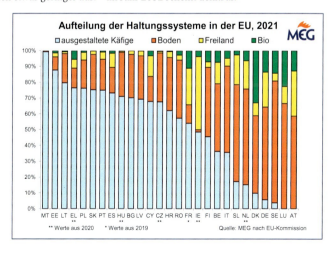

1 EU/Drittländer: Eier

Die EU bleibt Selbstversorger mit Eiern und wird auch in Zukunft mehr Eier ex- als importieren. Für das Jahr 2032 rechnen die EU-Experten, dass einem Exportvolumen von 356.000 t, einem Importvolumen von 68.000 t gegenüberstehen. Der Selbstversorgungsgrad könnte sich 2032 auf 105 % belaufen. Veränderungen beim Außenhandel sind jedoch schwer zu prognostizieren. Durch bilaterale Verträge mit zollvergünstigten Konditionen, wie zuletzt mit der Ukraine kann es zu Verschiebungen kommen.

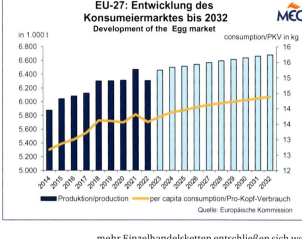

Welt-Eiererzeugung gewachsen

Die Einschätzung der Entwicklung des Weltmarktes fußt stark auf der Datenbank der FAO. Diese Datenquelle liegt erst bis 2021 vor. Davon abgeleitet geht die MEG von einer Welteiererzeugung von 86,39 Mio. t 2021 aus, das waren 0,8 % weniger als 2020. Die MEG schätzt den durchschnittlichen globalen Eierkonsum für 2021 auf etwa 180 Eier pro Kopf, zwei Eier weniger als 2020.

Käfighaltung dominiert am Weltmarkt

In allen drei produktionsmengentechnisch führenden Ländern dominiert die Käfighaltung. In Indien leben laut IEC 100 % der Hennen in Käfigen, in China 98 % und in den USA 72 % der Bestände.

Diskussionen über das Tierwohl und entsprechende Anpassungen der Haltungsformen hatten in einigen Regionen der Welt in den letzten Jahren an Bedeutung gewonnen. Immer mehr Einzelhandelsketten entschließen sich weltweit dazu nur noch Eier, die nicht aus Käfighaltung stammen zu beziehen. Auch Verarbeitungsbetriebe ziehen nach.

Die Bedeutung von Tierwohl und Gesundheit für die Produktion gesunder und sicherer Lebensmittel ist in den letzten Jahren auch in China, unter anderem aufgrund von regelmäßigen Lebensmittelskandalen und dem Ausbruch von Zoonosen, ins Bewusstsein der Bevölkerung vorgedrungen.

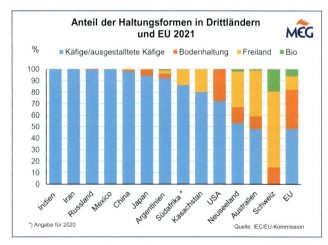

Marktforschung

Eier

Eierkäufe unter Vor-Corona-Niveau
Für das Gesamtjahr 2022 wies GfK 10,74 Mrd. gekaufte Eier aus, das waren 6,7 % weniger als 2021. Das Rekordergebnis des Jahres 2020 wurde um 9,5 % verfehlt.
Wie im 4. Quartal eines Jahres üblich zogen die Haushaltskäufe auch 2022 an. Laut Haushaltspanel des Marktforschungsinstituts GfK beliefen sich die Käufe von Schaleneiern von Oktober bis Dezember 2022 auf 2,77 Mrd. Eier, das waren 14,5 % mehr als im Vorquartal aber 4,1 % weniger als im 4. Quartal des Vorjahres, als die Haushaltskäufe aufgrund diverser Lockdownmaßnahmen noch erhöht waren. Die Käufe des 4. Quartals 2019, also bevor die Auswirkungen der Pandemie spürbar wurden, wurden um 2,3 % verfehlt.

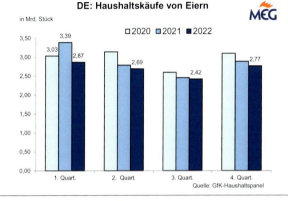

Käuferreichweite stabil
Trotz der geringeren Kaufmengen gehören Eier bei der Ernährung bei fast allen Haushalten hierzulande dazu. Die anhaltende Beliebtheit von Eiern als günstige Proteinquelle belegt die Kenngröße der Käuferreichweite. Diese bezeichnet den Anteil der Haushalte, die in einem bestimmten Zeitraum mindestens einmal zu Eiern griffen. Im Jahr 2022 belief sich diese Kenngröße auf 92,4 %, das war lediglich 1,1 Prozentpunkt weniger als 2021.
Die im Laufe des Jahres 2022 stark erhöhten Inflationsraten führten zu einer gewissen Kaufzurückhaltung bei Bioeiern. Griffen im ersten Quartal noch 28,6 % zu Bioeiern, so waren es im dritten Quartal nur noch 23,1 %. Im vierten Quartal 2022 konnte sich dieser Wert auf 25,3 % erholen. Bei Bodenhaltungseiern war die Entwicklung gegenläufig. Hier

1 Deutschland: Eier

lag die Käuferreichweite im 4. Quartal mit 52,0 % um 2,6 Prozentpunkte über dem Ergebnis des ersten Quartals 2022.

Discounter gewannen Marktanteile zurück
Im inflationsgeplagten Jahr 2022 achteten die Verbraucher verstärkt auf ihre Ausgaben. Dies führte dazu, dass die Discounter ihre Marktposition ausbauen konnten. Im Gesamtjahr 2022 wurden 45,7 % aller Eier bei den Discountern gekauft. So belegt es die Auswertung des Haushalspanels der GfK. In den Corona-Jahren 2020 und 2021 waren die Käufe bei den Discountern gesunken, da die Konsumenten verstärkt im erzeugernahen Handel kauften. Im Jahr 2021 betrug der Discountanteil am Eiermarkt noch 43,7 %. Das war der niedrigste Wert seit 2017, seitdem liefert das Haushaltspanel vergleichbare Daten.

Die GfK unterscheidet die Einkaufsstätten LEH-Vollsortimenter und SB-Warenhaus über die Verkaufsfläche. SB-Warenhäuser haben mindestens 5.000 m² zur Verfügung, die LEH-Vollsortimenter sind kleiner.

Verbraucherpreise angestiegen
Die Attraktivität der Discounter war auf das dort niedrigere Preisniveau zurückzuführen. Kosteten 10 Bodenhaltungseier 2022 im klassischen Lebensmitteleinzelhandel durchschnittlich 2,17 Euro, so waren es bei den Discountern 1,88 Euro. Die verknappten monetären Ressourcen führten auch zu Verschiebungen zwischen den Eierarten. Höherpreisige Eier aus biologischer Erzeugung wurden stärker vernachlässigt, obwohl die Verbraucherpreise für Bodenhaltungseier 2022 im Vergleich zu 2021 stärker anstiegen. Bo-

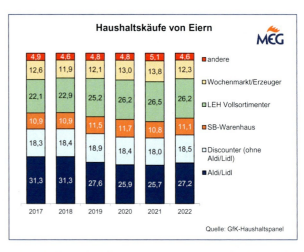

denhaltungseier verteuerten sich im Schnitt aller Einkaufsstätten um 20 %, Bio-Eier lediglich um 7 %.

Stabiler Anteil der Bodenhaltung
Bodenhaltungseier blieben 2022 mit 53,5 % aller gekauften Schaleneier die meist gekaufte Eierart. Tendenziell war ihr Anteil in den vergangenen Jahren leicht rückläufig. Die Erholung des Prozentanteils im Jahr 2021 war auf die Auswirkungen der Aviären Influenza zurückzuführen. Nach dem Ablauf der 16-Wochenfrist nach Einstallungsgebot,

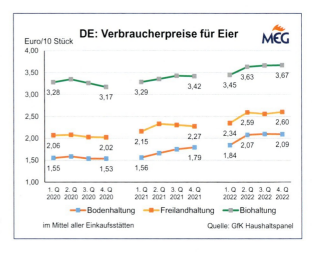

Deutschland: Eier

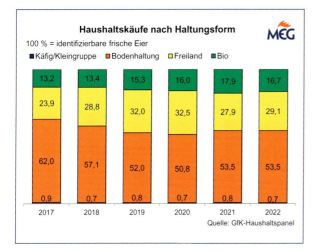

mussten die Eier aus ursprünglichen Freilandbetrieben mit der Printung 2 als Bodenhaltungseier gekennzeichnet werden. Entsprechend sank der Anteil der gekauften Freilandeier. Waren 2020 noch 32,5 % der gekauften Eier als Freilandeier gekennzeichnet, waren es 2021 noch 27,9 %. 2022 kamen 29,1 % der Eier aus der Freilandhaltung, womit das das Niveau von 2020 nicht erreicht wurde. Bio-Eier, die von der 16-Wochenregelung nicht betroffen waren, verzeichneten 2021 mit 17,9 % der Haushaltkäufe ein Rekordergebnis. 2022 wurde dieser Wert nicht mehr erreicht. Der Bio-Anteil pendelte auf 16,7 % zurück. Eier aus Kleingruppenhaltung sind auf Ladenstufe bedeutungslos.

Zehnerpackungen dominieren

Dass die Kaufmenge an Bodenhaltungseiern insgesamt höher lag, war auch darauf zurückzuführen, dass es bei Bodenhaltungseiern offensichtlich mehr Einkaufsakte gab und in diesem Sektor auch mehr größere Packungseinheiten gekauft wurden als bei anderen Eierarten. Im Jahr 2022 dominierte bei der Bodenhaltung die Zehnerpackung mit 77,6 %, Sechserpackungen kamen auf 4,2 %. Bei Freilandware waren 74,7 % Zehner- und 14,9 % Sechserpackungen. Eine gewisse Bedeutung erreichte in den zurückliegenden Jahren die Zwölferpackung im Bereich der Bodenhaltung. 2022 entfielen 2,9 % der Bodenhaltungseier auf diese Packungsgröße. Deutlich angestiegen waren bei der Bodenhaltung 2022 auch die Rubrik „Sonstige", und zwar auf 11,7 %. Immer wieder kam es im Verlauf des Jahres zu Sonderaktionen von Packungen mit 15 oder 18 Eiern. Im Jahr 2021 erreichten die „sonstigen" Packungen bei der Bodenhaltung erst 7,5 % der gekauften Eier.

Absatz bunter Eier rückläufig

Bunte Party- oder Brotzeiteier haben sich inzwischen als Ganzjahresprodukt etabliert. Der Absatzschwerpunkt fällt dennoch weiterhin in die Vorosterzeit. 2022 kauften die Haushalte laut GfK Verbraucherpanel insgesamt 545,9 Mio. gefärbte Eier, das waren 16,2 % weniger als 2021. Im Jah-

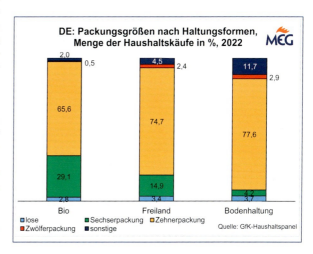

MEG-Marktbilanz Eier und Geflügel 2023

1 Deutschland: Eier

resschnitt 2022 lag der Anteil bei 5,1 %. Im Jahr 2021 waren es 5,7 %. Den höchsten Anteil verzeichnete man 2022 aufgrund des relativ späten Ostertermins im zweiten Quartal mit 7,3 % aller gekauften Schaleneier.

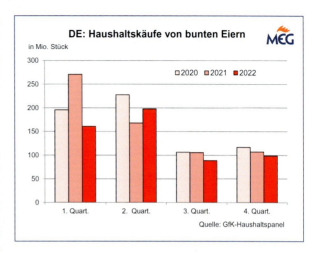

Anteil der Haushaltkäufe gesunken

Der Anteil der Haushaltkäufe von Schaleneiern am gesamten Eierverbrauch gab 2022 nach. Durch die Stärkung des Außer-Haus-Konsums sank der Anteil der Haushaltskäufe von Schaleneiern seit 2021 um rund 3 Prozentpunkte auf 56 %. In den Jahren 2020 und 2021 war die Bedeutung der Haushaltskäufe im Zuge der Corona-Maßnahmen höher.

Grundlagen des GfK-Haushaltspanels

Das Haushaltspanel des Marktforschungsinstituts GfK informiert über Veränderungen im Verbraucherverhalten bezüglich Menge, Art der gekauften Waren, Einkaufsstätten und anderen Parametern. Diese basieren auf den Angaben von etwa 13.000 Haushalten, die ihre gesamten Einkäufe an schnelldrehenden Konsumgütern mit Handscannern in ihrer Wohnung erfassen. Einige Produkte (z. B. Eier) sind nicht durch EAN-Code zu identifizieren. In diesen Fällen stellt die GfK ein Codebuch zur Verfügung.

Mittels der Angaben der nach Regionen, Alter, Haushaltsgröße, Einkommen und weiteren Parametern repräsentativ ausgewählten Haushalte wird das gesamte Einkaufsverhalten von deutschen und ausländischen Privathaushalten in Deutschland abgebildet. Dabei geben die Panel-Haushalte u. a. Menge, Preis und die Einkaufsstätte an. Bei Eiern wird zudem die Printung auf dem Ei mittels Codebuch erfasst.

Im Vergleich zum in den Versorgungsbilanzen ausgewiesenen Gesamtverbrauch erfasst das GfK-Panel nicht die Käufe der Eiproduktenindustrie oder den Außer-Haus-Verzehr.

Der vorgeschriebene Erzeugercode nach dem Muster 2-DE-1234567 gibt durch die erste Ziffer Informationen über die Haltungsform, in der das Ei erzeugt wurde. Dabei steht 0 für Bio-Eier, 1 für Freilandware, 2 für Bodenhaltungsware und 3 für Käfig- bzw. Kleingruppenware. Die Herkunft wird durch Ländercodes (DE, NL u. s. w.) gekennzeichnet.

Deutschland

Geflügelmarkt

Geflügelfleischproduktion verteuert

Wer glaubte, dass die Geflügelfleischmärkte nach zwei Jahren Corona und entsprechenden Marktverschiebungen 2022 zur Ruhe kommen würden, sah sich getäuscht. Entlang der gesamten Wertschöpfungskette war die Branche mit höheren Preisen konfrontiert.

Preistreibend war 2022 insbesondere die Entwicklung der Futterpreise. Futter ist der größte Kostenfaktor der Geflügelmast. Masthähnchenfutter hatte sich bereits im vierten Quartal 2021 verteuert, mit dem Beginn des Ukrainekriegs kam es förmlich zu einer Preisexplosion. Auf Basis von Informationen der Landwirtschaftskammer Niedersachsen kosteten 100 kg Masthähnchenfutter im Mittel des Jahres 2022 (im Gebiet Weser-Ems) 49,75 Euro, das waren 33 % mehr als im Jahr 2021. In der zweiten Jahreshälfte gaben die Futterpreise zeitweise etwas nach, sie lagen im März 2023 aber immer noch 37 % über dem Niveau vom März 2021. Vergleichbar war die Situation am Putenmarkt.

Zudem mussten die Produzenten höhere Kosten für Lohn-, Verpackung oder Transport verkraften. Auch die stark gestiegenen Energiepreise stellten eine Herausforderung für die Branche dar.

All dies führte zu steigenden Erzeugerpreisen. Diese Entwicklung war notwendig, um eine rentable Mast zu gewährleisten. Laut MEG stieg der durchschnittliche Erzeugerpreis für Masthähnchen (1.500 g) im Jahresschnitt 2022 auf 1,28 EUR je kg Lebendgewicht, das waren 47 % mehr als 2021. Allerdings flossen 2022 vermehrt Boni für GVO freie Fütterung in die Auswertung ein, sodass der Anstieg etwas überzeichnet sein dürfte.

Der mittlere Erzeugerpreis für 18,5 kg schwere Putenhähne betrug 2022 knapp 1,65 EUR je kg Lebendgewicht. Das bedeutet ein Plus von 31 % gegenüber 2021.

Premiumprodukte vernachlässigt

Die Verteuerung der Produktion führte auch zu steigenden Preisen auf Großhandelsebene. Die höheren Beschaffungskosten gab der Lebensmitteleinzelhandel an die Verbraucher weiter. Die gestiegenen Verbraucherpreise führten im Laufe des Jahres zu einem veränderten Verbraucherverhalten. Premiumprodukte wurden bei Konsumenten vernachlässigt und preisgünstige Alternativprodukte bevorzugt. Am Hähnchenmarkt erlebten eher niedrigpreisige Produkte wie Hähnchenschenkel eine Renaissance, während die Käufe von Brustfilet stärker nachgaben. Während die Käufe auf Ladenstufe sanken, stieg der Umsatz im Gastgewerbe. Laut Destatis erholte sich der Index des Umsatzes im Gastgewerbe im Jahr 2022. Trotzdem waren die realen Umsätze 2022 insgesamt noch immer 12,5 % niedriger als 2019.

Deutsche Bruttoeigenerzeugung stabilisiert

Die Bruttoeigenerzeugung von Geflügelfleisch belief sich 2022 auf 1,75 Mio. t, das waren lediglich 0,1 % weniger als 2021. Im Jahr 2021 hatte es mit minus 2,9 % einen deutlicheren Rückgang gegeben. So belegt es die aktuelle – für 2022 noch vorläufige – zwischen BLE und MEG abgestimmte Versorgungsbilanz für Geflügelfleisch. Etwas stärker als die Bruttoeigenerzeugung sank im Jahr 2022 die deutsche Nettoerzeugung (Gesamtschlachtungen), und zwar um 2,9 % auf 1,56 Mio. t. Dies war darauf zurückzuführen, dass 2022 wieder mehr schlachtreife Tiere ausgeführt wurden, aber weniger eingeführt.

Verbrauch gesunken

Der Geflügelfleischverbrauch ist insgesamt gesunken. Im Jahr 2022 wurden in Deutschland 1,80 Mio. t Geflügelfleisch verbraucht, das waren 2,0 % weniger als 2021. Deutlicher ging der Pro-Kopf-Verbrauch zurück, und zwar um 3,1 % auf 21,4 kg. Das war ein Rückgang von 0,7 kg je Ein-

Deutschland: Geflügel

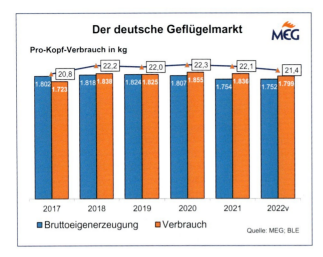

Der deutsche Geflügelmarkt
Pro-Kopf-Verbrauch in kg
Quelle: MEG; BLE

2022 wieder gestiegene Bedarf im Außer-Haus-Verbrauch sein. Während der hiesige Lebensmitteleinzelhandel schwerpunktmäßig auf Ware setzt, die nach den Standards der Initiative Tierwohl produziert wurden, spielt dies im Außer-Haus-Verbrauch eine untergeordnete Rolle. Es wurde auch mehr Geflügelfleisch ausgeführt, dennoch errechnet sich ein Importüberschuss von 234.400 t.

wohner. Dies erklärt sich durch die 2022 deutlich gestiegene Einwohnerzahl Deutschlands. Destatis wies für Mitte 2022 eine Bevölkerung von 84,1 Mio. Menschen aus, das waren fast 1 Mio. mehr als Mitte 2021. Der Zuwachs war nicht zuletzt auf ukrainische Flüchtlinge zurückzuführen.

Importüberschuss blieb
Die Einfuhren von Geflügelfleisch stiegen 2022. Die Versorgungsbilanz weist eine Steigerung von 19,7 % auf 1,11 Mio. t aus. Hintergrund dürfte der

Verbrauch von Hähnchenfleisch dominiert
2022 waren 70 % des verbrauchten Geflügelfleischs Hähnchen. Im Jahr 2016 waren es erst 62 %. Allerdings errechnete sich erstmals seit Jahren ein Rückgang des Pro-Kopf-Verbrauchs. Die MEG geht von einem Verbrauch von 15,0 kg Hähnchenfleisch je Einwohner aus, das waren 0,3 kg weniger als 2021. Diese Angabe ist abgeleitet von der Versorgungsbilanz für Hühnerfleisch insgesamt. Eine Unterscheidung zwischen Masthähnchen und Suppenhennen ist offiziell nicht möglich, da der Außenhandel von Hühnern diese Rubriken nicht unterscheidet.

Niedrigerer Putenverbrauch
Der Putenmarkt konnte in den zurückliegenden Jahren nicht vom Geflügelfleischboom profitieren. Für 2022 errechnete sich ein Verbrauch von 4,8 kg, das waren nochmals 300 g weniger als 2021. Der Putenmarkt litt stark unter den Auswirkungen der Aviären Influenza. Umfangreiche Keulungen und Wiedereinstallungsverbote führten zu einer rückläufigen Produktion. Mit einer Bruttoeigenerzeugung von 334.500 t wurde 2022 das Vorjahresergebnis um 7,3 % verfehlt.

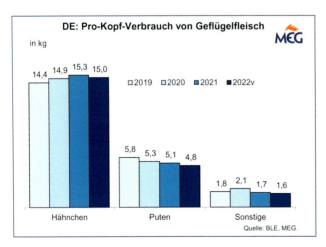

DE: Pro-Kopf-Verbrauch von Geflügelfleisch
in kg
Quelle: BLE, MEG.

Deutschland: Geflügel

Enten- und Gänseproduktion gesunken

Die Bruttoeigenerzeugung von Enten sank 2022 nur noch leicht, und zwar um 2,3 % auf 25.700 t. Im Jahr 2021 hatte es einen Rückgang von 14,1 % gegeben. Der Gesamtverbrauch sank um 10,8 % auf 38,.000 t. Gerundet blieb es aber bei einem unveränderten Pro-Kopf-Verbrauch von 0,7 kg. Auch die heimische Gänsefleischproduktion war 2022 rückläufig. Sie verminderte sich um 8,0 % auf 4.100 t.

Schlachtgewichte von Hähnchen rückläufig

Im Jahr 2021 lag das Schlachtgewicht im Durchschnitt bei 1,73 kg, im Jahr 2022 waren es nur 1,70 kg. Damit wurde der Trend zu steigenden Schlachtgewichten erstmals seit Jahren unterbrochen.

Anteil Geflügel gewachsen

Obwohl der Geflügelfleischverbrauch 2022 sank, stieg der der Anteil des Geflügels am gesamten Fleischverbrauch 2022 nochmals an. Bezogen auf den Pro-Kopf-Verbrauch von Fleisch entfielen 2022 knapp 28 % auf Geflügelfleisch. In der Geschichte der Bundesrepublik Deutschlands war dieser Wert noch nie so hoch. 2021 lag der Anteil noch bei etwa 26 % und zur Jahrtausendwende erst bei 18 %. Dass der Anteil 2022 ausgebaut wurde, lag daran, dass der Fleischverbrauch insgesamt deutlicher zurück ging als der von Geflügelfleisch. Die Versorgungsbilanz Fleisch wies einen Rückgang von 7,2 % auf nur noch 77,5 kg je Einwohner aus. Dabei kam es sowohl am Schweine- als auch am Rindfleischsektor zu deutlichen Verbrauchseinbrüchen. Mit 40,2 kg war der Pro-Kopf-Verbrauch um 8,8 % geringer als 2021. Damit blieb Schweinefleisch im Jahr 2022 mit 51,9 % aber weiterhin die beliebteste Fleischart. Die Bruttoeigenerzeugung von Fleisch sank 2022 um 7,9 % auf 7,56 Mio. t. Damit wird in Deutschland weiterhin mehr Fleisch erzeugt als verbraucht. Der Gesamtverbrauch betrug 6,52 Mio. t. Somit errechnete sich ein Selbstversorgungsgrad von 116,0 %. Am höchsten fiel der Selbstversorgungsgrad mit 125,8 % am Schweinemarkt aus, während man bei Rind- und Kalbfleisch und bei Geflügel insgesamt auf Importe zur Bedarfsdeckung angewiesen blieb.

EU/Drittländer: Geflügelmarkt

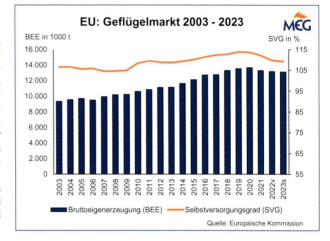

Selbstversorgungsgrad rückläufig

Steigende Produktionskosten und eine anhaltend grassierende Aviäre Influenza belasten die Geflügelproduktion EU-weit. Die Geflügelfleischerzeugung sank 2022 laut EU-Kommission um etwa 1 %. Für 2023 rechnen Brüsseler Experten mit einer stabilen Erzeugung oder einer leichten Erholung.

Der Selbstversorgungsgrad in der EU lag 2020 noch bei 114 %, 2021 ging er um zwei Prozentpunkte zurück.

Importe auf Rekordniveau

Die EU-Importe waren 2020/21 in Folge des niedrigeren Bedarfs im Außer-Haus-Verbrauch aufgrund der Corona-Pandemie deutlich zurückgegangen. Im Jahr 2022 zogen sie jedoch, getrieben vom Bedarf im Hotellerie- und Gastronomiesektor, wieder merklich an und für 2023 prognostiziert die EU-Kommission mit 988.000 t ein neues Rekordvolumen. Das steigende Einfuhrvolumen könnte auf die seit Mitte 2022 gültige Zollfreiheit ukrainischer Lieferungen zurückzuführen sein. In der Folge stiegen die EU-Importe aus der Ukraine im Vergleich zum Vorjahr um rund 60 %. Eigentlich sollte diese Maßnahme nur für ein Jahr (bis zum 5. Juni 2023) gelten, aller Voraussicht nach wird diese Sonderregelung jedoch verlängert werden. Noch vor der Ukraine waren die größten Drittlandslieferanten für die EU 2022 Brasilien und das Vereinigte Königreich.

Trotz leicht rückläufiger Produktion blieb die EU-27 Netto-Exporteur von Geflügelfleisch. Die Ausfuhren hatten ihr bisheriges Rekordvolumen 2019 mit rund 2,5 Mio. t erreicht. Seitdem gingen sie leicht zurück, bewegen sich aber im historischen Vergleich noch immer auf hohem Niveau. Mit Abstand größter Abnehmer europäischer Geflügelfleischexporte war 2022 mit rund 37 % der Ausfuhren das Vereinigte Königreich.

EU: Steigt Geflügelproduktion 2023?

Laut den Expertenprognosen vom Herbst 2022 erwartete die Europäische Kommission für das Jahr 2022 in der EU eine leicht rückläufig Geflügelfleischproduktion. Die Europäische Kommission bezifferte die Gesamtproduktion auf 13,87 Mio. t, das war gegenüber 2021 ein Minus von 0,6 %. Der Rückgang war auf eine schrumpfende Puten- und Entenerzeugung zurückzuführen, während die Hähnchenfleischproduktion auch 2022 ausgebaut wurde. Mit einer Erzeugung von 11,69 Mio. t Hähnchenfleisch wurde das 2021er Ergebnis um 1,1 % übertroffen. Damit entfielen im Jahr 2022 rund 84 % der Geflügelfleischproduktion auf den Hähnchensektor.

EU/Drittländer: Geflügelmarkt

Für das Jahr 2023 wird eine Ausweitung der Geflügelproduktion um 2,2 % auf 14,18 Mio. prognostiziert. Am Hähnchensektor dürfte mit 11,85 Mio. t ein Rekordniveau erreicht werden.

Futterpreisexplosion belastete die Geflügelmast

Corona-bedingte Absatzeinbrüche im Außer-Haus-Verbrauch spielten 2022 kaum noch eine Rolle. Nachdem die Lockdownmaßnahmen überwunden waren, belebten sich diese Absatzkanäle, ohne jedoch das Ausgangsniveau zu erreichen. Allerdergings geriet die Geflügelmast 2022 international in die Kostenfalle. Als Reaktion auf den seit Februar 2022 begonnenen Ukrainekrieg schnellten die Futterpreise in die Höhe. Auch Energie- und Transportkosten haben sich seitdem deutlich erhöht. Um die Rentabilität der Geflügelproduktion zu gewährleisten, waren Anhebungen der Geflügelpreise entlang der gesamten Wertschöpfungskette notwendig. Die Preisanhebungen in vielen Ländern machten sich auch im EU-Schnitt bemerkbar. So lag der Preis für frische Hähnchen auf Großhandelsebene Ende des Jahres 2022 bei 2,65 Euro je Kilogramm, das waren rund 22 % über dem Preisniveau von Anfang 2022. Ein weiterer produktionsbelastender Faktor waren die Ausbrüche der Aviären Influenza (AI), die die Branche bereits in den Sommermonaten in Atem hielten. Keulungen und regionale Wiedereinstellungsverbote belasteten insbesondere die Puten- und Entenmärkte. Zudem kam es dadurch zu Störungen beim Drittlandsexport.

Polen bleibt EU-Meister am Hähnchenmarkt

In Polen wird weiterhin das meiste Hähnchenfleisch in der Europäischen Union erzeugt. Stieg die Bruttoeigenerzeugung von 2020 auf 2021 um moderate 2,0 %, so wurde die Erzeugung dort 2022 deutlicher ausgeweitet, und zwar um 9,4 % auf 2,54 Mio. t. Im Jahr 2023 dürfte sich das Plus auf 1,5 % abschwächen. Das starke Wachstum 2022 dürfte auch auf die verbesserten Exportmöglichkeiten Polens zurückzuführen sein. Nach Ende der Lockdownmaßnahmen in vielen europäischen Ländern stieg das Interesse an polnischer Ware in Verarbeitung und Außer-Haus-Konsum wieder an.

Frankreich und Spanien Kopf an Kopf

Die französische Hähnchenproduktion verzeichnet 2022 den deutlichsten Produktionsrückgang. Vorläufigen Schätzungen zufolge wurden 2022 in Frankreich rund 1,15 Mio. t Hähnchenfleisch produziert und somit rund 5,9 % weniger als im Vorjahr. Im Jahr 2023 soll die französische Produktion jedoch wieder um rund 6,4 % steigen.

Putenproduktion 2022 eingebrochen

Die EU-Putenproduktion sank im zurückliegenden Jahr deutlich. Nach Informationen der Europäischen Kommission schrumpfte die Bruttoeigenerzeugung von Putenfleisch 2022 um 8,1 % auf 1,73 Mio. t. Das war die niedrigste Putenfleischerzeugung in diesem Jahrtausend. Am Putenmarkt führten die hohen Futterpreise noch stärker als am Hähnchenmarkt zu Rentabilitätsproblemen, da die Futterverwertung bei Puten schlechter ist.
In allen großen Produktionsländern war die Putenproduktion 2022 rückläufig, insbesondere in Frankreich (minus 27,9 %) und in Italien (minus

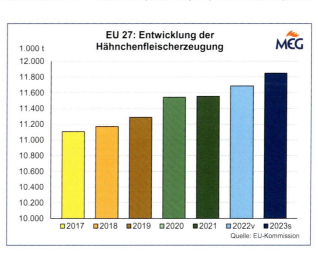

EU 27: Entwicklung der Hähnchenfleischerzeugung (1.000 t)
Quelle: EU-Kommission

17,5 %). Dies war zum großen Teil auf Ausfälle durch die Aviäre Influenza zurückzuführen. Neben Mastbeständen waren auch Elterntierbestände von den Keulungsmaßnahmen betroffen. Auch in Polen wurde die Produktion 2022 reduziert, wenn auch nur um 1,1 %. Damit blieb Polen unangefochten der größte Putenproduzent in der Gemeinschaft der 27. Mit einem Anteil von 21,0 % wurde sogar ein Rekordergebnis verzeichnet.

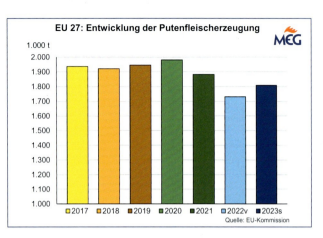

In Spanien und Portugal standen die Zeichen bereits seit einigen Jahren auf Wachstum. Entgegen dem allgemeinen Trend setzte sich diese Entwicklung auch 2022 fort.

Im Jahr 2023 soll die Putenerzeugung in der EU wieder ausgebaut werden, ohne jedoch das Ausgangsniveau von 2021 zu erreichen. Die Summe der vorhandenen Prognosen erwarten ein Produktionsvolumen von 1,81 Mio. t, das wären 4,5 % mehr als 2022 aber immer noch 3,9 % weniger als im Jahr 2021. Insbesondere in Italien und Frankreich zeichnet sich eine Erholung ab. Nicht einzuschätzen war zum Prognosezeitpunkt jedoch der weitere Verlauf des Seuchenzugs der Aviären Influenza. Viele Experten gehen davon aus, dass die Krankheit inzwischen endemisch ist und eine ganzjährige Bedrohung für die Geflügelbranche darstellt. Forderungen nach einem Impfschutz werden lauter, bislang sind praktikable Lösungen aber noch nicht in Sicht.

Große Ausfälle bei Enten

Durch AI-bedingte Ausfälle sank die EU-Entenproduktion 2022 drastisch, und zwar um 13,1 % auf 395.800 t. Dies war insbesondere auf die Entwicklung im Hauptproduzenten Frankreich zurückzuführen, wo ein Rückgang von 34,7 % gemeldet wurde. Die Produktion sank auf 115.100 t. Die Prognosen für 2023 sind optimistisch und gehen davon aus, dass die Ausfälle des vergangenen Jahres wieder kompensiert werden können.

Weltweit mehr Hühnerfleisch produziert

Das amerikanische Landwirtschaftsministerium (USDA) hat im Januar 2023 neue Daten zur Welthühnerproduktion veröffentlicht. Die gesamte Produktion der erfassten Länder lag für das Jahr 2022 bei 101,1 Mio. t etwas über vorherigen Einschätzungen und 0,6 % über der Jahresproduktion von 2021. Für 2023 wird mit einer Steigerung auf 102,9 Mio. t gerechnet

Weltgrößter Hühnerproduzent bleiben die USA. Auf die Vereinigten Staaten von Amerika entfielen nach aktueller Einschätzung 2022 rund 21 % der globalen Produktion.

China hat Brasilien seit dem Jahr 2019 als weltweit zweitgrößtes Produktionsland abgelöst. Dort wurde die Hühnererzeugung in den zurückliegenden Jahren angekurbelt. Ursächlich für diesen Zuwachs waren die Ausbrüche der Afrikanischen Schweinepest in China, die zu einem drastischen Rückgang der chinesischen Schweineproduktion führten. Um die Versorgung der chinesischen Bevölkerung mit tierischen Proteinen sicherzustellen, wurde in die Hühnerproduktion investiert. Dieser Trend wird sich wohl 2023 fortsetzten.

Abzuwarten ist, ob Brasilien weiterhin von der Aviären Influenza verschont bleibt. Sollte die AI den weltweit größten Exporteur von Hähnchenfleisch erreichen, könnte dies zu bedeutenden Verschiebungen auf dem Weltmarkt führen.

Deutschland:
Marktforschung Geflügel

Haushaltskäufe von Geflügelfleisch gesunken

In den Corona-Jahren 2020 und 2021 stiegen die Haushaltskäufe am Geflügelmarkt an. Dabei wurden auch höherpreisige Lebensmittel rege nachgefragt. Lockdown-Maßnahmen führten zu mangelnden Verzehrmöglichkeiten im Außer-Haus-Verbrauch. Im Jahr 2022 wendete sich das Blatt. Hohe Inflationsraten führten zu einem bewussteren Einkaufsverhalten, teils fielen die Käufe auf das Niveau des Jahres 2019 zurück. Die geringeren Käufe im Lebensmitteleinzelhandel wurden zum Teil durch eine wieder verstärkte Nachfrage im Außer-Haus-Bereich kompensiert. Der Umsatz im Gastgewerbe hat sich erholt, da die Preise in der Gastronomie angehoben werden mussten, um die auch dort gestiegenen Personal-, Energie- und Rohstoffkosten zu kompensieren. Offensichtlich vergessen die Verbraucher beim Ausgehen eher die Inflationsängste. Auf Ladenstufe scheinen sie hingegen preissensibler zu reagieren.

Dominanz des Hähnchenfleischs stieg

Im Jahr 2022 wurden laut Haushaltspanel des Marktforschungsinstituts GfK insgesamt 458.886 t Geflügelfleisch gekauft, das waren 10,5 % weniger als 2021, aber nur 1,9 % weniger als 2019. Unterteilt man die Haushaltskäufe nach Geflügelfleischarten wird ersichtlich, dass Hähnchenfleisch seine Dominanz 2022 weiter ausbauen konnte. Es wurden 340.671 t

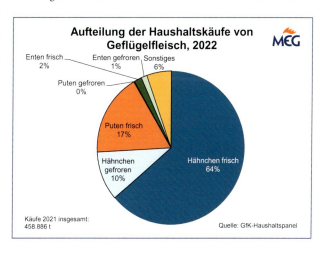

1 Deutschland: Geflügel

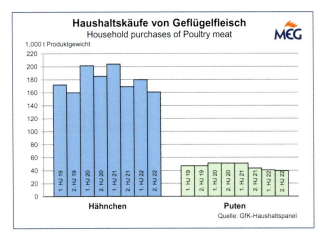

Hähnchenfleisch gekauft, das waren 8,7 % weniger als 2021 aber 2,6 % mehr als im Vor-Corona-Jahr 2019. Der Anteil der Hähnchenfleischkäufe am gesamten Geflügelmarkt erreichte mit 74,2 % einen Spitzenwert. Im Jahr 2017 – seitdem liefert das Haushaltspanel vergleichbare Daten – waren es erst 68,8 %.

Deutlicher Rückgang am Putenmarkt

Die Käufe von Putenfleisch gingen 2022 deutlicher zurück als am Hähnchenmarkt. Mit 80.243 t wurden 15,2 % weniger von den Haushalten gekauft als 2021. Das Niveau des Jahres 2019 wurde am Putenmarkt ebenfalls verfehlt, und zwar um 15,0 %. Dies dürfte neben den im Vergleich zu Hähnchen höheren Verbraucherpreisen auch auf ein begrenztes Angebot zurückzuführen sein. Dies war unter anderem auf die Ausfälle durch die Aviäre Influenza und anschießende regionale Wiedereinstallungsverbote zurückzuführen.

Auch am Enten- und Gänsemarkt schlug sich eine mangelnde Verfügbarkeit in niedrigeren Haushaltskäufen nieder. Am Entenmarkt wurde im Jahr 2022 mit 13.560 t um 25,6 % weniger gekauft als 2021. Am Gänsemarkt fiel der Rückgang mit 32,8 % noch deutlicher aus. Im Gesamtjahr 2022 beliefen sich die Gänsekäufe nur noch auf 8.636 t. Bei beiden Teilmärkten erreichte man auch nicht das 2019er Kaufvolumen.

Niedrigere Käuferreichweite

Die Kennziffer der Käuferreichweite beschreibt den Anteil der Haushalte, die in einem bestimmten Zeitraum mindestens einmal Geflügelfleisch kauften. Im Jahr 2021 griffen 84,6 % aller Haushalte mindestens einmal zu Geflügelfleisch. Im Jahr 2021 waren es mit 85,2 % mehr Haushalte. Die Käuferreichweite schwankt üblicherweise im Jahresverlauf. So ergeben sich Spitzen zu Beginn der Grillsaison, insbesondere wenn sie mit dem Ostergeschäft zusammentrifft. Während Geflügelfleischprodukte in den Sommermonaten, wegen der Urlaubszeit, etwas vernachlässigt werden, greifen im vierten Quartal viele Verbraucher zu Geflügelfleisch.

Am beliebtesten war frisches Hähnchenfleisch. Im vergangenen Jahr kauften 77,0 % der

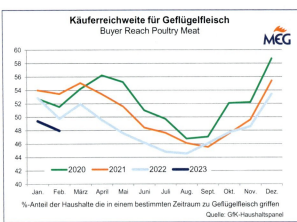

Deutschland: Geflügel

Haushalte mindestens einmal dieses Produkt. Frisches Putenfleisch wies nur eine Käuferreichweite von 52,6 % aus.

Discounter blieben Marktführer bei Geflügel

Während die Bedeutung der Discounter in den beiden Corona-Jahren 2020 und 2021 sank, weil die Verbraucher sich verstärkt in anderen Einkaufsstätten eindeckten, stieg ihr Anteil 2022 mengenmäßig wieder auf 54,8 %. Damit bewegt man sich nahe dem Wert aus dem Jahr 2019, als sich der Discountanteil auf 55,7 % belief. Während die Käufe bei den SB-Warenhäusern im Vergleich zu 2021 mit 13,0 % stabil blieben, sank der Anteil im klassischen LEH-Vollsortimenter um 0,1 Prozentpunkte auf 22,2 %. Beide Einkaufsstätten unterscheiden sich aufgrund der Verkaufsfläche. SB-Warenhäuser verfügen über eine Verkaufsfläche von mindestens 5.000 m³, der klassische LEH ist kleiner.

Deutlicher zurückgegangen war 2022 der Anteil der sonstigen Einkaufsstätten, und zwar um 1,4 Prozentpunkte auf 10,0 %. Es sanken sowohl die Käufe bei erzeugernahen Einkaufsstätten als auch die Einkäufe im Mobilhandel, welche in den Jahren 2020 und 2021 pandemiebedingt zunahmen.

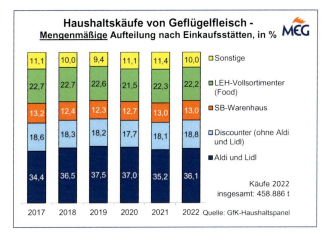

Weniger Menge, höhere Ausgaben

Entlang der gesamten Wertschöpfungskette der Geflügelproduktion stiegen 2022 die Produktionskosten, was für den Lebensmitteleinzelhandel zu höheren Beschaffungspreisen führte. So mussten auch die Verbraucher im Jahr 2022 deutlich tiefer in die Tasche greifen. Wie bereits erwähnt, verfehlten die Haushaltskäufe von Geflügelfleisch 2022 laut GfK mengenmäßig das 2021er-Volumen um 10,5 %. Aber aufgrund der gestiegenen Verbraucherpreise wuchsen die Ausgaben für Geflügelfleisch 2022. Insgesamt wurden 3,40 Mrd. Euro für Geflügel ausgegeben, das waren 5,4 % mehr als 2021.

Großer Preisanstieg beim Discounter

In allen Einkaufsstätten stiegen 2022 die Verbraucherpreise. Am stärksten war der Anstieg bei den Discountern. Während die Preise für frisches Hähnchenbrustfleisch im Mittel aller Absatzwege von 2021 auf 2022 um 20,5 % auf 9,87 Euro je kg (inkl. MwSt.) stiegen, verteuerte sich dieses

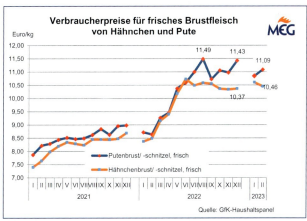

Deutschland: Geflügel

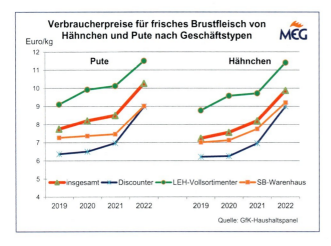

Quelle: GfK-Haushaltspanel

Produkt bei den Discountern um 29,4 % auf 9,00 Euro je kg. Damit bewegte man sich nahe den Preisen der SB-Warenhäuser.

Vergleichbar war die Situation bei Putenbrust, auch hier fielen die Steigerungen der Discountpreise mit 29,0 % am deutlichsten aus.

Hähnchenschenkel im Plus

Angesichts der deutlichen Preisanhebungen änderten die Verbraucher ihr Kaufverhalten am Hähnchenmarkt. Die deutlichste Kaufzurückhaltung war im Segment der frischen Hähnchenbrust zu verzeichnen. Hier war der Rückgang der Kaufmenge im Jahr 2022 mit 12,6 % überproportional ausgeprägt. Dennoch fielen mit 55 % des gesamten gekauften Hähnchenfleisch noch das Gros der Käufe in diese Rubrik. Im gleichen Zeitraum des Vorjahres waren es aber noch 3 Prozentpunkte mehr.

Offensichtlich griffen etliche Verbraucher nun vermehrt zu günstigeren Teilstücken vom Hähnchen. So beliefen sich die Käufe von frischen Hähnchenschenkeln (inkl. Unterschenkel) 2022 auf 82.741 t, das waren lediglich 2,5 % weniger als 2021. Im vierten Quartal 2022 übertrafen die Käufe von Hähnchenschenkeln sogar um 3,9 % das 2021er Niveau, was auch auf zahlreiche Sonderaktionen des LEHs zurückzuführen war.

Methodische Anmerkungen

Die Angaben des GfK-Haushaltspanels beziehen sich auf das Produktgewicht der Artikel, eine Umrechnung in Schlachtkörpergewicht findet nicht statt. Ein direkter Vergleich mit dem in der Versorgungsbilanz ausgewiesenen Verbrauch ist daher nicht möglich. Um beispielsweise ein Kilogramm entbeinter Hähnchenbrust zur Verfügung zu stellen, muss die in Schlachtgewicht ausgedrückte Produktionsmenge also entsprechend höher veranschlagt werden. Der Außer-Haus-Verzehr ist durch die GfK nicht erfasst. In das Haushaltspanel fließen ausschließlich die Käufe von unbehandeltem, gewürztem und paniertem Geflügel ein. Geflügelwurst sowie stärker verarbeitete Convenienceprodukte werden nicht mit abgedeckt. Zu den Grundlagen des GfK-Haushaltspanels beachten Sie bitte auch die Ausführungen auf Seite 20.

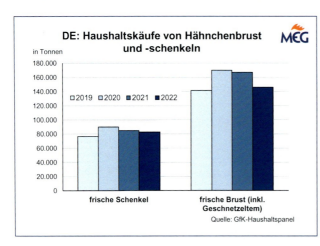

Quelle: GfK-Haushaltspanel

EU Marktorganisation

Außenschutz der EU

Die Marktorganisation an den Eier- und Geflügelmärkten der Europäischen Union beschränkt sich auf den Außenschutz. Eine direkte innereuropäische Mengen- oder Preispolitik findet nicht statt. Marktlenkungsinstrumente wie Intervention, Direktzahlungen, private Lagerhaltung, Beihilfen oder Quotenregelungen werden an den Eier- und Geflügelmärkten nicht angewandt. Demzufolge greift das Gesetz über Meldungen über Marktordnungswaren nicht, es gibt keine amtlichen Preisfeststellungen. Das Bedürfnis der Wirtschaftsbeteiligten an Preisinformationen wird mittels auf freiwilliger Basis durchgeführte Notierungen und Preisfeststellungen gedeckt.

Instrumente des Außenschutzes

Bei der Wareneinfuhr aus Drittländern sind in der Regel Zölle zu entrichten. Zusatzzölle sollen den Binnenmarkt vor Importen schützen, welche zu Preisen angeboten werden, die unter den theoretischen Produktionskosten am Weltmarkt liegen (Dumpingpreise).
Exporterstattungen sollten die in der EU gegenüber Drittländern höheren Produktionskosten ausgleichen. Am Eier- und Geflügelsektor werden seit Jahren keine Erstattungen mehr gewährt. Bei spürbaren Marktschieflagen könnten sie prinzipiell angewendet werden.

Bilaterale Abkommen, Importquoten

Ein ermäßigter Zollsatz oder Zollfreiheit kann im Rahmen von Sondervereinbarungen eingeräumt werden. So gibt es z. B. bilaterale Verträge über begrenzte Liefermengen spezieller Geflügelfleischprodukte mit der Israel, der Türkei oder Chile. Ein für die USA reserviertes Kontingent kann aufgrund der in den USA gängigen Praxis der Chlorbehandlung von Schlachtkörpern nicht bedient werden, da in dieser Art behandelte Ware in der EU nicht gebilligt wird.
Für Brasilien und Thailand hat die EU erhebliche zollreduzierte Lieferungen von Geflügelfleisch zugebilligt. Auslöser für die auf Quoten basierende Importregelung war ein WTO-Urteil, nachdem die EU auf gefrorenes Geflügelfleisch mit einem Salzgehalt von 1,2 % bis 3 % den Zollsatz für gesalzenes Geflügelfleisch in Höhe von nur 15,4 % des Warenwertes anwenden muss und nicht den festen Zollsatz für gefrorenes Geflügelfleisch von 1.024 Euro/t. Durch diese Regelung sollen die Importmengen kalkulierbar bleiben.

Zölle für ukrainische Ware ausgesetzt

Anfang des Jahres 2016 ist ein Freihandelsabkommen zwischen der EU und der Ukraine in Kraft getreten. Dabei hat die Europäische Union Zölle für Waren mit Ursprung aus der Ukraine für bestimmte Kontingente gesenkt bzw. aufgehoben. Im Gegenzug hat auch die Ukraine auch der EU Zollerleichterungen zugestanden. Nachdem Ausbruch des Ukrainekriegs beschloss, die Europäische Union im Mai 2022 die Quote für ukrainisches Geflügel und Eier bei gleichzeitiger Zollfreiheit für ein Jahr aufzuheben. Seitdem stiegen die Importmengen erheblich. Eine Verlängerung dieser Maßnahme um ein Jahr ist beschlossen.

WTO-Verhandlungen stagnieren

Die Welthandelsorganisation (WTO) hat die Aufgabe, die Grundlagen für die internationalen Handelsströme zu überwachen. Abbau von Handelsschranken und Agrarsubventionen sowie Hilfe für Entwicklungsländer waren das Ziel internationaler Verhandlungen. Angesichts des in den zurückliegenden Jahren in etlichen Regionen der Welt aufkommenden nationalen Protektionismus, stockt der Liberalisierungsprozess. Es gibt dafür vermehrt bilaterale Abkommen.

1 MEG-Marktinformationen

Die MEG-Dienste im Überblick

Eier online
Alle wichtigen Informationen des Eiermarktes rund um die Uhr verfügbar. Jeden Freitag wird zusätzlich per E-Mail die aktuelle Ausgabe „Eier kompakt" geliefert. Im Jahresabonnement für 649,20 € (zzgl. 7 % MwSt.).

Eier kompakt
Umfassender Überblick, kurz und prägnant. Erscheint jeden Freitag mit allen wesentlichen Brancheninformationen und Notierungen – inklusive Frühmeldung. Umfang 4 Seiten. Versand per E-Mail. Im Jahresabonnement (52 Ausgaben) erhältlich für 270,60 € (zzgl. 7 % MwSt.).

Marktdaten Eier
Monatlicher E-Mail-Dienst mit internationalen Brütereistatistiken und Berechnungen zur potentiellen Eierproduktion in Deutschland, der Niederlande und der EU insgesamt, regionale Produktionsstatistiken nach Haltungsformen, Ein- und Ausfuhr von Schaleneiern und Eiprodukten, Notierungen und Preisentwicklungen von Eiern, Schlachthennen, Futtermittel u.v.a. Das Datenmaterial wird durch anschauliche Grafiken ergänzt. Umfang ca. 23 Seiten. Im Jahresabonnement (12 Ausgaben) erhältlich für 532,80 € (zzgl. 7% MwSt.).

Geflügel online
Alle wichtigen Informationen des Geflügelmarktes rund um die Uhr verfügbar. Jeden Montag wird zusätzlich per E-Mail die aktuelle Ausgabe „Geflügel kompakt" geliefert. Im Jahresabonnement für 649,20 € (zzgl. 7 % MwSt.).

Geflügel kompakt
Jeden Montag: auf einen Blick das Wichtigste zum Marktgeschehen der Woche. Umfang 4 Seiten. Versand per E-Mail. Im Jahresabonnement (52 Ausgaben) erhältlich für 270,60 € (zzgl. 7 % MwSt.).

Marktdaten Geflügel
Erscheint monatlich als E-Mail-Dienst und enthält umfangreiches Statistikmaterial der Geflügelbranche. Unter anderem Daten zum Außenhandel mit Geflügelfleisch, internationale Schlachtstatistiken für die Hähnchen-, Puten-, Enten- und Gänsemärkte sowie internationale Brütereistatistiken für diverse Geflügelarten, Erzeuger- und Großhandelspreise, Daten aus dem Futtermarkt, Daten zur Verbrauchernachfrage. Umfang ca. 29 Seiten. Im Jahresabonnement (12 Ausgaben) erhältlich für 532,80 € (zzgl. 7% MwSt.).

Test-Angebot für 3 Monate
Alle MEG-Dienste können Sie jetzt auch als befristetes 3-Monats-Test-Abo bestellen.

MEG-Marktbilanz Eier und Geflügel 2023
Der Klassiker. Alle wichtigen Eckdaten der Eier- und Geflügelwirtschaft in Deutschland, EU und relevanter Drittländer. In gedruckter Form zum Preis von 182,20 € (zzgl. 7 % MwSt.). Auch als E-Book erhältlich zum Preis von 182,20 € (zzgl. 7 % MwSt.). Jetzt neu – die MEG Marktbilanz 2023 als „E-Book Pro": Alle Tabellen stehen auch als offene Excel-Daten zur Verfügung. Erstellen Sie jetzt Ihre individuellen Zeitreihen, Statistiken und Diagramme – für Ihre interne Kommunikation und Präsentation. Erhältlich für 350,00 € (zzgl. 7% MwSt.).

Alle Informationen zu unseren Angeboten und Bestellmöglichkeiten finden Sie unter **www.marktinfo-eier-gefluegel.de** oder senden Sie eine E-Mail an **meg@ulmer.de**. Preisangaben Stand Mai 2023.

Weitere Leistungen (Preise auf Anfrage)
- Datenpakete für Verbände und Unternehmen,
- zielgruppenspezifische Vortragstätigkeit,
- Analysen für Verbände und Unternehmen,
- Grafikservice,
- redaktionelle Beiträge für Fach- und Publikumspresse…

Kapitel 2 – Tabellenteil

Deutschland/EU

Gesamt- und Ernährungswirtschaft

und

Strukturdaten

2 Strukturdaten

Tabelle 1

Ausgewählte gesamt- und ernährungswirtschaftliche Daten für Deutschland

	2017	2018	2019	2020	2021	2022v
Bevölkerung am 31.12. (1.000)	82.792	83.019	83.167	83.155	83.237	84.300
Erwerbstätige im Jahresdurchschnitt (1.000)	44.251	44.866	45.277	44.915	44.980	45.570
- in Land-, Forstwirtschaft und Fischerei	615	608	598	580	561	555
Arbeitslose im Jahresdurchschnitt (1.000)	2.533	2.340	2.267	2.695	2.613	2.418
Bruttoinlandsprodukt (Mrd. Euro)						
- in jeweiligen Preisen	3.267	3.365	3.473	3.405	3.602	3.867
- preisbereinigt (2015 = 100)	105	106	107	103	106	108
- %-Änderung gg. Vorjahr	+ 2,7	+ 1,0	+ 1,1	- 4,0	+ 2,7	+ 1,9
Land- und Forstwirtschaft, Fischerei						
- Bruttowertschöpfung (Mrd. Euro)	21,8	16,8	22,1	20,5	19,6	30,9
Zahl landwirtschaftlicher Betriebe (1.000)	270	267	267	263	259	256
Umsatz des produzierenden Ernährungsgew. (Mrd. Euro) [2]	180	180	185	185	186	.
Einfuhr von Ernährungsgütern (Mrd. Euro)	86	85	87	90	95	111
Ausfuhr von Ernährungsgütern (Mrd. Euro)	73	72	74	74	78	91
Verfügbares Einkommen privater Haushalte (Mrd. Euro)	1.846	1.920	1.961	1.989	2.031	2.174
Konsumausgaben privater Haushalte (Mrd. Euro)						
- in jeweiligen Preisen	1.655	1.703	1.754	1.660	1.718	1.921
- preisbereinigt (2015 = 100)	104	105	107	101	101	106
- %-Änderung gg. Vorjahr	+ 1,4	+ 1,4	+ 1,7	- 6,2	+ 0,3	+ 4,4
Konsumausgaben privater Haushalte an Nahrungs- und Genussmitteln (Mrd. Euro)						
- in jeweiligen Preisen	225	233	241	254	260	276
- preisbereinigt (2015 = 100)	102	103	105	108	107	103
- %-Änderung gg. Vorjahr	+ 0,1	+ 1,3	+ 1,8	+ 3,3	- 0,6	- 4,5
Preisindizes (2015 = 100)						
- Harmonisierter Verbraucherpreisindex	96,4	98,1	99,5	100,0	103,1	110,2
- Nahrungsmittel	94,6	96,8	97,9	100,0	103,1	116,9
Preisindizes (2015 = 100)						
- Erzeugerpreise landwirtschaftl. Produkte	108,6	109,0	111,5	108,0	117,5	156,2
- Erzeugerpreise tierische Produkte	112,9	106,9	111,6	107,1	110,1	150,6
- Einkaufspreise landwirtschaftl. Betriebsmittel (o. Umsatzst.)	100,0	103,8	105,6	105,5	113,8	142,5
- - Mischfuttermittel für Geflügel (o. Umsatzst.)	96,7	99,1	98,6	98,9	118,4	164,2
- Erzeugerpreise landwirtschaftlicher Produkte	108,6	109,0	111,5	108,0	117,5	156,2
- - Geflügelfleisch	90,2	93,0	95,0	90,3	95,6	125,3

Quelle: BMEL; Destatis

Strukturdaten 2

Tabelle 2

Produktspezifische Daten zur Ernährungswirtschaft in Deutschland

	2017	2018	2019	2020	2021	2022v
Produktionswerte der Landwirtschaft zu Erzeugerpreisen (Mio. Euro)						
- pflanzliche Produkte	25.759	23.494	27.892	27.528	29.699	35.285
- tierische Produkte	28.534	26.657	27.351	26.417	25.918	35.072
- - Eier	1.283	1.194	1.096	1.062	1.076	1.591
- - Geflügel	2.350	2.386	2.558	2.586	2.508	3.323
Preisindizes						
- Erzeugerpreise landw. Produkte (2015 = 100) [1]	108,6	109,0	111,5	108,0	117,5	156,2
- - pflanzliche Produkte	101,8	112,4	111,5	109,4	129,4	165,2
- - tierische Produkte	112,9	106,9	111,6	107,1	110,1	150,6
- - Eier	103,8	104,3	104,6	108,6	106,2	132,1
- - Schlachtgeflügel	90,2	93,0	95,0	90,3	95,6	125,3
- - - Hähnchen	90,8	93,2	93,1	85,2	98,3	132,6
- Harmon. Verbraucherpreisindex, (2015 = 100)	102,0	103,8	105,3	105,8	109,2	118,7
- - Nahrungsmittel und alkoholfreie Getränke	103,6	106,2	107,5	109,9	113,3	127,6

1) Erzeugerpreise einschließlich Umsatzsteuer.
Quelle: BMEL; Destatis

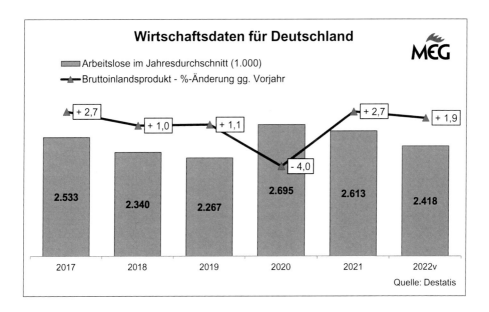

Wirtschaftsdaten für Deutschland

MEG

Arbeitslose im Jahresdurchschnitt (1.000)
Bruttoinlandsprodukt - %-Änderung gg. Vorjahr

	2017	2018	2019	2020	2021	2022v
Arbeitslose	2.533	2.340	2.267	2.695	2.613	2.418
BIP-Änderung	+2,7	+1,0	+1,1	-4,0	+2,7	+1,9

Quelle: Destatis

Tabelle 3

Bevölkerung in EU und Drittländern

in 1.000	2017	2018	2019	2020	2021	2022v
Belgien	11.352	11.399	11.456	11.522	11.566	11.618
Bulgarien	7.102	7.050	7.000	6.951	6.917	6.839
Dänemark	5.749	5.781	5.806	5.823	5.840	5.873
Deutschland	82.522	82.792	83.019	83.167	83.155	83.237
Estland	1.316	1.319	1.325	1.329	1.330	1.332
Finnland	5.503	5.513	5.518	5.525	5.534	5.548
Frankreich	66.810	67.026	67.178	67.320	67.440	67.872
Griechenland	10.768	10.741	10.725	10.719	10.683	10.460
Irland	4.784	4.830	4.904	4.964	5.007	5.060
Italien	60.589	60.484	60.360	59.641	59.258	59.030
Kroatien	4.154	4.105	4.076	4.058	4.036	3.862
Lettland	1.950	1.934	1.920	1.908	1.893	1.876
Litauen	2.848	2.809	2.794	2.794	2.796	2.806
Luxemburg	591	602	614	626	635	645
Malta	460	476	494	515	516	521
Niederlande	17.082	17.181	17.282	17.408	17.475	17.591
Österreich	8.773	8.822	8.859	8.901	8.933	8.979
Polen	37.973	37.977	37.973	37.958	37.840	37.654
Portugal	10.310	10.291	10.277	10.296	10.298	10.352
Rumänien	19.644	19.533	19.414	19.329	19.186	19.042
Schweden	9.995	10.120	10.230	10.328	10.379	10.452
Slowakische Republik	5.435	5.443	5.450	5.458	5.460	5.435
Slowenien	2.066	2.067	2.081	2.096	2.109	2.107
Spanien	46.528	46.658	46.937	47.333	47.394	47.433
Tschechische Republik	10.579	10.610	10.650	10.694	10.702	10.517
Ungarn	9.798	9.778	9.773	9.770	9.731	9.689
Zypern	855	864	876	888	896	905
EU 27	**445.534**	**446.209**	**446.446**	**447.320**	**447.207**	**446.735**
Vereinigtes Königreich	65.844	66.274	66.647	67.026	67.281	67.509
EU 28	**511.379**	**512.482**	**513.636**	.	.	.
China	1.421.022	1.427.648	1.433.784	1.456.928	1.457.935	1.457.965
Indien	1.338.677	1.352.642	1.366.418	1.396.387	1.407.564	1.417.173
USA	325.085	327.096	329.065	335.942	336.998	338.290
Brasilien	207.834	209.469	211.050	213.196	214.326	215.313
Russland	145.530	145.734	145.872	145.617	145.103	144.713
Mexiko	124.777	124.014	125.085	125.998	126.705	127.504
Japan	127.503	126.256	125.792	125.245	124.613	123.952
Südafrika	57.010	57.793	58.558	58.802	59.392	59.894
Argentinen	43.937	44.361	44.781	45.036	45.277	45.510
Afrika	1.244.222	1.295.265	1.327.701	1.360.677	1.393.676	1.426.736
Welt	**7.547.859**	**7.683.790**	**7.764.951**	**7.840.953**	**7.909.295**	**7.975.105**

EU-Länder jeweils am 1. Januar
Quelle: Eurostat; FAO

Tabelle 4

Ausgewählte gesamt- und ernährungswirtschaftliche Daten für die EU

	2017	2018	2019	2020	2021	2022v
Bruttoinlandsprodukt in Mrd. Euro (zu jeweiligen Preisen)						
EU-27	13.075	13.533	14.019	13.462	14.531	15.810
EU-28	15.435	15.954	16.545	.	.	.
Prozentanteil am Bruttoinlandsprodukt der EU 27						
Deutschland	25,0	24,9	24,8	25,3	24,8	24,5
Frankreich	17,6	17,5	17,4	17,2	17,2	16,7
Italien	13,3	13,1	12,8	12,3	12,3	12,1
Spanien	8,9	8,9	8,9	8,3	8,3	8,4
Niederlande	5,6	5,7	5,8	5,9	5,9	6,0
Schweden	3,7	3,5	3,4	3,6	3,7	3,5
Belgien	3,4	3,4	3,4	3,4	3,5	3,5
Polen	3,6	3,7	3,8	3,9	4,0	4,1
Österreich	2,8	2,8	2,8	2,8	2,8	2,8
Arbeitslosenquote EU 27 (in Prozent)	8,3	7,4	6,8	7,2	7,8	.
Arbeitslosenquote EU 28 (in Prozent)	7,6	6,8	6,3	.	.	.
Harmonisierter Verbraucherpreisindex EU 27 [1]	102,0	103,9	105,4	106,2	109,3	119,3
Harmonisierter Verbraucherpreisindex EU 28 [1]	102,0	103,9	105,4	.	.	.

1) 2015 = 100.
Quelle: Eurostat

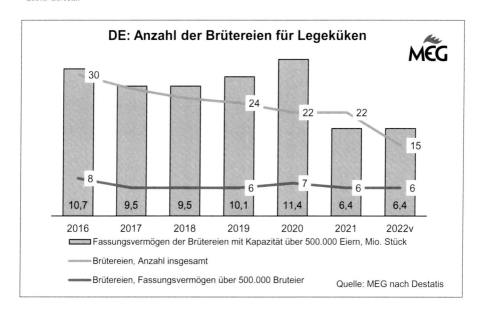

Tabelle 5

Deutschland: Brütereien und deren Fassungsvermögen im Dezember
- Anlagen mit mindestens 1.000 Eiern ausschließlich des Schlupfraumes

	2017	2018	2019	2020	2021	2022v
Zahl der Brütereien						
Fassungsvermögen von ... bis ... Bruteiern						
1.000 - 10.000	.	4	4	4	3	3
10.001 - 20.000	6	6	5	4	4	4
20.001 - 50.000	3	2	2	1	1	2
50.001 - 100.000	9	9	8	8	7	6
100.001 - 200.000	9	7	7	7	8	5
200.001 - 500.000	11	10	10	9	8	8
über 500.000	24	25	24	25	23	23
Insgesamt	**66**	**63**	**61**	**58**	**54**	**51**
Fassungsvermögen in 1.000 Stück						
1.000 - 10.000	.	.	.	24	9,6	.
10.001 - 20.000	104	104	.	.	.	71
20.001 - 50.000	106	.	.	.	.	.
50.001 - 100.000	686	686	607	623	541	463
100.001 - 200.000	1194	911	.	.	1159	734
200.001 - 500.000	3.630	3.357	3.339	3.163	2.945	.
über 500.000	80.524	87.380	.	.	82.352	82.352
Insgesamt	**86.270**	**92.529**	**.**	**.**	**.**	**.**

Brütereien nach Geflügelart, Anzahl der Betriebe

	2017	2018	2019	2020	2021	2022v
Hühnerküken	42	41	40	38	37	32
Hühnerküken, Legerassen	27	25	24	22	22	15
- Legerassen zum Gebrauch	24	24	23	21	22	14
- Legerassen zur Zucht und Vermehrung	4	4	4	3	3	3
Hühnerküken, Mastrassen	19	22	20	20	20	21
- Mastrassen zum Gebrauch	19	22	19	20	19	21
- Mastrassen zur Zucht und Vermehrung	3	2	3	4	3	4
- aussortierte Hahnenküken	3	4	3	3	4	13
Entenküken zum Gebrauch	7	8	8	6	4	6
Gänseküken zum Gebrauch	14	17	16	14	11	13
Truthühnerküken zum Gebrauch	9	9	9	8	8	9
Perlhühnerküken zum Gebrauch	2	2	2	1	1	.
Insgesamt	**64**	**63**	**61**	**58**	**54**	**51**

Quelle: Destatis

Strukturdaten 2

Tabelle 6

Deutschland: Anzahl der meldepflichtigen Schlachtereien

Mehrfachmeldungen möglich

Stück	2017	2018	2019	2020	2021	2022v
Geflügelschlachtereien insgesamt	224	217	201	199	188	180
davon						
Jungmasthühner	111	109	100	100	97	93
Puten	88	83	83	77	76	75
Enten	108	105	99	101	90	84
Gänse	118	113	107	106	101	91
Suppenhennen	79	75	76	71	71	63

Quelle: Destatis

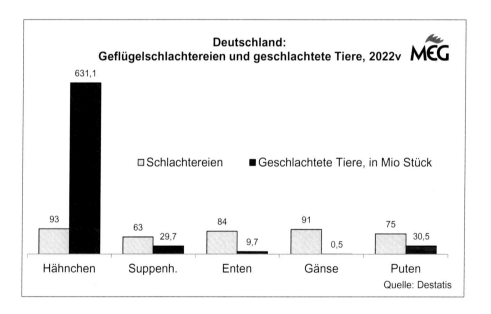

Deutschland: Geflügelschlachtereien und geschlachtete Tiere, 2022v MEG

Schlachtereien ■ Geschlachtete Tiere, in Mio Stück

Hähnchen 93 / 631,1 · Suppenh. 63 / 29,7 · Enten 84 / 9,7 · Gänse 91 / 0,5 · Puten 75 / 30,5

Quelle: Destatis

2 Strukturdaten

Tabelle 7

EU/VK: Brütereien und Fassungsvermögen der Brutanlagen für Hühnereier

Zahl der Brütereien	2020	2021	2022v	2020	2021	2022v
	insgesamt			über 500.000 Eier		
Belgien	16	17	16	13	14	13
Bulgarien	23	22	18	11	6	5
Tschechische Republik	15	14	15	9	9	9
Deutschland	38	37	.	18	17	.
Irland	2	2	2	2	2	2
Spanien	44	41	42	36	34	35
Frankreich	60	38	46	48	29	33
Kroatien	21	23	.	3	3	.
Italien	.	.	.	17	.	.
Griechenland	27	25	26	11	11	11
Lettland	.	.	.	.	.	.
Litauen	4	.	.	.	.	.
Ungarn	54	57	51	15	17	15
Niederlande	27	30	28	15	15	13
Österreich	8	8	8	.	.	.
Polen	114	109	.	50	49	.
Portugal	14	13	13	11	10	10
Rumänien	33	32	32	19	19	19
Slowakei	.	.	.	.	.	.
Finnland	12	11	11	4	4	4
Schweden	12	.	.	.	.	.
Vereinigtes Königreich	.	.	.	.	.	.

Fassungsvermögen in 1.000 Stück	insgesamt			über 500.000 Eier		
Belgien	27.231	29.372	29.529	26.430	28.555	28.641
Bulgarien	10.570	11.881	10.885	9.977	10.138	9.562
Tschechische Republik	29.534	29.821	29.835	29.045	29.336	29.336
Deutschland	84.984	79.079	.	81.582	75.721	.
Irland	5.477	5.477	5.477	5.477	5.477	5.477
Spanien	64.492	66.630	67.802	62.524	65.026	66.199
Frankreich	91.390	88.163	101.317	90.000	97.067	99.653
Kroatien	6.710	6.878	.	5.525	5.654	.
Italien	35.711	.	.	29.856	.	.
Griechenland	17.094	16.907	17.282	14.852	14.852	15.428
Lettland	1.908	1.908	1.908	.	.	.
Litauen	5.234	.	.	.	.	.
Ungarn	26.593	28.592	26.064	22.780	24.845	22.790
Niederlande	54.131	62.277	59.377	52.426	60.230	57.371
Österreich	10.855	10.741	10.741	.	.	.
Polen	127.637	144.567	.	115.479	132.735	.
Portugal	26.889	26.889	26.889	34.006	26.382	26.382
Rumänien	38.554	38.530	38.554	34.319	34.319	34.319
Slowakei	.	.	.	.	.	.
Finnland	7.899	7.981	7.881	6.688	6.788	6.688
Schweden	.	.	.	.	.	.
Vereinigtes Königreich	.	.	.	.	.	.

Fortsetzung mit Tabelle 7b

Tabelle 7b (Fortsetzung)

EU/VK: Brütereien und Fassungsvermögen der Anlagen für Puten- und Enteneier

	2020	2021	2022v	2020	2021	2022v
Zahl der Brütereien	Enten			Puten		
Belgien	1	.	.	1	1	.
Bulgarien	4	7	7	3	4	4
Tschechische Republik	6	6	6	0	0	0
Griechenland	.	0	0	7	5	4
Deutschland	6	4	.	8	8	.
Irland	1	1	1	2	2	2
Spanien	0	0	0	4	4	5
Frankreich	25	13	14	10	5	5
Kroatien	3	4	.	5	4	.
Italien	1	.	.	5	.	.
Ungarn	12	17	16	6	7	6
Niederlande	.	.	0	.	.	0
Polen	14	14	.	5	5	.
Rumänien	0	0	1	0	1	1
Finnland	1	1	1	2	2	2
Vereinigtes Königreich	.	.	.	.	.	.
Fassungsvermögen in 1.000 Stück	Enten			Puten		
Belgien	.	.	.	.	.	.
Bulgarien	984	1.581	1.705	15	23	21
Tschechische Republik	2.140	2.140	2.140	0	0	0
Griechenland	.	0	0	1.105	1.024	915
Deutschland	.	.	.	6.752	6.752	.
Irland	310	310	310	552	552	552
Spanien	.	0	0	2.473	2.642	3.042
Frankreich	16.665	16.037	16.074	13.520	5.778	6.678
Kroatien	195	197	.	417	413	.
Italien	441	.	.	7.515	.	.
Ungarn	10.795	12.824	11.617	3.689	3.689	3.689
Niederlande	.	.	0	.	.	0
Polen	3.606	37.531	.	3.745	3.495	.
Rumänien	.	0	10	.	50	50
Finnland	23	23	23	183	183	183
Vereinigtes Königreich	.	.	.	.	.	.

Quelle: Eurostat

2 Strukturdaten

Tabelle 8

Bestandsgrößen in der Legehennenhaltung in Deutschland

Zahl der Betriebe mit ... Hennen	2007	2010	2013	2016	2020
1 - 19	64.076				
20 - 49		51.891	49.500	39.113	39.729
50 - 99	3.475				
100 - 249	2.607				
250 - 499		2.545	2.500	3.244	4.611
500 - 999	670				
1.000 - 2.999	894				
3.000 - 4.999	276	1.218	1.200	1.380	1.627
5.000 - 9.999	287				
10.000 - 29.999	459	498	700	834	924
30.000 - 49.999					
50.000 - 99.999	70				
100.000 - 199.999	69	134	200	215	213
200.000 und mehr					
Betriebe insgesamt	72.883	56.286	54.100	44.786	47.104

Zahl der gehaltenen Hennen
1/2 Jahr und älter, in 1.000 Stück

in Betrieben mit ... Hennen	2007	2010	2013	2016	2020
1 - 19	990				
20 - 49		933	891	669	699
50 - 99	217				
100 - 249	554				
250 - 499		806	844	788	1.202
500 - 999	471				
1.000 - 2.999	1.559				
3.000 - 4.999	1.054	4.220	4.151	4.241	5.080
5.000 - 9.999	1.996				
10.000 - 29.999	9.798	11.063	16.603	17.826	19.316
30.000 - 49.999					
50.000 - 99.999	4.882				
100.000 - 199.999	16.943	18.257	25.498	28.413	28.180
200.000 und mehr					
Hennen insgesamt	38.464	35.279	47.987	51.936	54.478

Erhebungszeitpunkt seit 2010 März, vorher Mai
Vergleich der Erhebungen untereinander wegen veränderter Erfassungsuntergrenzen nur bedingt sinnvoll.
Seit 2016 Erfassungsuntergrenze 1.000 Geflügelplätze, vorher Tiere.
Quelle: Destatis

Strukturdaten 2

Tabelle 9

Bestandsgrößen in der Legehennenhaltung nach Bundesländern
Zählung im März 2020

	Insgesamt	1 - 99	100 - 999	1.000 - 9.999	10.000 - 49.999	50.000 und mehr
Zahl der Betriebe mit ... Hennen						
Baden-Württemberg	7.343	6.009	915	334	79	6
Bayern	20 336	18 608	1 255	373	87	13
Brandenburg	793	663	78	14	31	7
Hessen	2 871	2 359	364	104	41	3
Mecklenburg-Vorpommern	528	356	62	20	75	15
Niedersachsen	4.914	3 603	563	244	408	96
Nordrhein-Westfalen	4.079	3.007	648	322	84	18
Rheinland-Pfalz	1.351	1 024	222	75	27	3
Saarland	223	167	39	14	2	1
Sachsen	1.582	1 362	146	22	39	13
Sachsen-Anhalt	494	402	40	17	20	15
Schleswig-Holstein	1.693	1 387	201	73	22	10
Thüringen	835	732	68	13	9	13
Deutschland gesamt	47.104	39.729	4.611	1.627	924	213

	Insgesamt	1 - 99	100 - 999	1.000 - 9.999	10.000 - 49.999	50.000 und mehr
Zahl der gehaltenen Hennen, 1/2 Jahr und älter in 1.000 Stück, in Betrieben mit ... Hennen						
Baden-Württemberg	3.241	112	246	1.001	1.393	488
Bayern	5.077	312	305	1.228	1.577	1.656
Brandenburg	.	12	.	25	691	2.737
Hessen	1.488	41	96	274	686	390
Mecklenburg-Vorpommern	3.474	7	15	69	2.053	1.329
Niedersachsen	20.238	62	159	823	9.008	10.186
Nordrhein-Westfalen	4.820	58	189	961	1.543	2.069
Rheinland-Pfalz	1.108	19	59	220	.	.
Saarland	164	4	11	52	.	.
Sachsen	3.608	29	24	72	813	2.671
Sachsen-Anhalt	4.206	8	6	69	505	3.619
Schleswig-Holstein	1.526	23	57	248	373	825
Thüringen	2.034	.	14	.	237	1.739
Deutschland insgesamt	54.478	699	1.202	5.080	19.316	28.180

Erhebungszeitpunkt seit 2010 März, vorher Mai
Vergleich der Erhebungen untereinander wegen veränderter Erfassungsuntergrenzen nur bedingt sinnvoll.
Seit 2016 Erfassungsuntergrenze 1.000 Geflügelplätze, vorher Tiere
Quelle: Destatis

2 Strukturdaten

Tabelle 10

Bestandsgrößen in der Junghühnermast in Deutschland

Zahl der Betriebe mit ... Tieren	2007	2010	2013	2016	2020
1 - 99	7.240	3.134	2.800	1.373	1.731
100 - 499	339	306	.	469	
500 - 999	46				539
1.000 - 2.999	53				
3.000 - 4.999	27	93	100	144	182
5.000 - 9.999	41				
10.000 - 24.999	602	615	700	679	676
25.000 - 49.999					
50.000 - 99.999	223				
100.000 - 199.999	109	384	600	665	700
200.000 und mehr					
Betriebe insgesamt	8.680	4.532	4.500	3.330	3.828

Zahl der gehaltenen Jungmasthühner in 1.000 Stück in Betrieben mit ... Tieren	2007	2010	2013	2016	2020
1 - 99	53	32	33	23	22
100 - 499	65	84	.	92	94
500 - 999	28				
1.000 - 2.999	90				
3.000 - 4.999	103	367	.	508	652
5.000 - 9.999	292				
10.000 - 24.999	17.581	18.697	22.127	18.674	17.207
25.000 - 49.999					
50.000 - 99.999	14.880				
100.000 - 199.999	26.130	48.351	74.446	74.494	74.486
200.000 und mehr					
Jungmasthühner insgesamt	59.222	67.531	97.146	93.791	92.461

Einschließlich Zahl und Halter sonstiger Hähne. - Bestände mit 1 bis 99 Tiere kaum
Jungmasthühner, sondern überwiegend sonstige Hähne. - Erhebungszeitpunkt seit 2010 März, vorher Mai
Vergleich der Erhebungen untereinander wegen veränderter Erfassungsuntergrenzen nur bedingt sinnvoll.
Seit 2016 Erfassungsuntergrenze 1.000 Geflügelplätze, vorher Tiere
Quelle: Destatis

Strukturdaten 2

Tabelle 11

Bestandsgrößen in der Junghühnermast nach Bundesländern
Zählung im März 2020

Zahl der Betriebe mit ... Tieren	Insgesamt	1 - 99	100 - 999	1.000 - 9.999	10.000 - 49.999	50.000 und mehr
Baden-Württemberg	351	196	74	31	45	5
Bayern	1.065	671	145	60	155	35
Brandenburg	92	45	6	2	5	34
Hessen	232	144	50	13	19	6
Mecklenburg-Vorpommern	109	31	14	12	18	34
Niedersachsen	1.079	176	67	20	317	499
Nordrhein-Westfalen	428	172	94	27	99	36
Rheinland-Pfalz	.	61	35	6	.	.
Saarland	21	16	4	1	.	.
Sachsen	94	72	17	2	.	3
Sachsen-Anhalt	46	19	2	1	3	21
Schleswig-Holstein	147	81	24	6	13	23
Thüringen	55	43	6	1	1	4
Deutschland gesamt	3.828	1.731	539	182	676	700

Zahl der gehaltenen Jungmasthühner in 1.000 Stück	Insgesamt	1 - 99	100 - 999	1.000 - 9.999	10.000 - 49.999	50.000 und mehr
Baden-Württemberg	1.368	2	14	138	956	258
Bayern	6.913	7	23	212	3.431	3.240
Brandenburg	4.973	.	.	.	.	4.850
Hessen	1.011	2	11	30	606	362
Mecklenburg-Vorpommern	4.235	0	2	34	503	3.696
Niedersachsen	55.487	3	9	99	8.345	47.031
Nordrhein-Westfalen	5.372	3	19	106	2.772	2.472
Rheinland-Pfalz	.	1	7	9	.	.
Saarland	.	0	1	.	.	.
Sachsen	770	.	2	.	.	764
Sachsen-Anhalt	9.717	0	.	.	91	9.625
Schleswig-Holstein	2.224	1	5	17	324	1.877
Thüringen	352	.	1	.	.	311
Deutschland insgesamt	92.461	22	94	652	17.207	74.486

Erhebungszeitpunkt seit 2010 März, vorher Mai
Vergleich der Erhebungen untereinander wegen veränderter Erfassungsuntergrenzen nur bedingt sinnvoll.
Seit 2016 Erfassungsuntergrenze 1.000 Geflügelplätze, vorher Tiere
Quelle: Destatis

MEG-Marktbilanz Eier und Geflügel 2023

Tabelle 12

Bestandsgrößen in der Putenmast in Deutschland

Zahl der Betriebe mit ... Puten	2007	2010	2013	2016	2020
1 - 19	1.397				
20 - 49		1.148	1.100	1.014	1.091
50 - 99	77				
100 - 499	73	107	0	118	114
500 - 999	31				
1.000 - 4.999	97	219	300	192	206
5.000 - 9.999	183				
10.000 - 19.999	.	.	.	.	.
20.000 - 29.999					
30.000 und mehr	.	.	.	.	.
10.000 und mehr	431	451	500	524	496
Betriebe insgesamt	2.289	1.925	1.900	1.848	1.907

Zahl der gehaltenen Puten in 1.000 Stück in Betrieben mit ... Puten	2007	2010	2013	2016	2020
1 - 19	12				
20 - 49		13	11	9	8
50 - 99	4				
100 - 499	14	32	.	25	18
500 - 999	21				
1.000 - 4.999	294				
5.000 - 9.999	1.355	1.277	1.541	1.007	1.115
10.000 - 19.999	.	.	.	.	.
20.000 - 29.999					
30.000 und mehr	.	.	.	.	.
10.000 und mehr	9.191	10.022	11.685	11.319	10.439
Puten insgesamt	10.892	11.344	13.256	12.360	11.579

Erhebungszeitpunkt seit 2010 März, vorher Mai.
Vergleich der Erhebungen untereinander wegen veränderter Erfassungsuntergrenzen nur bedingt sinnvoll.
Seit 2016 Erfassungsuntergrenze 1.000 Geflügelplätze, vorher Tiere.
Quelle: Destatis

Tabelle 13

Bestandsgrößen in der Putenmast nach Bundesländern
Zählung im März 2020

	Insgesamt	1 - 99	100 - 999	1.000 - 9.999	10.000 und mehr
Zahl der Betriebe mit ... Tieren					
Baden-Württemberg	277	164	25	26	62
Bayern	509	399	31	29	50
Brandenburg	65	27	.	5	33
Hessen	114	87	17	4	6
Mecklenburg-Vorpommern	65	26	1	15	23
Niedersachsen	388	109	6	83	190
Nordrhein-Westfalen	235	101	21	37	76
Rheinland-Pfalz	.	37	7	.	.
Saarland	8	8	.	.	.
Sachsen	66	50	1	5	10
Sachsen-Anhalt	47	14	.	.	33
Schleswig-Holstein	48	40	5	1	2
Thüringen	38	27	.	1	10
Deutschland gesamt	1.907	1.091	114	206	496

	Insgesamt	1 - 99	100 - 999	1.000 - 9.999	10.000 und mehr
Zahl der gehaltenen Puten in 1.000 Stück					
Baden-Württemberg	1.096	2	3	144	946
Bayern	881	3	5	120	753
Brandenburg	1.201	0	.	38	1.162
Hessen	115	1	4	17	94
Mecklenburg-Vorpommern	451	.	.	65	386
Niedersachsen	4.967	1	1	478	4.487
Nordrhein-Westfalen	1.470	1	2	231	1.236
Rheinland-Pfalz	.	0	1	.	.
Saarland	0	.	.	.	.
Sachsen	218	0	.	.	213
Sachsen-Anhalt	940	0	.	.	940
Schleswig-Holstein	46	0	.	.	.
Thüringen	172	.	.	.	163
Deutschland insgesamt	11.579	8	18	1.115	10.439

Erhebungszeitpunkt seit 2010 März, vorher Mai.
Vergleich der Erhebungen untereinander wegen veränderter Erfassungsuntergrenzen nur bedingt sinnvoll.
Seit 2016 Erfassungsuntergrenze 1.000 Geflügelplätze, vorher Tiere.
Quelle: Destatis

Tabelle 14

Bestandsgrößen in der Legehennenhaltung
Zahl der Betriebe

Betriebe mit ... Tieren		1 bis 349	350 bis 2.999	3.000 bis 9.999	10.000 bis 29.999	30.000 und mehr	Betriebe insgesamt
Deutschland	2005	.	.	660	400	310	78.870
	2007	70.280	1.790	650	450	320	73.490
	2010	53.680	1.430	540	390	240	56.290
	2013	51.130	1.530	530	510	390	54.090
	2016	.	.	.	.	.	43.720
Frankreich	2005	.	.	1.220	880	720	134.970
	2007	105.920	600	1.110	770	610	109.010
	2010	72.960	620	1.290	830	620	76.320
	2013	43.820	710	1.480	880	550	47.440
Italien	2005	.	.	210	460	310	66.470
	2007	68.290	150	170	270	280	69.150
	2010	17.670	250	240	290	310	18.750
	2013	10.180	120	160	210	300	10.970
	2016	.	.	.	.	.	10.780
Niederlande	2005	.	.	370	670	490	2.100
	2007	340	120	310	690	510	1.960
	2010	320	80	220	590	600	1.810
	2013	280	80	180	450	580	1.550
	2016	.	.	.	.	.	1.360
Belgien	2005	.	.	160	220	160	4.280
	2007	3.590	50	130	200	140	4.110
	2010	2.660	40	100	180	140	3.120
	2013	2.480	20	80	140	120	2.850
	2016	.	.	.	.	.	1.620
Dänemark	2005	.	.	100	90	40	3.200
	2007	2.600	20	50	100	30	2.810
	2010	2.880	30	60	80	30	3.080
	2013	3.030	20	30	80	50	3.220
	2016	.	.	.	.	.	2.480
Ver. Königreich	2005	.	.	630	570	310	35.930
	2007	23.900	850	480	570	370	26.170
	2010	22.760	530	520	690	360	24.880
	2013	24.100	670	540	790	370	26.470
	2016	.	.	.	.	.	24.060

Fortsetzung mit Tabelle 14b

Strukturdaten 2

Tabelle 14b (Fortsetzung)
Bestandsgrößen in der Legehennenhaltung
Zahl der Betriebe

Betriebe mit ... Tieren		1 bis 349	350 bis 2.999	3.000 bis 9.999	10.000 bis 29.999	30.000 und mehr	Betriebe insgesamt
Irland	2005	.	.	90	30	20	8.470
	2007	7.030	40	70	50	20	7.210
	2010	7.500	40	100	70	10	7.720
	2013	7.140	40	20	60	20	7.330
	2016	.	.	.	.	.	8.180
Griechenland	2005	.	.	230	60	20	319.310
	2007	283.420	140	110	60	20	283.750
	2010	197.040	150	150	70	20	197.430
	2013	166.990	180	60	60	40	167.400
	2016	.	.	.	.	.	159.130
Spanien	2005	.	.	310	510	400	188.570
	2007	181.070	180	250	400	410	182.310
	2010	89.790	110	210	400	390	90.880
	2013	72.290	70	220	310	.	73.280
	2016	.	.	.	.	.	63.900
Portugal	2005	.	.	.	70	70	173.890
	2007	145.730	10	.	30	70	145.840
	2010	140.010	20	20	40	80	140.160
	2013	118.150	0	10	30	60	118.260
	2016	.	.	.	.	.	120.860
Österreich	2005	.	.	290	70	20	60.860
	2007	55.420	800	300	120	20	56.670
	2010	51.270	670	340	130	20	52.420
	2013	51.020	550	340	110	10	52.030
	2016	.	.	.	.	.	50.250
Schweden	2005	.	.	100	120	60	5.030
	2007	4.000	70	100	120	60	4.340
	2010	3.460	50	80	120	70	3.770
	2013	3.940	40	60	110	80	4.220
	2016	.	.	.	.	.	2.940
Finnland	2005	.	.	240	100	20	1.620
	2007	720	270	190	120	20	1.310
	2010	620	200	160	120	30	1.120
	2013	680	70	100	100	20	970
	2016	.	.	.	.	.	340
Tschechische Rep.	2005	.	.	20	20	50	18.850
	2007	14.720	40	20	20	50	14.850
	2010	4.990	30	20	20	50	5.110
	2013	7.750	20	10	10	40	7.830
	2016	.	.	.	.	.	7.090
Estland	2005	.	.	10	.	.	12.250
	2007	8.030	.	.	.	10	8.050
	2010	4.850	.	.	.	.	4.870
	2013	3.670	10	.	.	.	3.670
	2016	.	.	.	.	.	2.100

2 Strukturdaten

Tabelle 14c (Fortsetzung)

Bestandsgrößen in der Legehennenhaltung
Zahl der Betriebe

Betriebe mit ... Tieren		1 bis 349	350 bis 2.999	3.000 bis 9.999	10.000 bis 29.999	30.000 und mehr	Betriebe insgesamt
Zypern	2005	.	.	.	10	.	9.840
	2007	8.360	.	.	10	.	8.390
	2010	7.240	10	.	10	10	7.270
	2013	8.250	0	.	0	.	8.270
	2016	.	.	.	.	.	7.970
Lettland	2005	.	0	.	.	.	58.860
	2007	46.220	.	.	.	.	46.240
	2010	27.810	.	.	.	10	27.820
	2013	21.450	0	.	0	.	21.450
	2016	.	.	.	.	.	26.950
Litauen	2005	.	.	.	.	20	163.350
	2007	124.260	.	.	.	20	124.270
	2010	79.930	10	.	.	20	79.960
	2013	70.680	0	.	0	10	70.700
	2016	.	.	.	.	.	46.150
Ungarn	2005	.	.	80	40	40	355.970
	2007	297.750	400	80	30	40	298.290
	2010	252.130	270	100	50	50	252.600
	2013	203.800	250	60	40	40	204.180
	2016	.	.	.	.	.	138.500
Malta	2005	.	.	20	10	.	1.010
	2007	950	50	20	10	.	1.030
	2010	620	10	10	10	.	650
	2013	730	30	.	10	.	780
	2016	.	.	.	.	.	610
Polen	2005	.	.	590	310	210	1.156.200
	2007	1.148.220	850	480	320	240	1.150.110
	2010	578.040	900	420	390	270	580.020
	2013	514.500	550	400	360	210	516.020
	2016	.	.	.	.	.	488.920
Slowenien	2005	.	.	10	10	.	43.820
	2007	37.880	60	40	10	.	37.980
	2010	34.770	40	20	.	.	34.840
	2013	35.440	30	20	.	20	35.500
	2016	.	.	.	.	.	36.710
Slowakei	2005	.	.	.	10	30	42.830
	2007	41.240	.	10	10	30	41.290
	2010	10.120	10	.	.	30	10.180
	2013	7.420	10	0	10	20	7.470
	2016	.	.	.	.	.	7.120
Bulgarien	2005	.	.	60	30	30	369.140
	2007	312.310	70	40	40	30	312.490
	2010	180.030	90	60	40	40	180.250
	2013	107.140	50	40	30	40	107.290
	2016	.	.	.	.	.	66.500
Rumänien	2016	.	.	.	.	.	223.950

Zwischen Summe der einzelnen Bestandsgrößenklassen und Betriebe insgesamt teils Abweichungen.
Quelle: MEG nach Eurostat

Tabelle 15
Bestandsgrößen in der Legehennenhaltung
Legehennen (in 1.000)

in Betrieben mit ... Tieren		1 bis 349	350 bis 2.999	3.000 bis 9.999	10.000 bis 29.999	30.000 und mehr	Hennen insgesamt
Deutschland	2005	.	.	3.670	6.910	35.540	50.500
	2007	1.700	1.980	3.470	7.650	36.630	51.430
	2010	1.270	1.740	2.970	6.840	22.480	35.280
	2013	1.190	1.780	2.910	8.780	33.320	47.990
	2016	.	.	.	.	.	52.970
Frankreich	2005	.	.	7.450	13.800	53.340	77.210
	2007	1.450	750	6.900	13.230	51.350	73.670
	2010	1.110	690	7.760	13.810	54.700	78.060
	2013	780	750	8.940	14.460	50.200	75.140
Italien	2005	.	.	960	7.840	25.850	36.120
	2007	920	180	1.010	4.050	30.870	37.030
	2010	370	320	1.360	4.930	37.130	44.100
	2013	230	170	930	3.570	35.510	40.420
	2016	.	.	.	.	.	37.390
Niederlande	2005	.	.	2.370	12.150	33.630	48.420
	2007	30	170	2.000	12.850	34.350	49.410
	2010	30	130	1.450	11.190	43.720	56.500
	2013	280	100	180	8.600	43.540	53.480
	2016	.	.	.	.	.	56.430
Belgien/Luxemburg	2005	.	.	980	3.850	8.340	13.310
	2007	60	60	790	3.430	7.640	12.050
	2010	40	50	700	3.200	7.700	11.750
	2013	40	30	550	2.610	7.880	11.210
	2016	.	.	.	.	.	11.160
Dänemark	2005	.	.	630	1.460	2.930	5.120
	2007	50	40	330	1.810	1.930	4.160
	2010	50	30	360	1.530	1.930	3.900
	2013	50	20	200	1.380	4.010	5.670
	2016	.	.	.	.	.	6.040
Verein. Königreich	2005	.	.	3.550	9.910	32.960	49.010
	2007	560	1.050	2.790	9.870	34.170	48.450
	2010	580	570	3.130	11.880	30.780	46.950
	2013	760	650	3.430	13.680	30.530	49.060
	2016	.	.	.	.	.	49.790

Fortsetzung mit Tabelle 15b

2 Strukturdaten

Tabelle 15b (Fortsetzung)

Bestandsgrößen in der Legehennenhaltung
Legehennen (in 1.000)

in Betrieben mit ... Tieren		1 bis 349	350 bis 2.999	3.000 bis 9.999	10.000 bis 29.999	30.000 und mehr	Hennen insgesamt
Irland	2005	.	.	560	540	1.190	2.460
	2007	80	70	420	790	1.030	2.380
	2010	80	60	590	1.100	870	2.700
	2013	70	50	430	850	1.130	2.530
	2016	.	.	.	.	.	2.780
Griechenland	2005	.	.	1.260	970	1.730	9.910
	2007	4.880	160	550	960	1.830	8.400
	2010	3.700	160	740	1.080	2.570	8.240
	2013	2.560	180	650	900	3.770	8.060
Spanien	2005	.	.	2.050	8.370	47.190	59.980
	2007	2.070	200	1.730	6.610	49.340	59.940
	2010	960	130	1.320	6.950	50.110	59.480
	2013	780	100	1.410	5.530	50.310	58.130
	2016	.	.	.	.	.	55.750
Portugal	2005	.	.	.	1.000	6.720	9.280
	2007	1.190	10	.	510	7.410	9.140
	2010	1.190	30	70	670	10.020	11.980
	2013	930	0	100	590	8.120	9.760
	2016	.	.	.	.	.	9.360
Österreich	2005	.	.	1.470	1.040	1.030	5.730
	2007	960	1.030	1.570	1.930	1.210	6.700
	2010	890	910	1.760	1.910	930	6.400
	2013	860	810	1.860	1.620	830	5.980
	2016	.	.	.	.	.	6.690
Schweden	2005	.	.	600	2.100	3.830	6.760
	2007	80	100	570	2.070	4.270	7.080
	2010	70	80	440	2.170	4.950	7.710
	2013	80	60	360	2.030	6.050	8.580
	2016	.	.	.	.	.	9.750
Finnland	2005	.	.	1.280	1.680	990	4.550
	2007	30	440	1.060	1.930	810	4.260
	2010	20	340	910	1.890	1.520	4.680
	2013	20	100	550	1.650	1.110	3.430
	2016	.	.	.	.	.	3.700
Tschechische Rep.	2005	.	.	70	420	8.290	9.110
	2007	220	50	100	350	8.130	8.850
	2010	90	50	120	320	8.420	8.990
	2013	140	30	50	190	6.840	7.260
	2016	.	.	.	.	.	6.320
Estland	2005	.	.	50	.	.	1.120
	2007	130	.	.	.	660	850
	2010	100	.	.	.	.	860
	2013	70	.	0	0	0	850
	2016	.	.	.	.	.	650

Fortsetzung mit Tabelle 15c

Tabelle 15c (Fortsetzung)
Bestandsgrößen in der Legehennenhaltung
Legehennen (in 1.000)

Betriebe mit ... Tieren		1 bis 349	350 bis 2.999	3.000 bis 9.999	10.000 bis 29.999	30.000 und mehr	Hennen insgesamt
Zypern	2005	.	.	.	240	.	750
	2007	150	.	.	190	.	540
	2010	130	10	.	150	240	.
	2013	130	0	0	0	0	460
	2016	.	.	.	.	.	440
Lettland	2005	.	.	.	.	.	2.750
	2007	620	.	.	.	.	2.850
	2010	410	.	.	.	3.010	3.460
	2013	340	0	0	0	0	3.190
	2016	.	.	.	.	.	2.970
Litauen	2005	.	.	.	.	2.570	4.350
	2007	1.210	.	.	.	3.370	4.650
	2010	890	.	.	.	2.170	3.080
	2013	850	0	.	0	2.150	3.030
	2016	.	.	.	.	.	3.810
Ungarn	2010	4.020	310	540	770	4.670	10.300
	2013	3.330	260	290	660	4.700	9.240
	2016	.	.	.	.	.	9.250
Malta	2005	.	.	120	180	.	470
	2007	10	50	120	250	.	560
	2010	10	10	50	150	.	300
	2013	10	20	.	200	.	300
	2016	.	.	.	.	.	340
Polen	2005	.	.	3.210	5.400	19.050	48.580
	2007	19.850	770	2.690	5.380	22.850	51.530
	2010	12.090	860	2.370	6.700	29.050	51.080
	2013	10.920	590	2.220	6.120	30.650	50.490
	2016	.	.	.	.	.	50.210
Slowenien	2005	.	.	.	80	.	1.070
	2007	400	60	170	80	.	1.270
	2010	390	50	130	.	.	1.500
	2013	400	50	90	170	0	1.180
	2016	.	.	.	.	.	1.610
Slowakei	2005	.	.	.	170	3.530	4.260
	2007	490	.	50	130	3.800	4.490
	2010	150	20	.	.	5.520	5.850
	2013	140	10	0	150	5.200	5.560
	2016	.	.	.	.	.	5.630
Bulgarien	2007	3.560	80	170	490	2.610	6.910
	2010	2.480	100	260	670	4.360	7.880
	2013	1.350	60	180	540	4.160	6.300
	2016	.	.	.	.	.	6.440
Rumänien	2013	31.180	70	160	740	6.460	38.600
	2016	.	.	.	.	.	38.430

Zwischen Summe der einzelnen Bestandsgrößenklassen und Betriebe insgesamt teils Abweichungen.
Quelle: MEG nach Eurostat

2 Strukturdaten

Tabelle 16

Bestandsgrößen in der Junghühnermast
Zahl der Betriebe

Betriebe mit ... Tieren		1 bis 99	100 bis 4.999	5.000 bis 49.999	50.000 bis 99.999	100.000 und mehr	Betriebe insgesamt
Deutschland	2005	8.340	510	640	240	90	9.820
	2007	7.640	370	650	230	120	9.000
	2010	3.130	370	650	270	120	4.532
	2013	2.780	420	760	380	190	4.540
	2016	.	.	.	.	.	3.050
Frankreich	2005	63.530	6.870	4.890	470	60	75.820
	2007	48.960	6.200	4.880	420	60	60.510
	2010	30.010	5.920	5.180	510	90	41.720
	2013	16.570	5.530	5.430	600	70	28.220
	2016	.	.	.	.	.	18.090
Italien	2005	40.770	1.700	770	260	180	43.680
	2007	49.380	1.340	940	340	210	52.220
	2010	10.430	1.220	1.070	280	200	13.210
	2013	6.420	850	1.000	320	230	8.830
	2016	.	.	.	.	.	8.880
Niederlande	2005	.	10	380	240	110	760
	2007	.	.	390	230	110	750
	2010	.	20	280	200	140	640
	2013	0	10	220	180	150	560
	2016	.	.	.	.	.	630
Belgien/	2005	380	210	610	80	10	1.280
Luxemburg	2007	480	140	540	90	10	1.260
	2010	300	130	480	120	20	970
	2013	290	90	370	150	30	930
	2016	.	.	.	.	.	760
Dänemark	2005	190	10	60	70	20	360
	2007	130	.	.	70	30	290
	2010	110	.	60	70	40	280
	2013	120	.	60	60	30	280
	2016	.	.	.	.	.	260
Ver. Königreich	2005	570	220	520	290	380	1.970
	2007	410	200	460	260	390	1.720
	2010	530	170	430	230	380	1.740
	2013	320	230	460	220	320	1.150
	2016	.	.	.	.	.	1.990

Fortsetzung mit Tabelle 16b

Tabelle 16b (Fortsetzung)
Bestandsgrößen in der Junghühnermast
Zahl der Betriebe

Betriebe mit ... Tieren		1 bis 99	100 bis 4.999	5.000 bis 49.999	50.000 bis 99.999	100.000 und mehr	Betriebe insgesamt
Irland	2005	860	50	180	50	10	1.150
	2007	680	50	160	40	10	950
	2010	350	30	110	50	10	550
	2013	310	10	90	40	10	470
	2016	.	.	.	.	.	490
Griechenland	2005	176.870	4.180	630	50	20	181.770
	2007	162.200	3.450	530	60	40	166.280
	2010	99.030	2.620	520	70	40	102.290
	2013	93.450	880	520	50	30	94.930
	2016	.	.	.	.	.	82.200
Spanien	2005	58.160	450	2.640	420	70	61.730
	2007	61.910	450	2.320	430	70	65.170
	2010	32.950	260	2.750	470	140	36.570
	2013	22.860	280	2.380	510	180	26.210
	2016	.	.	.	.	.	20.780
Portugal	2005	121.500	540	610	60	20	122.820
	2007	100.240	280	580	20	20	101.140
	2010	103.930	330	680	40	30	105.000
	2013	82.520	160	530	40	20	83.270
	2016	.	.	.	.	.	83.440
Österreich	2005	2.310	140	270	10	.	2.740
	2007	910	120	290	20	.	1.340
	2010	720	170	280	20	.	1.190
	2013	530	140	290	20	0	980
	2016	.	.	.	.	.	1.760
Schweden	2005	140	10	30	30	30	230
	2007	120	10	30	30	20	210
	2010	90	10	30	30	20	180
	2013	150	10	20	20	30	240
	2016	.	.	.	.	.	200
Finnland	2005	0	0	110	30	.	140
	2007	.	.	.	30	.	140
	2010	.	.	.	40	.	110
	2013	.	.	.	50	.	140
	2016	.	.	.	.	.	190
Tschechische Rep.	2005	390	30	130	40	50	650
	2007	360	40	100	40	60	600
	2010	110	40	60	30	40	270
	2013	330	50	50	30	40	490
	2016	.	.	.	.	.	490
Estland Fortsetzung mit	2005	340	.	.	.	.	350
	2007	170	.	.	.	.	170
	2010	120	.	.	.	.	120
	2013	50	0	.	.	0	60
	2016	.	.	.	.	.	50

Fortsetzung mit Tabelle 16c

2 Strukturdaten

Tabelle 16c (Fortsetzung)

Bestandsgrößen in der Junghühnermast
Zahl der Betriebe

Betriebe mit ... Tieren		1 bis 99	100 bis 4.999	5.000 bis 49.999	50.000 bis 99.999	100.000 und mehr	Betriebe insgesamt
Zypern	2005	3.590	90	40	10	10	3.740
	2007	3.620	60	50	.	10	3.740
	2010	2.460	70	30	10	.	2.570
	2013	2.220	0	10	0	0	2.300
	2016	.	.	.	.	.	1.720
Lettland	2005	1.220	.	.	.	.	1.230
	2007	470	.	.	.	.	470
	2010	470	.	.	.	.	480
	2013	310	.	.	.	0	320
	2016	.	.	.	.	.	480
Litauen	2005	31.070	150	.	.	.	31.240
	2007	19.070	.	.	.	.	19.180
	2010	13.030	.	.	.	10	13.190
	2013	11.460	.	.	0	0	11.690
	2016	.	.	.	.	.	14.960
Ungarn	2010	17.390	1.120	190	30	30	18.750
	2013	9.170	560	130	30	20	9.920
	2016	.	.	.	.	.	10.210
Malta	2005	60	40	30	.	.	130
	2007	140	50	40	.	.	230
	2010	80	40	40	.	.	150
	2013	200	.	30	.	.	260
	2016	.	.	.	.	.	100
Polen	2005	654.450	8.530	1.790	180	100	665.040
	2007	626.720	4.150	1.940	210	100	633.120
	2010	332.930	2.280	1.860	300	170	337.540
	2013	244.040	480	1.930	210	130	246.780
	2016	.	.	.	.	.	64.490
Slowenien	2005	4.120	110	120	.	.	4.350
	2007	2.720	90	180	.	.	3.000
	2010	2.620	120	170	.	.	2.910
	2013	4.410	90	150	0	0	4.650
	2016	.	.	.	.	.	5.510
Slowakei	2005	940	30	20	20	20	1.030
	2007	1.000	.	20	10	20	1.100
	2010	360	50	20	20	20	460
	2013	850	90	20	10	10	990
	2016	.	.	.	.	.	820
Bulgarien	2005	51.320	160	70	20	20	51.580
	2007	17.210	180	60	10	20	17.480
	2010	19.020	310	100	20	20	19.460
	2013	5.320	140	90	10	10	5.590
	2016	.	.	.	.	.	5.010
Rumänien	2016	.	.	.	.	.	1.511.540

Zwischen Summe der einzelnen Bestandsgrößenklassen und Betriebe insgesamt teils Abweichungen.
Quelle: MEG nach Eurostat

Tabelle 17

Bestandsgrößen in der Junghühnermast
Jungmasthühner (in 1.000)

in Betrieben mit ... Tieren		1 bis 99	100 bis 4.999	5.000 bis 49.999	50.000 bis 99.999	100.000 und mehr	Tiere insgesamt
Deutschland	2005	50	260	16.940	15.940	23.580	56.760
	2007	60	250	17.710	15.720	27.580	61.310
	2010	30	240	18.900	18.210	30.140	67.530
	2013	30	280	22.390	27.140	47.300	97.150
	2016	.	.	.	.	.	89.300
Frankreich	2005	810	11.860	75.120	29.490	8.070	125.360
	2007	570	11.360	79.480	27.280	7.230	125.910
	2010	340	10.810	86.590	33.700	12.160	143.600
	2013	270	10.900	92.230	40.840	9.550	153.790
	2016	.	.	.	.	.	165.580
Italien	2005	730	1.170	19.080	17.250	52.160	90.390
	2007	770	990	20.500	23.200	47.800	93.260
	2010	210	730	24.680	19.370	49.940	94.950
	2013	160	430	25.970	20.340	53.800	100.710
	2016	.	.	.	.	.	96.210
Niederlande	2005	0	0	10.780	16.770	16.900	44.500
	2007	.	.	10.730	16.000	16.580	43.350
	2010	0	40	7.910	14.150	22.650	44.750
	2013	0	0	5.890	12.530	25.790	44.240
	2016	.	.	.	.	.	49.190
Belgien/	2005	10	390	14.400	5.310	960	21.070
Luxemburg	2007	10	270	13.020	5.550	1.300	20.180
	2010	.	260	11.540	7.810	2.290	21.920
	2013	.	170	9.040	10.190	3.880	23.300
	2016	.	.	.	.	.	27.850
Dänemark	2005	0	0	1.970	5.500	4.420	11.910
	2007	.	.	.	4.530	5.570	11.760
	2010	.	.	1.590	4.730	6.490	12.840
	2013	.	.	1.890	4.380	6.920	13.220
	2016	.	.	.	.	.	11.750
Verein. Königreich	2005	10	200	13.600	20.700	76.970	111.480
	2007	10	180	11.680	18.590	78.260	108.730
	2010	10	210	11.310	17.160	75.490	104.180
	2013	10	250	11.860	15.950	66.680	94.760
	2016	.	.	.	.	.	104.580

Fortsetzung mit Tabelle 17b

Tabelle 17b (Fortsetzung)

Bestandsgrößen in der Junghühnermast
Jungmasthühner (in 1.000)

in Betrieben mit ... Tieren		1 bis 99	100 bis 4.999	5.000 bis 49.999	50.000 bis 99.999	100.000 und mehr	Tiere insgesamt
Irland	2005	10	110	4.260	3.070	640	8.080
	2007	10	80	3.660	2.960	1.640	8.330
	2010	.	20	2.820	3.550	1.440	7.840
	2013	.	.	2.520	3.130	1.450	7.130
	2016	.	.	.	.	.	7.690
Griechenland	2005	3.470	700	9.840	3.460	4.070	21.540
	2007	3.040	610	8.620	3.720	8.480	24.470
	2010	2.030	530	9.440	4.070	11.690	27.750
	2013	1.450	220	8.870	3.030	5.790	19.380
Spanien	2005	490	620	52.940	26.090	16.830	96.970
	2007	510	630	48.110	26.610	13.730	89.610
	2010	400	370	61.220	30.540	26.320	118.850
	2013	260	120	54.850	32.650	36.450	124.630
	2016	.	.	.	.	.	126.450
Portugal	2005	1.250	1.090	9.800	3.410	2.570	18.120
	2007	950	520	9.410	1.340	3.370	15.580
	2010	960	430	10.510	2.760	5.600	20.250
	2013	720	180	9.450	2.500	4.190	17.050
	2016	.	.	.	.	.	24.090
Österreich	2005	30	290	5.530	740	.	.
	2007	10	220	5.390	970	.	6.840
	2010	10	300	4.990	1.310	.	6.860
	2013	10	280	5.300	1.340	.	7.080
	2016	.	.	.	.	.	7.670
Schweden	2005	.	.	790	2.320	4.360	7.500
	2007	.	.	660	2.430	3.540	6.650
	2010	.	.	360	2.330	3.730	6.450
	2013	.	.	410	1.770	5.740	7.960
	2016	.	.	.	.	.	9.000
Finnland	2005	0	.	2.980	2.220	.	.
	2007	.	.	.	1.770	.	5.070
	2010	.	.	.	2.700	.	4.620
	2013	0	0	.	3.410	1.530	6.860
	2016	.	.	.	.	.	10.820
Tschechische Rep.	2005	10	30	2.830	2.840	10.510	16.170
	2007	10	60	2.410	3.060	13.380	18.910
	2010	.	60	1.520	2.020	11.670	15.290
	2013	10	40	1.130	2.610	10.170	13.990
	2016	.	.	.	.	.	13.620
Estland	2005	10	.	.	.	.	980
	2007	.	.	.	.	.	860
	2010	.	.	.	.	.	1.040
	2013	0	0	.	.	.	1.270
	2016	.	.	.	.	.	1.210

Fortsetzung mit Tabelle 17c

Strukturdaten 2

Tabelle 17c (Fortsetzung)
Bestandsgrößen in der Junghühnermast
Jungmasthühner (in 1.000)

in Betrieben mit ... Tieren		1 bis 99	100 bis 4.999	5.000 bis 49.999	50.000 bis 99.999	100.000 und mehr	Tiere insgesamt
Zypern	2005	70	30	720	710	1.850	3.380
	2007	70	.	1.060	.	1.880	3.090
	2010	50	10	640	320	.	2.400
	2013	40	.	250	0	0	1.240
	2016	.	.	.	.	.	2.040
Lettland	2005	10	.	.	.	.	1.170
	2007	10	.	.	.	.	1.710
	2010	10	.	.	.	.	1.650
	2013	0	.	.	.	0	1.800
	2016	.	.	.	.	.	1.560
Litauen	2005	670	20	.	.	.	4.020
	2007	400	.	.	.	.	3.850
	2010	310	.	.	.	4.590	5.140
	2013	230	.	.	.	0	6.030
	2016	.	.	.	.	.	7.010
Ungarn	2010	590	450	3.570	1.770	7.560	13.920
	2013	310	270	2.490	.	.	11.370
	2016	.	.	.	.	.	15.140
Malta	2005	.	110	400	.	.	580
	2007	.	140	520	.	.	660
	2010	.	90	570	.	.	670
	2013	.	.	480	.	.	620
	2016	.	.	.	.	.	440
Polen	2005	11.270	1.570	34.710	11.910	23.830	83.280
	2007	9.350	910	41.150	13.820	20.730	85.960
	2010	4.850	770	38.690	20.190	37.680	102.180
	2013	2.500	460	35.660	13.890	27.540	80.060
	2016						126.890
Slowenien	2005	70	70	1.580	.	.	1.710
	2007	50	40	2.490	.	.	3.430
	2010	50	70	2.330	.	.	2.800
	2013	90	30	2.330	0	0	6.860
	2016	.	.	.	.	.	3.940
Slowakei	2005	20	10	680	1.000	5.630	7.380
	2007	10	.	470	650	6.520	7.660
	2010	10	10	540	1.190	4.780	6.570
	2013	20	20	510	730	4.250	5.550
	2016	.	.	.	.	.	6.190
Bulgarien	2005	800	120	1.080	940	5.020	7.950
	2007	230	100	1.110	530	5.770	7.740
	2010	340	210	1.710	1.200	4.110	7.560
	2013	90	90	1.910	690	3.270	6.140
	2016	.	.	.	.	.	7.980
Rumänien	2016	.	.	.	.	.	34.520

Zwischen Summe der einzelnen Bestandsgrößenklassen und Betriebe insgesamt teils Abweichungen.
Quelle: MEG nach Eurostat

2 Strukturdaten

Tabelle 18

Betriebe mit Geflügelhaltung in ökologischer Wirtschaftsweise
Zählung im März 2016

	Junghennen[1]	Legehennen[2]	Masthühner und -hähne	Hühner insgesamt
Zahl der Betriebe[3] mit ... Geflügel				
Baden-Württemberg	37	606	40	632
Bayern	58	1.680	104	1.728
Brandenburg	6	90	6	90
Hessen	19	297	28	309
Mecklenburg-Vorpommern	14	98	26	119
Niedersachsen	16	291	39	314
Nordrhein-Westfalen	17	263	43	271
Rheinland-Pfalz	6	106	18	109
Saarland	1	32	5	34
Sachsen	6	71	6	74
Sachsen-Anhalt	3	48	5	49
Schleswig-Holstein	7	109	20	112
Thüringen	4	45	4	45
Deutschland gesamt	**194**	**3.743**	**345**	**3.893**

	Gänse[1]	Enten[1]	Truthühner[1]	Sonstiges Geflügel insgesamt
Zahl der Betriebe[3] mit ... Geflügel				
Baden-Württemberg	72	46	27	108
Bayern	120	172	34	254
Brandenburg	15	14	1	25
Hessen	34	31	17	61
Nordrhein-Westfalen	44	29	7	57
Rheinland-Pfalz	13	.	.	17
Saarland	3	2	–	4
Sachsen	16	12	8	26
Sachsen-Anhalt	6	12	–	13
Schleswig-Holstein	19	24	5	35
Thüringen	8	11	–	15
Deutschland gesamt	**428**	**425**	**126**	**735**

Fortsetzung mit Tabelle 18b

Strukturdaten 2

Tabelle 18b (Fortsetzung)

Bestände von Geflügel in ökologischer Wirtschaftsweise
Zählung im März 2016

	Junghennen[1]	Legehennen[2]	Masthühner und -hähne	Hühner insgesamt
Zahl der gehaltenen Tiere				
Baden-Württemberg	48.656	221.047	75.648	345.351
Bayern	131.958	450.413	245.506	827.877
Brandenburg	358	409.785	1.690	411.833
Hessen	42.895	207.571	16.026	266.492
Mecklenburg-Vorpommern	265.639	709.341	423.688	1.398.668
Niedersachsen	171.299	1.671.492	338.240	2.181.031
Nordrhein-Westfalen	96.874	203.399	9.300	309.573
Rheinland-Pfalz	325	28.074	3.320	31.719
Saarland	.	14.154	.	15.149
Sachsen	.	138.706	.	180.279
Sachsen-Anhalt	.	215.774	.	295.962
Schleswig-Holstein	7.975	77.883	31.524	117.382
Thüringen	.	105.675	.	153.355
Deutschland gesamt	**896.712**	**4.453.630**	**1.184.745**	**6.535.087**

	Gänse[1]	Enten[1]	Truthühner[1]	Sonstiges Geflügel insgesamt
Zahl der gehaltenen Tiere				
Baden-Württemberg	3.217	2.356	27.805	33.378
Bayern	3.300	3.348	24.214	30.862
Brandenburg	2.021	.	.	2.369
Hessen	1.378	1.620	42.385	45.383
Nordrhein-Westfalen	1.289	.	.	5.930
Rheinland-Pfalz	1.486	.	.	1.890
Saarland	.	.	–	13
Sachsen	2.581	105	47.237	49.923
Sachsen-Anhalt	1.162	2.430	–	3.592
Schleswig-Holstein	800	2.354	32	3.186
Thüringen	809	1.094	–	1.903
Deutschland gesamt	**23.358**	**17.157**	**201.967**	**242.482**

1 Einschließlich Küken. 2 Einschließlich Zuchthähne.
3 Einschließlich Betriebe, die vorübergehend keinen Bestand hatten.
Quelle: Destatis

2 Strukturdaten

Tabelle 18c (Fortsetzung)

Betriebe mit Geflügelhaltung in ökologischer Wirtschaftsweise
Zählung im März 2020

	Junghennen[1]	Legehennen[2]	Masthühner und -hähne	Hühner insgesamt
Zahl der Betriebe[3] mit ... Geflügel				
Baden-Württemberg	42	840	57	865
Bayern	90	2.431	159	2.485
Brandenburg	11	100	10	101
Hessen	15	371	45	383
Mecklenburg-Vorpommern	13	115	20	131
Niedersachsen	25	397	49	423
Nordrhein-Westfalen	16	385	51	397
Rheinland-Pfalz	8	161	10	162
Saarland	2	33	3	35
Sachsen	6	88	8	91
Sachsen-Anhalt	3	59	3	60
Schleswig-Holstein	7	174	17	179
Thüringen	5	50	5	52
Deutschland gesamt	**248**	**5.213**	**441**	**5.373**

	Gänse[1]	Enten[1]	Truthühner[1]	Sonstiges Geflügel insgesamt
Zahl der Betriebe[3] mit ... Geflügel				
Baden-Württemberg	69	40	20	105
Bayern	159	191	54	308
Brandenburg	13	11	1	20
Hessen	33	31	15	58
Nordrhein-Westfalen	34	24	6	54
Rheinland-Pfalz	18	.	.	23
Saarland	1	2	–	3
Sachsen	11	14	2	26
Sachsen-Anhalt	11	14	2	18
Schleswig-Holstein	23	27	2	38
Thüringen	7	11	2	14
Deutschland gesamt	**433**	**418**	**133**	**764**

Fortsetzung mit Tabelle 18d

Tabelle 18d (Fortsetzung)

Bestände von Geflügel in ökologischer Wirtschaftsweise
Zählung im März 2020

Zahl der gehaltenen Tiere	Junghennen[1]	Legehennen[2]	Masthühner und -hähne	Hühner insgesamt
Baden-Württemberg	29.632	369.974	143.923	543.529
Bayern	156.777	835.833	443.484	1.436.094
Brandenburg	1.288	413.056	1.873	416.217
Hessen	83.762	331.154	49.076	463.992
Mecklenburg-Vorpommern	215.379	859.056	196.043	1.270.478
Niedersachsen	218.053	1.813.454	299.622	2.331.129
Nordrhein-Westfalen	301.672	419.983	125.632	847.287
Rheinland-Pfalz	81	107.446	2.312	109.839
Saarland	.	11.643	.	12.351
Sachsen	.	165.827	.	196.419
Sachsen-Anhalt	.	210.793	.	310.398
Schleswig-Holstein	7.807	118.540	41.158	167.505
Thüringen	.	104.148	.	190.502
Deutschland gesamt	**1.227.543**	**5.761.932**	**1.307.470**	**8.296.945**

Zahl der gehaltenen Tiere	Gänse[1]	Enten[1]	Truthühner[1]	Sonstiges Geflügel insgesamt
Baden-Württemberg	4.239	2.762	17.652	24.653
Bayern	3.502	3.439	37.504	44.445
Brandenburg	990	.	.	6.217
Hessen	861	775	55.168	56.804
Nordrhein-Westfalen	930	.	.	15.528
Rheinland-Pfalz	54	.	.	98
Saarland	.	.	–	10
Sachsen	.	.	36.676	40.753
Sachsen-Anhalt	.	998	.	1.413
Schleswig-Holstein	.	319	.	846
Thüringen	.	93	.	158
Deutschland gesamt	**21.875**	**12.665**	**230.591**	**265.131**

1 Einschließlich Küken. 2 Einschließlich Zuchthähne.
3 Einschließlich Betriebe, die vorübergehend keinen Bestand hatten.
Quelle: Destatis

Kapitel 3 – Tabellenteil

Deutschland

Eier

3 Deutschland: Eier

Tabelle 19

Versorgungsbilanz Eier Deutschland insgesamt

in Mio. Stück	2017	2018	2019	2020	2021	2022v
Bestand an Legehennen [1]	45,8	46,8	48,0	49,2	49,8	50,4
Legeleistung je Henne (Stück)	292	291	290	293	294	293
Konsumeiererzeugung	13.360	13.614	13.939	14.421	14.627	14.762
Bruteiererzeugung	1.252	1.188	1.192	1.171	1.199	1.137
Gesamteiererzeugung	14.612	14.802	15.131	15.591	15.825	15.899
Verluste	134	136	139	144	146	148
Verwendbare Erzeugung	14.478	14.666	14.991	15.447	15.679	15.751
- davon zum Konsum	13.226	13.478	13.800	14.276	14.480	14.615
Einfuhr Schaleneier	6.721	6.640	6.460	6.279	5.403	5.335
- davon Bruteier	143	173	185	187	187	185
Einfuhr Eiprodukte (Schaleneiwert)	2.035	2.098	2.194	2.135	2.143	2.160
Einfuhr zum Konsum insgesamt	8.614	8.565	8.469	8.227	7.359	7.310
Ausfuhr Schaleneier	2.481	2.238	2.309	2.062	2.034	2.070
- davon Bruteier	415	416	430	445	476	470
Ausfuhr Eiprodukte (Schaleneiwert)	800	853	856	749	899	1.016
Ausfuhr zum Konsum insgesamt	2.866	2.675	2.735	2.366	2.457	2.616
Inlandsverwendung	19.953	20.313	20.480	21.050	20.292	20.161
- davon Bruteier	980	945	946	913	910	852
Nahrungsverbrauch	18.974	19.368	19.533	20.137	19.382	19.309
Verbrauch je Kopf, Stück	230	234	235	242	233	230
in 1.000 t						
Konsumeiererzeugung	828	844	864	894	907	915
Bruteiererzeugung	78	74	74	73	74	70
Gesamteiererzeugung	906	918	938	967	981	986
Verluste	14	14	14	14	15	15
Verwendbare Erzeugung	892	904	924	952	966	971
- davon zum Konsum	815	830	850	880	892	900
Einfuhr Schaleneier	413	413	400	389	335	331
- davon Bruteier	9	11	11	12	12	11
Einfuhr Eiprodukte (Schaleneiwert)	126	130	136	132	133	134
Einfuhr zum Konsum insgesamt	530	532	525	510	456	453
Ausfuhr Schaleneier	149	134	143	128	126	128
- davon Bruteier	25	25	27	28	29	29
Ausfuhr Eiprodukte (Schaleneiwert)	50	53	53	46	56	63
Ausfuhr zum Konsum insgesamt	174	162	170	147	152	162
Inlandsverwendung	1.233	1.260	1.264	1.300	1.252	1.244
- davon Bruteier	62	59	59	57	56	53
Nahrungsverbrauch	1.171	1.201	1.206	1.243	1.196	1.192
Verbrauch je Kopf, kg	14,2	14,5	14,5	15,0	14,4	14,2
- Selbstversorgungsgrad, % [2]	69,7	69,6	70,6	70,9	74,7	75,7

1) Ohne Elterntiere - 2) bezogen auf den Markt für Konsumeier.
Quelle: BLE; MEG

Deutschland: Eier

Tabelle 20

Legehennenbestände in den Bundesländern im März 2020

1.000 Stück	2005	2007	2010	2013	2016	2020
Küken und Junghennen bis ½ Jahr						
Schleswig-Holstein	111	172	112	138	74	64
Niedersachsen	5.081	5.928	2.884	5.639	4.870	4.233
Nordrhein-Westfalen	2.141	2.381	2.104	2.740	2.017	2.037
Hessen	259	192	124	124	145	155
Rheinland-Pfalz	904	960	745	530	460	.
Baden-Württemberg	529	554	297	228	492	433
Bayern	1.096	998	1.323	1.561	1.246	1.365
Saarland	46	51	.	.	.	.
Berlin	.	.	.	0	.	.
Brandenburg	400	808	482	551	580	.
Mecklenburg-Vorpommern	497	490	499	730	752	747
Sachsen	1.110	1.532	.	.	706	810
Sachsen-Anhalt	1.147	1.730	978	1.677	605	1.106
Thüringen	1.029	1.144	700	747	935	593
Deutschland insgesamt	**14.348**	**16.940**	**11.303**	**15.641**	**12.922**	**12.180**
Legehennen ½ Jahr und älter						
Schleswig-Holstein	907	1.024	1.159	1.536	1.438	1.526
Niedersachsen	11.718	13.388	11.254	18.589	19.502	20.238
Nordrhein-Westfalen	3.712	3.258	3.418	3.598	4.440	4.820
Hessen	1.093	1.220	874	983	1.108	1.488
Rheinland-Pfalz	613	656	750	901	945	1.108
Baden-Württemberg	2.298	2.297	2.245	2.538	2.726	3.241
Bayern	3.546	3.760	3.911	3.837	4.637	5.077
Saarland	114	113	.	125	121	164
Berlin	.	.	.	0	0	.
Brandenburg	2.315	2.580	2.840	3.495	3.478	.
Mecklenburg-Vorpommern	1.951	1.908	2.147	2.599	3.126	3.474
Sachsen	3.419	3.233	2.534	3.830	3.860	3.608
Sachsen-Anhalt	2.527	3.094	2.583	3.974	4.576	4.206
Thüringen	1.935	1.927	1.451	1.974	1.972	2.034
Deutschland insgesamt	**36.157**	**38.464**	**35.279**	**47.987**	**51.936**	**54.478**

Vergleich der Erhebungen untereinander wegen veränderter Erfassungsuntergrenzen nur bedingt sinnvoll.
Seit 2016 Erfassungsuntergrenze 1.000 Geflügelplätze, vorher Tiere.
Quelle: Destatis

3 Deutschland: Eier

Tabelle 21

Legehennenhalter in den Bundesländern

in 1.000	2010	2013	2016 Legehennnen	2016 Junghennen	2020 Legehennnen	2020 Junghennen
Schleswig-Holstein	1,575	1,5	1,366	0,072	1,693	0,080
Niedersachsen	4,873	5,1	4,167	0,203	4,914	0,249
Nordrhein-Westfalen	4,141	3,6	3,558	0,213	4,079	0,218
Hessen	3,412	3,2	2,848	0,122	2,871	0,115
Rheinland-Pfalz	1,565	1,4	1,146	0,064	1,351	.
Baden-Württemberg	9,576	8,4	6,940	0,254	7,343	0,308
Bayern	25,940	26,2	20,458	0,635	20,336	0,680
Saarland	0,242	0,2	0,201	0,009	0,223	0,013
Berlin	.	.	0,006	0,002	0,007	0,001
Brandenburg	1,073	0,9	0,764	0,061	0,793	0,042
Mecklenburg-Vorpommern	0,614	0,6	0,506	0,047	0,528	0,057
Sachsen	1,736	1,6	1,528	0,083	1,582	0,082
Sachsen-Anhalt	0,525	0,5	0,456	0,033	0,494	0,032
Thüringen	0,947	0,8	0,795	0,050	0,835	0,050
Deutschland insgesamt	56,286	54,1	44,786	1,850	47,104	1,985

Vergleich der Erhebungen untereinander wegen veränderter Erfassungsuntergrenzen nur bedingt sinnvoll.
Seit 2016 Erfassungsuntergrenze 1.000 Geflügelplätze, vorher Tiere.
Quelle: Destatis

Tabelle 22

Bruteiereinlagen der Legerassen (nur Legetiere)

1.000 Stück	2017	2018	2019	2020	2021	2022v
Januar	9.978	10.638	10.564	9.752	5.456	4.418
Februar	9.100	8.866	9.105	8.271	6.150	3.039
März	10.402	9.145	9.199	9.415	6.951	4.920
April	12.003	9.790	10.346	8.915	6.407	4.614
Mai	11.992	10.734	9.977	9.388	5.755	3.294
Juni	9.662	8.275	8.106	7.662	5.642	2.963
Juli	8.640	7.194	8.619	4.184	6.467	1.624
August	9.185	8.991	7.771	8.418	6.512	2.945
September	9.248	9.654	8.715	8.280	7.544	4.488
Oktober	7.981	5.081	6.594	5.224	6.533	2.878
November	8.884	5.712	6.780	5.199	5.045	2.099
Dezember	9.237	9.204	9.216	6.600	4.259	3.144
Januar - Dezember	116.312	103.284	104.992	91.308	72.721	40.427

Quelle: Destatis

Deutschland: Eier 3

Tabelle 23

Kükenschlupf der Legerassen (nur Legetiere)

1.000 Stück	2017	2018	2019	2020	2021	2022v
Januar	3.685	4.432	4.592	4.064	2.219	1.635
Februar	3.858	3.920	5.525	3.596	2.265	1.280
März	4.968	3.871	3.814	3.825	2.873	1.990
April	3.861	3.925	4.342	3.758	2.619	1.857
Mai	4.020	4.670	4.162	5.075	2.362	1.341
Juni	4.495	3.929	3.749	3.764	2.496	1.252
Juli	3.467	3.225	3.881	2.764	2.692	700
August	3.584	2.621	3.054	3.608	2.079	965
September	3.633	3.566	3.569	3.348	3.314	1.889
Oktober	3.557	3.543	3.298	2.327	2.689	1.185
November	2.692	2.010	2.358	1.659	1.934	696
Dezember	3.920	2.443	2.953	2.712	1.898	1.408
Januar - Dezember	45.740	42.155	45.298	40.501	29.439	16.198

Quelle: Destatis

Tabelle 24

Außenhandel mit Bruteiern

1.000 Stück	2017	2018	2019	2020	2021	2022v
Ausfuhr						
von Puten und Gänsen [1]	5.563	5.736	7.279	4.981	7.826	9.195
von Hühnern	415.055	415.780	429.823	444.823	475.695	434.979
davon nach:						
Niederlande	140.696	145.949	170.070	203.464	238.604	193.684
Dänemark	12.278	13.214	15.209	15.586	16.399	16.428
Griechenland	10.142	9.914	6.621	6.562	6.798	4.882
Österreich	17.225	17.117	15.308	13.660	10.931	7.703
Russland	90.975	97.916	87.317	81.795	99.280	75.379
Vereinigte Arabische Emirate	13.195	16.997	16.714	10.998	10.944	15.342
von anderem Hausgeflügel	511	169	285	49	148	657
Einfuhr						
von Puten und Gänsen [1]	13.591	12.634	8.342	8.980	5.629	6.168
von Hühnern	143.033	172.642	184.594	187.275	186.620	177.931
davon aus:						
Niederlande	84.713	136.941	143.871	146.592	149.328	137.351
Vereinigtes Königreich	2.651	2.721	4.334	2.156	442	3.201
Polen	33.288	13.918	16.218	13.857	20.887	24.647
Ungarn	6.154	7.553	9.353	6.485	4.272	3.839
USA	1.500	2.380	1.823	2.042	1.034	15
von anderem Hausgeflügel	478	15	3	17	1	44

1) Überwiegend von Puten (Tarif-Nr. . 04071911).
Quelle: Destatis

MEG-Marktbilanz Eier und Geflügel 2023

3 Deutschland: Eier

Tabelle 25

Außenhandel mit Küken der Legerassen

1.000 Stück	2017	2018	2019	2020	2021	2022v
Weibliche Zuchtküken *(0105 11 11)*						
Ausfuhr	5.228	6.894	2.980	567	217	1.304
davon nach						
Niederlande	547	1.403	770	169	114	495
Polen	179	562	164	.	.	106
EU 27	.	.	.	259	212	1.304
Russland	396	22	97	22	.	.
Türkei	0	323	392	.	.	.
Ukraine	178	.	.	.	.	.
Thailand	0	28	23	.	.	.
Drittländer gesamt	1.827	1.453	1.208	308	5	.
Einfuhr	**5**	**434**	**386**	**359**	**924**	**167**
Andere Küken *(0105 11 91)*						
Ausfuhr	11.017	9.158	9.248	9.204	4.560	1.299
davon nach						
Niederlande	1.136	976	934	1.348	2.650	957
Polen	1.524	1.131	1.546	1.224	1.231	245
EU 27	.	.	.	9.185	4.560	1.299
Drittländer gesamt	241	154	134	19	640	.
Einfuhr	**894**	**433**	**988**	**2.407**	**1.712**	**2.863**
davon aus						
Niederlande	775	286	305	956	1.328	2.168

Quelle: Destatis

Deutschland: Eier

Tabelle 26

Einstallungen von Legeküken
- außenhandelsbereinigter Schlupf

1.000 Stück	2017	2018	2019	2020	2021	2022v
Januar	3.022	4.118	4.169	3.199	1.874	1.635
Februar	3.246	2.074	4.262	2.840	2.295	1.242
März	4.429	2.853	3.490	3.579	2.738	1.886
April	3.492	3.903	2.814	3.229	2.464	1.950
Mai	2.885	3.565	2.833	3.999	2.157	1.534
Juni	2.674	2.812	2.659	3.015	2.055	1.410
Juli	3.203	1.932	3.919	1.683	2.360	697
August	2.394	2.075	2.451	3.614	2.209	919
September	2.963	3.197	3.483	3.591	3.011	2.502
Oktober	2.030	3.519	3.168	1.885	2.204	1.490
November	2.289	1.600	1.882	1.673	1.708	813
Dezember	2.922	2.140	2.936	2.723	1.953	1.676
Januar - Dezember	**35.549**	**33.789**	**38.067**	**35.031**	**27.029**	**17.754**

Quelle: MEG nach Destatis und Wirtschaftsinformationen

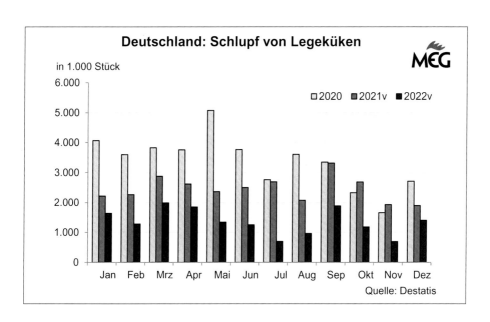

Deutschland: Schlupf von Legeküken
in 1.000 Stück
Quelle: Destatis

3 Deutschland: Eier

Tabelle 27

Legehennenhaltung und Eiererzeugung
- Betriebe mit Haltungskapazitäten ab 3.000 Hennen -

Meldende Betriebe

Gesamt	2017	2018	2019	2020	2021	2022v
Januar	1.742	1.827	1.883	1.956	2.010	2.138
Februar	1.735	1.822	1.888	1.955	2.025	2.136
März	1.744	1.819	1.888	1.954	2.025	2.139
April	1.743	1.827	1.894	1.957	2.028	2.132
Mai	1.739	1.827	1.908	1.955	2.032	2.147
Juni	1.740	1.826	1.904	1.954	2.038	2.145
Juli	1.745	1.824	1.904	1.951	2.037	2.153
August	1.758	1.825	1.899	1.946	2.038	2.160
September	1.757	1.832	1.899	1.955	2.052	2.151
Oktober	1.767	1.835	1.913	1.958	2.052	2.144
November	1.780	1.847	1.912	1.956	2.047	2.139
Dezember	1.781	1.847	1.911	1.955	2.046	2.145
Jahresdurchschnitt	**1.753**	**1.830**	**1.900**	**1.954**	**2.036**	**2.144**

davon in Bundesländern (Mittel aller Monate):

	2017	2018	2019	2020	2021	2022v
Baden-Württemberg	176	188	200	207	230	238
Bayern	289	306	319	330	343	364
Brandenburg	45	46	47	46	45	49
Hessen	74	79	81	88	92	97
Mecklenburg-Vorpommern	72	79	78	78	82	95
Niedersachsen	565	602	631	661	685	719
Nordrhein-Westfalen	265	259	261	259	253	272
Rheinland-Pfalz	53	55	61	64	70	73
Saarland	13	13	17,3	18,5	19	18
Sachsen	56	54	53	50	53	54
Sachsen-Anhalt	36	37	38	40	47	48
Schleswig-Holstein	65	69	71	71	75	76
Thüringen	43	42	42	41	41	40
Deutschland insgesamt	**1.753**	**1.830**	**1.900**	**1.954**	**2.036**	**2.144**

Quelle: Destatis

Deutschland: Eier

Tabelle 28

Legehennenhaltung und Eiererzeugung
- Betriebe mit Haltungskapazitäten ab 3.000 Hennen -

Hennenhaltungsplätze, in 1.000 Stück

Gesamt

	2017	2018	2019	2020	2021	2022v
Januar	48.653	49.356	49.627	49.620	50.084	52.109
Februar	48.785	49.263	49.806	49.573	50.333	51.807
März	48.733	49.346	49.767	49.583	50.543	52.284
April	48.668	49.539	49.765	49.744	50.605	52.156
Mai	48.612	49.529	49.918	49.800	50.580	52.326
Juni	48.656	49.592	49.783	49.801	50.704	52.281
Juli	48.712	49.463	49.720	49.770	50.737	52.389
August	48.907	49.463	49.673	49.697	50.753	52.504
September	48.884	49.554	49.667	49.805	50.909	52.493
Oktober	48.928	49.660	49.818	49.907	51.027	52.669
November	49.031	49.843	49.841	49.974	50.932	51.865
Dezember	48.942	49.908	49.911	49.924	50.941	52.101
Jahresdurchschnitt	**48.793**	**49.543**	**49.775**	**49.766**	**50.679**	**52.249**

davon in Bundesländern (Mittel aller Monate):

	2017	2018	2019	2020	2021	2022v
Baden-Württemberg	2 303	2 413	2 542	2 616	2 835	2 959
Bayern	5.368	5.495	5.324	4.359	4.484	4.837
Brandenburg	3 659	3 696	3 713	3 710	3 718	3 755
Hessen	1.161	1.289	1.349	1.391	1.422	1.417
Mecklenburg-Vorpommern	2 719	2 743	2 726	2 725	2 800	2 917
Niedersachsen	17.619	17.944	18.273	18.620	18.875	19.391
Nordrhein-Westfalen	5 780	5 805	5 857	5 822	5 789	6 079
Rheinland-Pfalz	865	900	980	1.029	1.072	1.110
Sachsen	3 695	3 691	3 658	3 458	3 485	3 476
Sachsen-Anhalt	2.095	2.083	2.092	2.519	2.664	2.703
Schleswig-Holstein	1 379	1 427	1 452	1 472	1 518	1 527
Thüringen	1.989	1.890	1.907	1.868	1.816	1.825
Deutschland insgesamt	**48.793**	**49.543**	**49.775**	**49.766**	**50.679**	**52.249**

Quelle: Destatis

3 Deutschland: Eier

Tabelle 29

Legehennenhaltung und Eiererzeugung
- Betriebe mit Haltungskapazitäten ab 3.000 Hennen -

Legehennen im Monatsdurchschnitt, in 1.000 Stück

Gesamt						
	2017	2018	2019	2020	2021	2022v
Januar	40.904	40.948	41.835	42.573	42.837	43.616
Februar	40.918	42.006	42.741	43.337	43.777	44.755
März	41.555	41.826	43.431	43.596	43.486	45.781
April	40.506	40.993	42.414	42.342	42.872	44.095
Mai	39.034	40.992	41.510	41.802	42.101	44.260
Juni	40.254	40.985	41.515	42.230	42.541	44.019
Juli	40.520	40.892	41.460	42.616	43.211	43.265
August	40.469	40.589	41.623	42.888	42.997	43.332
September	40.041	40.909	41.493	43.063	42.920	43.766
Oktober	40.255	41.853	41.520	43.570	43.502	44.001
November	41.193	42.317	42.273	43.959	43.910	44.155
Dezember	41.206	42.116	42.488	43.374	43.835	43.703
Jahresdurchschnitt	**40.571**	**41.369**	**42.025**	**42.946**	**43.166**	**44.062**

davon in Bundesländern (Mittel aller Monate):

	2017	2018	2019	2020	2021	2022v
Baden-Württemberg	2.017	2.080	2.197	2.247	2.433	2.460
Bayern	3.764	3.644	3.624	3.721	3.783	3.831
Brandenburg	2.994	3.004	3.080	3.068	2.976	2.985
Hessen	949	1.083	1.145	1.188	1.190	1.216
Mecklenburg Vorpommern	2.216	2.304	2.283	2.338	2.333	2.460
Niedersachsen	15.428	15.806	16.184	16.644	16.542	16.896
Nordrhein-Westfalen	4.856	4.875	4.897	4.849	4.852	4.982
Rheinland-Pfalz	738	741	833	847	929	945
Sachsen	2.992	3.118	3.063	2.909	2.956	3.017
Sachsen-Anhalt	1.769	1.809	1.830	2.180	2.267	2.278
Schleswig-Holstein	1.183	1.231	1.271	1.280	1.214	1.301
Thüringen	1.534	1.530	1.588	1.530	1.537	1.535
Deutschland insgesamt	**40.571**	**41.369**	**42.025**	**42.946**	**43.166**	**44.062**

Quelle: Destatis

Tabelle 30

Legehennenhaltung und Eiererzeugung
- Betriebe mit Haltungskapazitäten ab 3.000 Hennen -

Auslastung der Haltungskapazität in %

Gesamt

	2017	2018	2019	2020	2021	2022v
Januar	85,1	84,5	84,6	86,5	86,4	84,6
Februar	85,7	86,1	87,5	89,2	88,9	88,5
März	85,8	83,7	87,2	86,9	86,6	88,3
April	82,5	82,4	83,4	83,9	83,6	85,4
Mai	82,2	83,2	83,5	84,4	84,3	84,9
Juni	83,5	82,4	83,5	85,3	86,2	83,6
Juli	83,4	83,0	83,6	86,3	84,7	82,6
August	82,8	81,6	84,2	86,4	84,9	83,4
September	81,9	84,1	83,3	87,0	84,8	83,9
Oktober	83,1	85,0	84,0	87,9	86,0	84,2
November	85,2	85,3	85,9	88,2	87,0	85,3
Dezember	83,2	83,7	85,1	85,7	85,7	83,1
Jahresdurchschnitt	83,7	83,8	84,7	86,5	85,8	84,8

davon in Bundesländern (Mittel aller Monate):

	2017	2018	2019	2020	2021	2022v
Baden-Württemberg	87,8	86,9	86,4	86,0	86,1	83,1
Bayern	69,9	66,4	71,7	85,6	84,8	79,3
Brandenburg	82,1	81,4	82,9	82,6	80,2	79,5
Hessen	82,9	85,1	84,9	86,9	84,9	85,0
Mecklenburg-Vorpommern	82,7	85,1	83,7	86,3	83,9	85,1
Niedersachsen	88,7	88,3	88,6	89,5	88,5	88,1
Nordrhein-Westfalen	84,1	84,4	83,6	83,2	84,1	82,5
Rheinland-Pfalz	85,7	82,7	84,9	82,5	86,9	85,2
Saarland	83,3	83,7	80,2	81,9	77,5	77,2
Sachsen	81,2	84,3	83,7	83,9	85,1	87,1
Sachsen-Anhalt	84,4	86,8	87,5	87,3	86,2	84,0
Schleswig-Holstein	86,0	86,5	87,6	87,0	80,3	84,8
Thüringen	77,3	81,0	83,2	83,1	84,6	84,2
Deutschland insgesamt	**83,7**	**82,8**	**84,7**	**86,5**	**85,8**	**84,8**

Quelle: Destatis

3 Deutschland: Eier

Tabelle 31

Legehennenhaltung und Eiererzeugung
- Betriebe mit Haltungskapazitäten ab 3.000 Hennen -

Eiererzeugung in Mio. Stück

Gesamt						
	2017	2018	2019	2020	2021	2022v
Januar	1.030,5	1.025,5	1.062,1	1.075,1	1.078,3	1.124,6
Februar	945,1	970,4	976,6	1.035,2	1.018,9	1.043,8
März	1.080,6	1.078,6	1.116,6	1.140,8	1.160,4	1.193,9
April	1.023,2	1.005,6	1.081,9	1.062,2	1.084,6	1.130,2
Mai	1.006,9	1.033,0	1.042,8	1.047,2	1.077,8	1.112,1
Juni	984,5	997,9	1.002,0	1.031,9	1.070,1	1.088,9
Juli	1.005,9	1.045,0	1.037,8	1.080,4	1.102,4	1.086,9
August	1.004,9	1.024,1	1.042,6	1.088,9	1.088,9	1.075,8
September	975,0	978,0	1.011,1	1.052,1	1.052,4	1.061,5
Oktober	995,3	1.045,4	1.037,7	1.099,5	1.097,1	1.092,6
November	1.003,7	1.048,1	1.024,5	1.101,2	1.086,6	1.090,9
Dezember	1.031,3	1.074,0	1.074,8	1.121,1	1.125,9	1.122,6
Jahr	**12.086,9**	**12.325,5**	**12.510,5**	**12.935,6**	**13.043,2**	**13.223,8**

davon in Bundesländern:						
	2017	2018	2019	2020	2021	2022v
Baden-Württemberg	556,3	580,2	620,2	646,7	692,2	691,8
Bayern	1.105,8	1.063,6	1.050,4	1.077,0	1.099,5	1.123,1
Brandenburg	893,4	900,1	932,5	937,8	900,5	913,8
Hessen	267,4	309,0	322,3	348,4	342,5	354,6
Mecklenburg-Vorpommern	674,5	675,8	662,4	688,4	696,8	732,7
Niedersachsen	4.705,6	4.787,0	4.879,0	5.124,9	5.174,8	5.210,1
Nordrhein-Westfalen	1.383,6	1.422,5	1.402,4	1.390,1	1.395,3	1.408,5
Rheinland-Pfalz	207,4	201,9	227,9	232,7	260,8	275,6
Sachsen	912,7	964,8	947,2	913,5	920,3	931,0
Sachsen-Anhalt	528,3	547,6	554,0	660,2	683,6	676,7
Schleswig-Holstein	346,2	354,5	377,4	380,6	350,7	396,0
Thüringen	466,8	478,0	495,1	492,3	481,9	464,1
Deutschland insgesamt	**12.086,9**	**12.325,5**	**12.510,5**	**12.935,6**	**13.043,2**	**13.223,8**

Quelle: Destatis

Tabelle 32

Legehennenhaltung und Eiererzeugung
- Betriebe mit Haltungskapazitäten ab 3.000 Hennen -

Legeleistung je Henne in Stück

Gesamt

	2017	2018	2019	2020	2021	2022v
Januar	25,2	25,0	25,4	25,3	25,2	25,8
Februar	23,1	23,1	22,8	23,9	23,3	23,3
März	26,0	25,8	25,7	26,2	26,7	26,1
April	25,3	24,5	25,5	25,1	25,3	25,6
Mai	25,8	25,2	25,1	25,1	25,6	25,1
Juni	24,5	24,3	24,1	24,4	25,2	24,7
Juli	24,8	25,6	25,0	25,4	25,5	25,1
August	24,8	25,2	25,0	25,4	25,3	24,8
September	24,4	23,9	24,4	24,4	24,5	24,3
Oktober	24,7	25,0	25,0	25,2	25,2	24,8
November	24,4	24,8	24,2	25,1	24,7	24,7
Dezember	25,0	25,5	25,3	25,8	25,7	25,7
Jahr	**298,0**	**297,9**	**297,5**	**301,3**	**302,2**	**300,0**

davon in Bundesländern

	2017	2018	2019	2020	2021	2022v
Baden-Württemberg	275,8	278,7	282,9	287,8	284,3	281,3
Bayern	293,5	291,8	289,7	289,3	291,0	293,2
Brandenburg	298,5	299,6	303,2	305,6	302,7	306,1
Hessen	282,1	285,5	282,6	293,5	287,7	291,3
Mecklenburg-Vorpommern	304,4	293,4	292,1	294,5	298,7	297,8
Niedersachsen	305,2	302,9	302,2	307,9	312,7	308,4
Nordrhein-Westfalen	285,0	291,9	286,9	286,6	287,6	282,6
Rheinland-Pfalz	281,0	272,0	274,4	274,6	280,8	291,8
Saarland	295,2	290,1	289,4	293,4	284,0	281,7
Sachsen	305,3	309,5	310,0	314,1	311,6	308,5
Sachsen-Anhalt	298,6	302,4	306,5	302,7	301,7	298,0
Schleswig-Holstein	292,0	287,8	297,0	296,8	289,0	304,3
Thüringen	304,5	312,6	312,0	292,2	313,4	302,9
Deutschland insgesamt	**298,0**	**297,9**	**297,5**	**301,3**	**302,2**	**300,0**

Quelle: Destatis

3 Deutschland: Eier

Tabelle 33

Legehennenhaltung nach Haltungsformen, Dezemberergebnisse
- Betriebe mit Haltungskapazitäten ab 3.000 Hennen -

	2017	2018	2019	2020	2021	2022v
Deutschland insgesamt						
Betriebe [1]	1.781	1.847	1.965	2.025	2.105	2.235
Haltungsplätze (in 1.000)	48.942	49.908	49.632	49.614	50.271	51.864
Legehennen (in 1.000)	41.206	41.759	42.021	42.944	43.164	44.059
Kleingruppenhaltung [2]						
Betriebe [1]	100	90	89	80	73	67
Anteil in %	5,6	4,9	4,5	4,0	3,5	3,0
Haltungsplätze (in 1.000)	4.493	4.245	3.671	2.749	2.653	2.513
Anteil in %	9,2	8,5	7,4	5,5	5,3	4,8
Legehennen (in 1.000)	2.594	2.785	2.549	2.434	2.316	2.191
Anteil in %	6,3	6,7	6,1	5,7	5,4	5,0
Bodenhaltung						
Betriebe [1]	1.034	1.034	1.077	1.071	1.244	1.234
Anteil in %	58,1	56,0	54,8	52,9	59,1	55,2
Haltungsplätze (in 1.000)	30.640	30.872	30.883	30.955	31.528	31.364
Anteil in %	62,6	61,9	62,2	62,4	62,7	60,5
Legehennen (in 1.000)	25.981	25.909	26.275	26.391	26.564	26.181
Anteil in %	63,1	62,0	62,5	61,5	61,5	59,4
Ökologische Haltung						
Betriebe [1]	409	456	492	520	575	637
Anteil in %	23,0	24,7	25,0	25,7	27,3	28,5
Haltungsplätze (in 1.000)	5.142	5.568	5.690	5.957	6.504	7.077
Anteil in %	10,5	11,2	11,5	12,0	12,9	13,6
Legehennen (in 1.000)	4.582	4.958	4.987	5.326	5.806	6.216
Anteil in %	11,1	11,9	11,9	12,4	13,5	14,1
Freilandhaltung						
Betriebe [1]	519	559	640	684	744	814
Anteil in %	29,1	30,3	32,6	33,8	35,3	36,4
Haltungsplätze (in 1.000)	8.667	9.222	9.389	9.954	9.586	10.910
Anteil in %	17,7	18,5	18,9	20,1	19,1	21,0
Legehennen (in 1.000)	7.570	8.108	8.210	8.792	8.477	9.471
Anteil in %	18,4	19,4	19,5	20,5	19,6	21,5

1) Doppelmeldungen möglich. - 2) inkl. ausgestaltete Käfige.
Quelle: MEG nach Destatis

Tabelle 34

Legehennenbetriebe und Eiererzeugung nach Haltungsformen und Bundesländern 2022v
- Betriebe mit Haltungskapazitäten ab 3.000 Hennen -

	Insgesamt	Bio	Freiland	Boden	Kleingruppe [2]
Deutschland insgesamt					
Betriebe [1] im Jahresschnitt	2.235	637	814	1.234	67
Eiererzeugung, in Mio.	13.224	1.830	2.841	7.891	662
Eiererzeugung nach Bundesländern, in 1.000					
Baden-Württemberg	691.831	67.525	213.337	404.709	6.260
Bayern	1.123.065	205.105	.	628.680	.
Brandenburg	913.796	118.543	72.854	722.400	.
Hessen	354.573	84.689	.	218.150	.
Mecklenburg-Vorpommern	732.734	193.093	344.231	195.410	.
Niedersachsen	5.210.143	854.727	1.213.261	2.626.203	515.951
Nordrhein-Westfalen	1.408.523	100.888	175.281	1.010.452	121.903
Rheinland-Pfalz	275.576	.	46.632	200.379	.
Saarland	.	5.302	12.075	.	.
Sachsen	931.035	52.815	85.230	792.990	.
Sachsen-Anhalt	678.390	65.795	156.119	456.476	.
Schleswig-Holstein	395.982	.	77.466	282.626	.
Thüringen	464.090	27.587	105.717	329.239	1.547
Meldende Betriebe, im Dezember [1]					
Baden-Württemberg	244	47	101	165	3
Bayern	366	128	108	187	1
Brandenburg	50	25	13	17	-
Hessen	101	42	21	47	1
Mecklenburg-Vorpommern	97	49	42	23	-
Niedersachsen	760	247	296	389	27
Nordrhein-Westfalen	302	46	94	214	30
Rheinland-Pfalz	75	.	23	50	.
Saarland	19	2	12	8	.
Sachsen	54	12	21	33	-
Sachsen-Anhalt	48	12	24	25	-
Schleswig-Holstein	76	12	41	46	1
Thüringen	42	6	18	29	1

1) Doppelmeldungen möglich. - 2) inkl. ausgestaltete Käfige.
Quelle: MEG nach Destatis

3 Deutschland: Eier

Tabelle 35

Hennenhaltungsplätze nach Haltungsformen und Bundesländern Dezember 2022v
- Betriebe mit Haltungskapazitäten ab 3.000 Hennen -

	Insgesamt	Bio	Freiland	Boden	Kleingruppe
Deutschland insgesamt	51.864.482	7.077.231	10.910.406	31.363.979	2.512.867
Baden-Württemberg	2.954.140	280.722	874.975	1.772.026	26.417
Bayern	4.819.814	786.938	.	2.882.035	.
Brandenburg	3.754.039	481.977	300.150	2.971.912	-
Hessen	1.432.630	362.942	.	856.075	.
Mecklenburg-Vorpommern	2.877.724	877.603	1.263.561	736.560	-
Niedersachsen	19.176.749	3.042.961	4.451.205	9.859.572	1.823.012
Nordrhein-Westfalen	6.029.637	386.620	720.235	4.359.174	563.608
Rheinland-Pfalz	1.107.042	.	190.652	789.992	.
Saarland	.	.	59.738	.	.
Sachsen	3.473.988	209.335	345.065	2.919.589	.
Sachsen-Anhalt	2.689.123	290.018	577.897	1.821.208	-
Schleswig-Holstein	1.525.759	.	311.286	1.033.552	.
Thüringen	1.823.047	106.506	459.154	1.251.387	6.000

Quelle: MEG nach Destatis

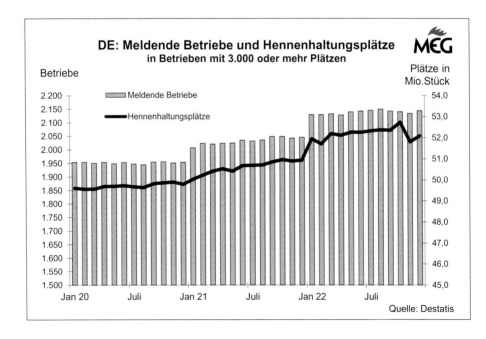

DE: Meldende Betriebe und Hennenhaltungsplätze in Betrieben mit 3.000 oder mehr Plätzen

Quelle: Destatis

Tabelle 36

Legehennenhaltung nach Bestandsgrößen, Dezemberergebnisse
- Betriebe mit Haltungskapazitäten ab 3.000 Hennen -

Insgesamt		2017	2018	2019	2020	2021	2022v
Zahl der Betriebe mit ... Tieren		1.826	1.897	1.965	2.025	2.105	2.235
unter 5.000		359	374	389	411	427	444
5.000 -	10.000	398	419	421	437	453	490
10.000 -	30.000	680	704	762	785	830	901
30.000 -	50.000	191	201	190	193	199	191
50.000 -	100.000	108	111	115	110	104	113
100.000 -	200.000	58	56	56	57	60	62
200.000	und mehr	32	32	32	32	32	34
Hennenhaltungsplätze in 1.000		**48.422**	**49.387**	**49.632**	**49.614**	**50.271**	**51.864**
unter 5.000		1.194	1.231	1.304	1.362	1.388	1.444
5.000 -	10.000	2.678	2.833	2.870	2.976	3.093	3.278
10.000 -	30.000	11.237	11.626	12.149	12.574	13.105	14.138
30.000 -	50.000	7.105	7.493	7.218	7.217	7.556	7.351
50.000 -	100.000	7.662	7.996	8.121	7.681	7.265	7.630
100.000 -	200.000	7.905	7.593	7.582	7.666	7.644	7.899
200.000	und mehr	10.641	10.614	10.388	10.139	10.219	10.125
Legehennen in 1.000		**40.569**	**41.364**	**42.021**	**42.944**	**43.164**	**44.059**
unter 5.000		961	1.006	1.067	1.115	1.147	1.154
5.000 -	10.000	2.207	2.383	2.409	2.528	2.635	2.702
10.000 -	30.000	9.694	10.010	10.381	10.971	11.485	12.094
30.000 -	50.000	6.119	6.446	6.181	6.271	6.554	6.260
50.000 -	100.000	6.548	6.772	6.992	6.637	6.128	6.555
100.000 -	200.000	6.786	6.555	6.702	6.688	6.631	6.704
200.000	und mehr	8.254	8.192	8.287	8.734	8.583	8.590
Eiererzeugung Mio. Stück		**12.087**	**12.325**	**12.511**	**12.936**	**13.043**	**13.224**
unter 5.000		268	281	302	321	328	328
5.000 -	10.000	615	668	679	716	750	769
10.000 -	30.000	2.793	2.848	2.972	3.204	3.401	3.574
30.000 -	50.000	1.840	1.912	1.828	1.881	1.969	1.832
50.000 -	100.000	1.948	2.030	2.091	2.006	1.844	1.962
100.000 -	200.000	2.067	2.017	2.045	2.052	2.062	2.077
200.000	und mehr	2.556	2.569	2.595	2.757	2.690	2.682
Legeleistung (Monatsschnitt je Henne)		**29,8**	**29,8**	**29,8**	**30,1**	**30,2**	**30,0**
unter 5.000		27,9	28,0	28,3	28,8	28,6	28,4
5.000 -	10.000	27,9	28,0	28,2	28,3	28,4	28,5
10.000 -	30.000	28,8	28,5	28,6	29,2	29,6	29,6
30.000 -	50.000	30,1	29,7	29,6	30,0	30,0	29,3
50.000 -	100.000	29,7	30,0	29,9	30,2	30,1	29,9
100.000 -	200.000	30,5	30,8	30,5	30,7	31,1	31,0
200.000	und mehr	31,0	31,4	31,3	31,6	31,3	31,2
Auslastung der Haltungskapazität in %		**83,8**	**83,8**	**84,7**	**86,6**	**85,9**	**85,0**
unter 5.000		80,5	81,7	81,8	81,9	82,6	79,9
5.000 -	10.000	82,4	84,1	83,9	84,9	85,2	82,4
10.000 -	30.000	86,3	86,1	85,4	87,3	87,6	85,5
30.000 -	50.000	86,1	86,0	85,6	86,9	86,7	85,2
50.000 -	100.000	85,5	84,7	86,1	86,4	84,4	85,9
100.000 -	200.000	85,8	86,3	88,4	87,2	86,7	84,9
200.000	und mehr	77,6	77,2	79,8	86,1	84,0	84,8

Quelle: MEG nach Destatis

Deutschland: Eier

Tabelle 37

Einfuhren von Eiern von Hausgeflügel in der Schale zum Verzehr

Mio. Stück	2017	2018	2019	2020	2021	2022v
Januar	506,6	528,4	522,0	531,1	431,6	424,2
Februar	702,2	594,4	557,4	624,8	550,0	369,8
März	415,2	661,9	568,0	577,1	523,4	517,1
April	804,3	512,9	572,5	433,8	445,7	390,0
Mai	606,9	611,9	561,1	463,7	411,7	462,0
Juni	571,3	492,6	462,6	578,5	452,9	423,3
Juli	426,0	479,0	516,6	495,0	421,4	379,1
August	496,3	490,3	471,4	496,7	258,4	393,2
September	474,2	506,4	554,8	412,9	475,8	372,2
Oktober	464,7	571,5	522,1	413,2	384,5	402,6
November	491,4	501,1	540,2	577,2	493,9	398,3
Dezember	619,4	516,7	426,3	487,6	366,8	432,9
Januar - Dezember	6.578,4	6.467,3	6.274,9	6.091,5	5.216,1	4.964,7
davon aus:						
Belgien/Luxemburg	248,8	321,1	184,1	325,4	192,8	126,6
Spanien	107,0	55,7	134,8	191,6	40,5	6,2
Frankreich	44,9	21,2	24,1	28,7	36,0	17,5
Italien	0,1	1,9	1,3	2,7	2,0	0,7
Niederlande	4.613,2	4.862,7	4.536,3	4.575,3	4.301,3	3.777,1
Tschechische Republik	41,2	87,9	57,7	45,6	27,0	59,5
Litauen	15,3	5,8	28,3	10,3	2,5	10,2
Polen	1.211,5	875,0	967,4	556,4	374,0	504,5
EU 27	6.547,9	6.444,0	6.205,7	6.072,6	5.215,6	4.962,5
Ver. Königreich	30,5	23,3	69,2	17,5	.	.
EU 28	6.578,4	6.467,3	6.274,9	.	.	.
USA	0,1	0,1	0,1	0,9	.	0,0
Ukraine	0,3	0,3	.	.	.	.
Drittländern [1]	0,4	0,5	0,4	18,9	0,6	2,2

1) jeweiliger Gebietsstand
Quelle: Destatis

Tabelle 38

Einfuhren von Eiern von Hausgeflügel in der Schale zum Verzehr

1.000 Euro	2017	2018	2019	2020	2021	2022v
Gesamt	545.139	566.892	496.653	493.028	459.809	571.934
davon aus:						
Belgien	17.126	22.853	11.183	19.295	11.545	10.798
Spanien	8.011	3.893	7.991	10.291	2.603	570
Frankreich	3.218	1.457	1.498	1.475	1.893	1.271
Italien	11	142	69	144	112	56
Niederlande	407.953	467.087	396.408	400.228	403.103	455.208
Tschechische Republik	2.148	3.824	2.412	2.242	1.323	5.292
Litauen	887	333	1.422	604	112	1.053
Polen	81.546	48.512	52.909	31.596	20.456	49.163
EU 27	543.372	565.768	493.666	491.819	459.697	571.540
Ver. Königreich	1.645	1.006	2.832	576	.	.
EU 28	545.017	566.774	496.498	.	.	.
USA	96	72	107	551	.	25
Drittländern [1]	122	118	155	1.209	112	394

1) jeweiliger Gebietsstand
Quelle: Destatis

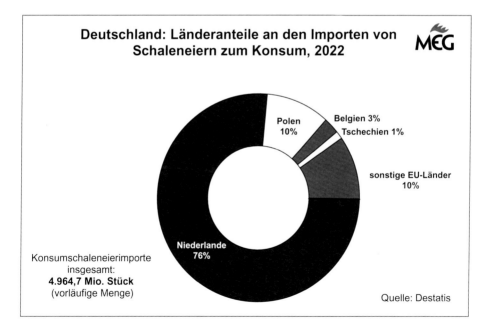

3 Deutschland: Eier

Tabelle 39

Ausfuhren von Eiern von Hausgeflügel in der Schale zum Verzehr

Mio. Stück	2017	2018	2019	2020	2021	2022v
Januar	170,0	106,9	173,5	128,9	126,5	116,5
Februar	259,3	142,6	134,8	153,6	135,1	93,4
März	152,8	153,8	160,8	122,0	140,1	131,5
April	241,2	162,5	150,2	123,6	136,2	122,2
Mai	210,8	148,7	171,8	151,9	146,4	135,2
Juni	199,4	193,4	161,5	120,9	114,9	119,4
Juli	129,9	184,0	153,7	105,7	137,2	152,4
August	181,5	169,9	188,5	147,1	140,7	146,1
September	193,8	143,4	168,5	131,8	114,5	106,0
Oktober	101,2	161,7	154,7	144,2	140,8	125,0
November	108,0	154,4	139,4	149,6	115,3	87,0
Dezember	118,4	100,5	121,9	138,3	110,2	111,1
Januar - Dezember	2.066,4	1.821,8	1.879,4	1.617,5	1.557,9	1.445,8
davon nach:						
Belgien	82,2	123,3	184,7	131,3	89,5	109,1
Frankreich	49,7	26,7	15,0	12,5	11,5	64,8
Italien	4,6	4,8	21,8	14,2	7,3	53,1
Niederlande	1.313,4	1.117,3	1.218,7	1.105,6	1.087,0	982,5
Österreich	161,3	142,8	123,7	98,2	80,1	74,7
Tschechische Republik	45,5	43,6	29,1	30,5	13,3	3,6
Polen	98,8	65,8	32,4	31,0	90,8	37,2
EU 27	1.900,3	1.652,0	1.736,4	1.531,2	1.505,2	1.413,7
Vereinigtes Königreich	69,8	55,7	37,3	29,3	0,0	0,0
EU 28	1.970,1	1.707,7	1.773,7	.	.	.
Schweiz	86,3	102,6	92,2	53,5	45,9	24,4
Drittländern [1]	96,3	114,1	105,7	86,3	52,7	32,0

1) jeweiliger Gebietsstand
Quelle: Destatis

Tabelle 40

Ausfuhren von Eiern von Hausgeflügel in der Schale zum Verzehr

1.000 Euro	2017	2018	2019	2020	2021	2022v
Gesamt	150.004	138.073	136.258	119.770	114.913	144.287
davon nach:						
Belgien	6.149	7.264	11.131	8.513	5.287	9.879
Frankreich	5.151	3.009	1.255	954	823	8.435
Italien	356	439	1.352	841	569	4.436
Niederlande	92.905	85.239	87.377	81.840	82.800	96.530
Österreich	12.663	10.235	8.701	7.175	5.605	8.148
Tschechische Republik	3.355	4.881	3.007	3.068	1.168	305
Polen	5.720	4.476	2.460	1.904	4.795	3.431
EU 27	**136.866**	**124.166**	**124.217**	**111.811**	**109.219**	**139.794**
Vereinigtes Königreich	4.470	3.542	2.373	2.103	3	8
EU 28	**141.336**	**127.708**	**126.590**	.	.	.
Schweiz	7.958	9.355	8.661	5.549	4.946	3.349
Drittländern [1]	**8.668**	**10.365**	**9.668**	**7.959**	**5.694**	**4.493**

1) jeweiliger Gebietsstand
Quelle: Destatis

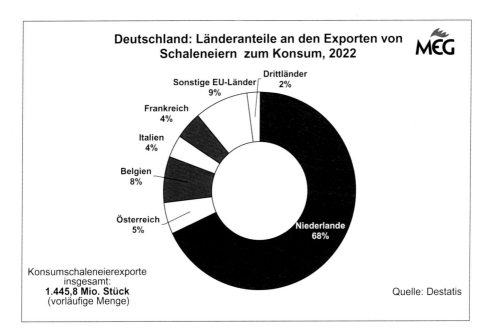

Deutschland: Länderanteile an den Exporten von Schaleneiern zum Konsum, 2022

Drittländer 2%
Sonstige EU-Länder 9%
Frankreich 4%
Italien 4%
Belgien 8%
Österreich 5%
Niederlande 68%

Konsumschaleneierexporte insgesamt:
1.445,8 Mio. Stück
(vorläufige Menge)

Quelle: Destatis

3 Deutschland: Eier

Tabelle 41

Einfuhren von Eiprodukten

Tonnen	2017	2018	2019	2020	2021	2022v
Vollei, getrocknet (0408 91 80)	**3.497**	**3.405**	**3.376**	**3.657**	**3.897**	**4.896**
davon aus: Italien	293	318	442	606	874	891
Niederlande	1.204	1.172	1.108	1.100	1.132	1.154
EU 27	**3.247**	**3.296**	**3.282**	**3.638**	**3.874**	**4.804**
EU 28	**3.247**	**3.296**	**3.282**	.	.	.
Indien	0	0	0	0	0	0
USA	250	89	94	18	21	25
Drittländern [1]	**250**	**108**	**94**	**19**	**22**	**92**
Vollei, flüssig, gefroren. (0408 99 80)	**50.052**	**54.661**	**57.615**	**53.039**	**54.396**	**52.413**
davon aus: Belgien	1.238	1.182	1.031	922	1.125	1.141
Niederlande	36.256	37.547	34.436	35.515	37.719	36.907
Polen	7.345	7.339	8.904	7.270	7.011	5.768
Lettland	1.026	793	459	298	564	396
EU 27	**49.492**	**53.896**	**57.064**	**52.687**	**54.105**	**52.272**
EU 28	**49.494**	**53.900**	**57.102**	.	.	.
Drittländern [1]	**559**	**761**	**512**	**352**	**291**	**141**
Eigelb, flüssig (0408 19 81)	**20.045**	**19.211**	**21.009**	**20.169**	**21.185**	**17.641**
davon aus: Belgien	1.504	1.334	994	747	1.148	845
Frankreich	1.167	1.325	1.562	1.609	1.598	690
Niederlande	16.000	14.981	16.407	16.087	16.532	14.112
Polen	835	1.052	1.450	1.181	1.064	1.667
EU 27	**19.918**	**19.146**	**20.945**	**20.093**	**20.897**	**17.540**
EU 28	**19.945**	**19.183**	**20.993**	.	.	.
Drittländern [1]	**100**	**28**	**16**	**75**	**288**	**101**
Eigelb, gefroren (0408 19 89)	**218**	**294**	**395**	**413**	**693**	**1.188**
davon aus: Italien	35	50	31	29	33	29
Niederlande	65	139	209	304	545	1.100
EU 27	**202**	**279**	**347**	**400**	**677**	**1.181**
EU 28	**218**	**294**	**393**	.	.	.
Drittländern [1]	.	**1**	**2**	**13**	**15**	**7**
Eigelb, getrocknet (0408 11 80)	**2.392**	**2.744**	**2.774**	**2.921**	**2.871**	**2.211**
davon aus: Frankreich	847	919	981	1.128	893	650
Niederlande	468	881	300	253	601	562
EU 27	**1.959**	**2.435**	**2.297**	**2.253**	**2.590**	**2.208**
EU 28	**1.959**	**2.435**	**2.297**	.	.	.
USA	402	203	348	400	129	2
Indien	0	25	0	0	0	0
Drittländern [1]	**433**	**309**	**477**	**669**	**281**	**3**
Eieralbumin, getr. (3502 11 90)	**1.672**	**1.647**	**1.710**	**1.652**	**1.616**	**1.577**
davon aus: Italien	311	280	275	365	295	197
Niederlande	932	808	820	743	933	943
EU 27			**1.699**	**1.647**	**1.611**	**1.570**
EU 28	**1.670**	**1.602**	**17.056**	.	.	.
Drittländern [1]	**2**	**46**	**5**	**5**	**5**	**7**
Eieralbumin, fl., gefr. (3502 19 90)	**7.434**	**6.721**	**6.590**	**7.872**	**5.062**	**4.709**
davon aus: Italien	521	0	0	0	0	0
Frankreich	178	0	0	8	44	0
Niederlande	3.552	5.275	4.229	6.151	4.074	2.781
EU 27	**7.216**	**6.640**	**6.551**	**7.781**	**4.967**	**4.600**
EU 28	**7.240**	**6.721**	**6.590**	.	.	.
Drittländern [1]	**194**	**82**	**38**	**92**	**94**	**109**

1) jeweiliger Gebietsstand
Quelle: Destatis

Deutschland: Eier 3

Tabelle 42

Ausfuhren von Eiprodukten

Tonnen	2017	2018	2019	2020	2021	2022v
Vollei, getrocknet (0408 91 80)	**1.334**	**1.942**	**1.646**	**1.094**	**1.348**	**1.846**
davon nach: Dänemark	32	409	125	122	79	460
Frankreich	288	395	205	62	141	283
Niederlande	126	96	116	56	85	67
EU 27	620	1.176	897	524	645	1.400
Ver. Königreich	554	569	621	478	555	411
EU 28	1.174	1.745	1.518	.	.	.
Drittländern [1]	**160**	**197**	**128**	**571**	**703**	**446**
Vollei, flüssig, gefroren (0408 99 80)	**15.156**	**14.653**	**16.084**	**11.712**	**15.010**	**16.177**
davon nach: Niederlande	1.290	1.259	1.304	1.215	1.220	1.152
Österreich	2.057	2.255	2.805	2.549	2.842	3.427
EU 27	11.774	11.043	12.161	9.585	12.217	12.717
Vereinigtes Königreich	1.212	1.049	578	118	404	355
EU 28	12.986	12.092	12.740	.	.	.
Schweiz	1.418	1.630	2.316	1.817	2.048	2.378
Drittländern [1]	**2.170**	**2.561**	**3.345**	**2.127**	**2.793**	**3.460**
Eigelb, flüssig (0408 19 81)	**3.205**	**2.622**	**2.827**	**1.747**	**2.268**	**4.312**
davon nach: Dänemark	264	340	87	79	54	258
Österreich	466	476	529	314	320	427
EU 27	1.898	2.384	2.565	1.548	2.042	4.044
Vereinigtes Königreich	95	59	29	9	15	6
EU 28	2.993	2.442	2.594	.	.	.
Schweiz	211	179	233	190	212	262
Drittländern [1]	**211**	**179**	**233**	**199**	**226**	**268**
Eigelb, gefroren (0408 19 89)	**51**	**44**	**47**	**21**	**31**	**60**
davon nach: Niederlande	22	6	3	1	3	19
EU 27	41	23	21	16	15	32
Vereinigtes Königreich	5	.	.	.	.	1
EU 28	46	23	21	.	.	.
Drittländern [1]	**5**	**21**	**26**	**5**	**16**	**28**
Eigelb, getrocknet (0408 11 80)	**1.223**	**1.500**	**1.684**	**1.636**	**1.969**	**2.175**
davon nach: Schweden	465	549	730	595	601	710
Niederlande	502	649	690	666	754	718
EU 27	1.086	1.381	1.550	1.525	1.733	1.705
EU 28	1.134	1.447	1.589	.	.	.
Drittländern [1]	**89**	**53**	**95**	**111**	**237**	**470**
Eieralbumin, getr. (3502 11 90)	**1.189**	**1.671**	**1.496**	**1.445**	**1.752**	**1.325**
davon nach: Frankreich	58	92	51	54	39	22
Niederlande	57	57	74	52	63	50
EU 27	408	407	342	319	310	278
Vereinigtes Königreich	38	148	220	151	136	120
EU 28	446	555	562	.	.	.
Japan	580	900	759	744	1060	790
Drittländern [1]	**744**	**1.116**	**934**	**1.126**	**1.442**	**1.048**
Eieralbumin, fl., gefr. (3502 19 90)	**7.776**	**5.199**	**5.752**	**8.142**	**8.364**	**11.071**
davon nach: Belgien	652	366	122	632	370	177
Frankreich	3.142	1.777	1.560	3.295	4.278	4.494
Niederlande	289	267	944	402	390	285
EU 27	7.570	5.014	5.521	7.968	8.140	10.803
EU 28	7.637	5.056	5.549	.	.	.
Schweiz	134	127	164	144	162	201
Drittländern [1]	**139**	**143**	**231**	**174**	**224**	**268**

[1] jeweiliger Gebietsstand
Quelle: Destatis

Tabelle 43

Großhandelspreise für deutsche Eier
Marktsegment „Discountbereich/Absatz über Zentrallager"
- für Käfig/Kleingruppenware, lose, franko, weiß-/braunschalig -

Euro/100 Stück	2017	2018	2019	2020	2021	2022
Gewichtsklasse L						
Januar	6,48	10,27	7,54	8,14	6,51	7,70
Februar	6,51	9,75	7,45	8,13	7,06	8,11
März	7,21	9,35	7,91	8,27	7,65	9,56
April	6,55	7,60	7,78	6,45	6,79	11,24
Mai	6,28	6,42	6,88	6,11	6,30	10,60
Juni	6,58	5,66	7,00	7,11	6,42	10,43
Juli	5,96	5,94	6,76	6,68	6,17	10,43
August	7,37	5,91	7,34	5,95	6,08	10,49
September	8,34	6,55	7,65	6,00	7,12	11,70
Oktober	10,42	7,37	7,98	6,38	7,51	13,92
November	11,69	7,79	8,66	6,13	7,51	15,03
Dezember	11,51	8,25	8,73	6,20	7,96	15,14
Januar - Dezember	**7,91**	**7,57**	**7,64**	**6,80**	**6,92**	**11,20**
Gewichtsklasse M						
Januar	5,77	9,30	6,01	7,07	5,36	6,70
Februar	6,01	8,86	6,18	7,26	6,09	7,20
März	6,79	8,41	6,95	7,52	6,80	8,66
April	6,25	6,63	6,95	5,57	5,96	10,23
Mai	5,77	5,33	6,18	5,18	5,46	9,54
Juni	5,93	4,64	6,40	6,11	5,56	9,37
Juli	5,18	4,71	5,97	5,77	5,30	9,22
August	6,50	4,42	6,00	5,12	5,17	9,07
September	7,31	4,85	6,13	5,04	6,10	10,19
Oktober	9,21	5,50	6,54	5,17	6,44	12,52
November	10,42	6,10	7,35	5,00	6,75	13,86
Dezember	10,34	6,59	7,48	5,03	6,96	13,95
Januar - Dezember	**7,12**	**6,28**	**6,51**	**5,82**	**6,00**	**10,04**

Quelle: MEG

Tabelle 44

Großhandelspreise für niederländische Eier
- für Käfig/Kleingruppenware, lose, franko, weiß-/braunschalig -

Euro/100 Stück	2017	2018	2019	2020	2021	2022
Gewichtsklasse XL						
Januar	11,42	11,97	8,58	8,89	8,40	10,86
Februar	11,42	11,67	8,63	9,23	8,77	11,70
März	11,56	10,84	8,67	9,70	9,05	12,60
April	10,29	9,16	8,46	8,95	8,95	12,97
Mai	10,04	8,47	7,95	8,51	8,90	12,51
Juni	10,69	7,80	7,90	8,60	8,90	12,60
Juli	10,07	8,38	7,90	8,24	8,87	12,62
August	10,48	8,34	8,12	8,25	8,92	12,64
September	10,90	8,77	8,15	8,28	10,17	13,23
Oktober	12,03	8,97	8,39	8,54	10,70	15,15
November	12,65	9,05	9,15	8,38	10,89	16,23
Dezember	12,70	9,04	9,27	8,43	10,99	16,31
Januar - Dezember	**11,19**	**9,37**	**8,43**	**8,67**	**9,46**	**13,29**
Gewichtsklasse L						
Januar	6,30	9,55	6,78	6,59	5,35	6,71
Februar	6,30	9,15	6,84	6,65	5,99	7,00
März	6,86	8,43	6,92	7,18	6,24	7,99
April	6,22	7,04	6,60	6,45	5,93	8,54
Mai	6,17	6,12	5,95	5,65	5,60	7,94
Juni	6,31	5,48	5,78	6,26	5,65	7,84
Juli	5,76	5,79	5,63	5,86	5,37	7,81
August	6,74	5,73	5,67	5,45	5,25	7,78
September	7,71	6,24	5,70	5,36	6,02	8,51
Oktober	9,21	6,62	5,98	5,39	6,40	10,69
November	10,25	7,08	6,88	5,15	6,73	12,12
Dezember	10,25	7,34	7,02	5,17	6,93	12,15
Januar - Dezember	**7,34**	**7,05**	**6,31**	**5,93**	**5,96**	**8,76**
Gewichtsklasse M						
Januar	5,70	9,03	6,02	5,97	4,92	5,96
Februar	5,76	8,77	6,14	6,12	5,48	6,28
März	6,45	8,05	6,34	6,61	5,79	7,33
April	5,92	6,42	6,05	5,85	5,34	8,01
Mai	5,73	5,51	5,43	5,18	4,98	7,38
Juni	5,78	4,84	5,28	5,83	5,00	7,24
Juli	5,18	5,08	5,08	5,41	4,73	7,22
August	6,08	4,90	5,05	4,98	4,67	7,18
September	7,13	5,31	5,05	4,90	5,31	7,79
Oktober	8,62	5,68	5,33	4,92	5,62	10,00
November	9,70	6,17	6,21	4,71	5,93	11,47
Dezember	9,70	6,51	6,33	4,73	6,12	11,50
Januar - Dezember	**6,81**	**6,36**	**5,69**	**5,43**	**5,32**	**8,11**

Quelle: MEG

3 Deutschland: Eier

Tabelle 45

Großhandelspreise für niederländische Eier
- für Bodenhaltungsware, lose, franko, weiß-/braunschalig -

Euro/100 Stück	2017	2018	2019	2020	2021	2022
Gewichtsklasse XL						
Januar	12,88	14,33	12,66	14,35	14,37	15,28
Februar	12,80	14,32	13,17	14,35	14,65	15,42
März	13,00	13,41	13,57	14,81	15,03	16,26
April	11,63	11,00	13,48	14,53	14,73	16,87
Mai	11,47	10,42	12,88	14,33	14,61	16,37
Juni	12,27	9,89	13,23	14,40	14,70	16,29
Juli	11,80	10,77	13,23	14,01	14,46	16,29
August	12,13	11,17	13,61	14,00	14,41	16,29
September	13,00	11,98	13,98	14,07	15,07	16,99
Oktober	14,31	12,18	14,18	14,17	15,31	18,70
November	14,97	13,07	14,70	14,10	15,35	19,57
Dezember	14,89	13,42	14,84	14,16	15,45	19,49
Januar - Dezember	**12,93**	**12,16**	**13,63**	**14,27**	**14,84**	**16,99**
Gewichtsklasse L						
Januar	7,06	11,50	7,17	7,36	6,49	7,28
Februar	6,95	12,00	7,25	7,50	7,04	7,62
März	8,00	11,19	7,50	8,18	7,56	8,98
April	7,50	8,18	7,23	7,75	6,89	9,92
Mai	7,32	6,86	6,40	6,61	6,49	9,35
Juni	7,75	6,01	6,38	7,50	6,54	9,04
Juli	7,10	6,33	6,21	6,94	6,04	9,05
August	7,61	6,22	6,71	6,32	5,90	9,05
September	8,90	6,76	6,74	6,30	6,77	10,04
Oktober	10,91	6,94	7,07	6,28	7,15	12,36
November	12,36	7,61	7,95	6,06	7,25	13,46
Dezember	12,38	8,05	8,05	6,18	7,45	13,68
Januar - Dezember	**8,65**	**8,14**	**7,06**	**6,92**	**6,80**	**9,99**
Gewichtsklasse M						
Januar	6,63	11,15	6,43	6,54	5,72	6,43
Februar	6,59	11,59	6,64	6,69	6,34	6,74
März	7,68	10,62	7,04	7,47	6,93	8,14
April	7,35	7,37	6,80	7,04	6,07	9,07
Mai	6,95	6,10	5,93	5,98	5,57	8,44
Juni	7,28	5,37	5,95	6,68	5,69	8,16
Juli	6,56	5,61	5,66	6,15	5,13	8,08
August	7,01	5,41	5,86	5,58	5,02	8,03
September	8,21	5,85	5,89	5,53	5,94	8,86
Oktober	10,04	6,12	6,18	5,56	6,29	11,20
November	11,39	6,77	7,00	5,35	6,39	12,38
Dezember	11,48	7,26	7,17	5,44	6,59	12,53
Januar - Dezember	**8,10**	**7,44**	**6,38**	**6,17**	**5,97**	**9,01**

Quelle: MEG

Tabelle 46

Eiernotierung Weser-Ems - Käfig/Kleingruppenware, lose, ab Packstelle -

Euro/100 Stück	weißschalig			braunschalig		
	2020	2021	2022	2020	2021	2022
Gewichtsklasse XL						
Januar	14,73	15,66	17,00	15,91	16,63	17,97
Februar	14,88	16,31	17,28	15,73	17,26	18,23
März	15,33	16,71	18,95	15,95	17,50	19,51
April	14,65	16,16	20,07	15,31	17,07	20,43
Mai	14,86	15,74	19,55	15,40	16,63	20,01
Juni	15,48	15,83	19,58	15,98	16,70	20,09
Juli	15,34	15,70	19,75	15,88	16,62	20,25
August	14,91	15,68	20,01	15,38	16,63	20,65
September	15,01	16,51	21,07	15,60	17,44	21,93
Oktober	15,50	16,84	22,47	16,26	18,22	22,78
November	15,43	17,03	22,75	16,33	18,40	22,95
Dezember	15,49	17,11	22,77	16,41	18,39	23,00
Januar - Dezember	15,13	16,27	20,10	15,84	17,29	20,65
Gewichtsklasse L						
Januar	8,07	7,04	7,99	8,60	7,12	8,88
Februar	8,28	7,81	8,49	8,28	7,81	9,31
März	8,46	8,26	10,49	8,39	8,26	11,25
April	6,53	7,24	12,40	6,71	7,56	12,54
Mai	6,85	6,40	11,53	7,11	6,93	11,58
Juni	7,38	6,58	11,40	7,69	7,25	11,60
Juli	6,85	6,32	11,07	7,14	7,20	11,48
August	6,01	6,28	11,11	6,24	7,98	11,98
September	6,20	7,39	12,55	6,46	8,50	13,64
Oktober	6,60	7,81	14,60	7,09	9,20	15,11
November	6,50	7,97	15,00	6,79	9,30	15,45
Dezember	6,67	8,12	15,12	6,86	9,29	15,58
Januar - Dezember	7,03	7,27	11,81	7,28	8,03	12,37

Fortsetzung mit Tabelle 46b

Tabelle 46b (Fortsetzung)

Eiernotierung Weser-Ems - Käfig/Kleingruppenware, lose, ab Packstelle -

Euro/100 Stück	weißschalig			braunschalig		
	2020	2021	2022	2020	2021	2022
Gewichtsklasse M						
Januar	7,23	5,55	7,11	7,15	5,39	7,06
Februar	7,70	6,75	7,75	7,22	6,11	7,77
März	7,98	7,38	9,87	7,31	6,68	9,93
April	5,55	6,46	11,39	5,52	6,10	11,50
Mai	5,70	5,66	10,43	5,95	5,59	10,50
Juni	6,28	5,85	10,32	6,59	6,08	10,48
Juli	5,79	5,51	9,79	6,04	5,87	9,74
August	5,04	5,37	9,63	5,25	5,74	9,71
September	5,08	6,44	10,82	5,28	6,85	11,10
Oktober	5,26	6,85	13,18	5,52	7,16	13,38
November	5,09	7,22	13,87	5,21	7,35	13,80
Dezember	5,09	7,37	13,91	5,22	7,39	14,06
Januar - Dezember	**5,98**	**6,37**	**10,67**	**6,02**	**6,36**	**10,75**
Gewichtsklasse S						
Januar	5,73	4,12	5,50	5,03	3,72	7,99
Februar	5,93	4,80	5,93	5,15	4,31	5,48
März	6,15	5,25	7,92	5,21	4,78	7,43
April	4,88	5,29	9,35	4,10	4,56	8,98
Mai	4,57	5,13	9,24	4,16	4,40	8,75
Juni	5,07	5,25	9,38	4,48	4,45	8,80
Juli	4,70	5,03	9,03	4,17	4,23	8,38
August	4,04	4,93	9,00	3,48	4,06	8,19
September	4,00	5,20	9,53	3,41	4,68	8,98
Oktober	3,94	5,38	10,73	3,44	4,90	10,22
November	3,78	5,51	11,10	3,26	5,05	10,60
Dezember	3,83	5,60	11,27	3,32	5,09	10,70
Januar - Dezember	**4,72**	**5,12**	**9,00**	**4,10**	**4,52**	**8,71**

Fortsetzung mit Tabelle 46c

Deutschland: Eier

Tabelle 46c (Fortsetzung)

Eiernotierung Weser-Ems - Bodenhaltungsware, lose, ab Packstelle -

Euro/100 Stück	weißschalig			braunschalig		
	2020	2021	2022	2020	2021	2022
Gewichtsklasse XL						
Januar	15,94	17,16	17,83	17,97	19,02	19,44
Februar	15,80	17,55	18,00	17,80	19,29	19,59
März	15,99	17,95	19,35	17,92	19,47	20,29
April	15,64	17,59	20,39	17,65	19,18	12,95
Mai	16,09	17,26	20,04	17,87	19,00	11,79
Juni	16,64	17,41	20,06	18,48	19,00	11,82
Juli	16,58	17,44	20,20	18,37	19,00	11,78
August	16,50	17,48	20,36	18,25	19,08	12,28
September	16,65	17,91	21,42	18,44	19,44	14,27
Oktober	17,00	18,00	22,73	18,85	19,74	16,27
November	17,00	18,00	22,90	18,85	19,75	16,71
Dezember	17,03	18,06	22,95	18,91	19,79	16,73
Januar - Dezember	**16,40**	**17,65**	**20,52**	**18,28**	**19,31**	**15,33**
Gewichtsklasse L						
Januar	8,23	7,62	8,18	8,96	8,38	9,31
Februar	8,41	8,36	8,78	8,82	9,04	9,85
März	9,41	8,98	10,97	9,40	9,46	11,70
April	8,75	8,05	12,71	8,85	8,53	12,95
Mai	7,97	7,07	11,43	8,23	7,58	11,79
Juni	8,40	7,24	11,34	8,72	8,12	11,82
Juli	7,82	6,81	11,10	8,10	7,92	11,78
August	6,89	6,66	11,16	7,11	7,98	12,28
September	6,84	7,47	12,80	7,26	9,17	14,27
Oktober	7,10	7,93	15,44	7,75	9,68	16,27
November	6,93	8,22	16,00	7,68	9,70	16,71
Dezember	7,17	8,47	16,13	7,95	9,74	16,73
Januar - Dezember	**7,83**	**7,74**	**12,17**	**8,23**	**8,77**	**12,96**

Fortsetzung mit Tabelle 46d

MEG-Marktbilanz Eier und Geflügel 2023

Deutschland: Eier

Tabelle 46d (Fortsetzung)

Eiernotierung Weser-Ems - Bodenhaltungsware, lose, ab Packstelle -

Euro/100 Stück	weißschalig			braunschalig		
	2020	2021	2022	2020	2021	2022
Gewichtsklasse M						
Januar	7,79	6,60	7,34	7,64	6,68	7,50
Februar	8,19	7,68	8,06	7,74	7,46	8,16
März	9,06	8,41	10,18	8,62	8,18	10,17
April	8,12	7,24	11,71	7,93	7,39	11,78
Mai	7,16	6,23	10,56	7,34	6,54	10,75
Juni	7,60	6,42	10,46	7,80	6,77	10,60
Juli	7,01	6,04	9,90	7,17	6,35	10,17
August	6,15	5,85	9,65	6,31	6,23	10,14
September	6,04	6,76	11,35	6,26	7,29	11,54
Oktober	6,16	7,19	14,25	6,42	7,63	14,25
November	5,80	7,43	15,00	6,18	7,75	14,85
Dezember	6,05	7,66	15,16	6,34	7,89	15,09
Januar - Dezember	**7,09**	**6,96**	**11,13**	**7,15**	**7,18**	**11,25**
Gewichtsklasse S						
Januar	6,06	4,99	6,05	5,43	4,45	5,21
Februar	6,23	5,60	6,41	5,48	4,80	5,61
März	6,53	6,19	8,10	5,66	5,20	7,34
April	6,14	6,11	9,75	5,33	5,05	9,15
Mai	6,15	6,05	9,75	5,09	4,95	9,00
Juni	6,45	6,25	9,87	5,33	5,03	9,00
Juli	5,80	5,84	9,66	4,94	4,75	8,74
August	5,03	5,46	9,30	4,29	4,54	8,53
September	5,00	5,73	9,79	4,25	5,05	9,07
Oktober	4,97	6,02	11,53	4,25	5,23	10,66
November	4,68	6,10	12,00	4,08	5,30	11,20
Dezember	4,73	6,18	12,19	4,18	5,34	11,40
Januar - Dezember	**5,64**	**5,88**	**9,53**	**4,86**	**4,97**	**8,74**

Quelle: MEG nach Berichten des Notierungsbüros des Vereins der Weser-Ems-Packstellen

Tabelle 47

Eiernotierung Weser-Ems - Preise für Verarbeitungsware
58 g und schwerer

Euro/100 kg	2017	2018	2019	2020	2021	2022
Bodenhaltungsware						
Januar	0,84	1,62	0,87	1,02	0,81	1,04
Februar	0,92	1,69	1,01	1,18	0,96	1,20
März	1,05	1,30	1,09	1,16	1,08	1,66
April	1,00	0,93	0,93	0,91	0,89	1,80
Mai	1,03	0,77	0,89	0,96	0,86	1,48
Juni	0,98	0,78	0,91	1,07	0,87	1,43
Juli	0,89	0,74	0,87	0,97	0,74	1,46
August	1,16	0,66	0,91	0,87	0,76	1,46
September	1,43	0,84	0,95	0,85	0,96	1,85
Oktober	2,02	0,96	1,10	0,78	1,00	2,30
November	2,10	1,03	1,23	0,73	1,02	2,40
Dezember	1,93	0,97	1,08	0,76	1,08	2,45
Januar - Dezember	**1,28**	**1,02**	**0,99**	**0,94**	**0,92**	**1,71**
Käfig-/Kleingruppenware						
Januar	0,74	0,89	0,68	0,89	0,70	0,94
Februar	0,77	0,84	0,81	1,06	0,81	1,09
März	0,89	0,82	0,87	0,97	0,91	1,52
April	0,84	0,73	0,78	0,68	0,80	1,69
Mai	0,87	0,59	0,73	0,77	0,78	1,41
Juni	0,80	0,62	0,74	0,79	0,79	1,28
Juli	0,73	0,65	0,71	0,72	0,69	1,31
August	0,99	0,59	0,79	0,65	0,69	1,34
September	1,20	0,73	0,84	0,73	0,87	1,72
Oktober	1,67	0,86	1,00	0,69	0,91	2,15
November	1,78	0,92	1,12	0,62	0,95	2,25
Dezember	1,50	0,79	0,96	0,66	0,99	2,29
Januar - Dezember	**1,06**	**0,75**	**0,84**	**0,77**	**0,82**	**1,58**

Quelle: MEG nach Berichten des Notierungsbüros des Vereins der Weser-Ems-Packstellen

3 Deutschland: Eier

Tabelle 48

NOP Richtprijs
- Bodenhaltungsware (Scharrel) - weiß

Euro/100 Stück	2017	NOP 2.0 2018	2019	2020	2021	2022
Gewichtsklasse 57/58						
Januar	5,79	10,26	6,23	6,57	5,72	6,21
Februar	5,71	10,18	6,48	6,78	6,27	6,62
März	6,36	9,39	6,74	7,24	6,73	8,68
April	6,85	6,67	6,48	7,01	6,21	10,56
Mai	6,54	5,60	5,70	6,32	5,67	9,42
Juni	6,41	5,35	5,74	6,65	5,79	9,34
Juli	5,67	5,10	5,45	6,25	5,48	9,25
August	6,55	4,77	5,66	5,49	5,32	9,01
September	7,53	5,29	6,01	5,33	5,83	10,40
Oktober	9,24	5,73	6,26	5,44	6,18	12,91
November	10,53	6,34	6,98	5,30	6,29	13,75
Dezember	10,64	6,80	7,10	5,49	6,46	14,03
Januar - Dezember	**7,32**	**6,79**	**6,24**	**6,16**	**6,00**	**10,01**
Gewichtsklasse 62/63						
Januar	6,20	10,81	6,78	7,10	6,28	6,74
Februar	6,10	10,69	7,02	7,29	6,83	7,16
März	6,81	9,93	7,31	7,76	7,29	9,42
April	7,33	7,15	7,03	7,54	6,70	11,36
Mai	6,97	6,01	6,18	6,79	6,08	10,00
Juni	6,83	5,76	6,17	7,14	6,19	9,81
Juli	6,04	5,52	5,91	6,75	5,88	9,74
August	7,02	5,23	6,19	5,98	5,74	9,55
September	8,03	5,84	6,57	5,82	6,30	11,26
Oktober	9,90	6,30	6,84	5,96	6,67	14,03
November	11,27	6,93	7,57	5,83	6,82	14,80
Dezember	11,26	7,39	7,70	6,04	7,00	14,96
Januar - Dezember	**7,81**	**7,30**	**6,77**	**6,67**	**6,48**	**10,73**

Fortsetzung mit Tabelle 48b

Deutschland: Eier

Tabelle 48 b (Fortsetzung)

NOP Richtprijs
- Bodenhaltungsware (Scharrel) - braun

Euro/100 Stück	2017	NOP 2.0 2018	2019	2020	2021	2022
Gewichtsklasse 57/58						
Januar	6,27	10,36	6,35	6,72	5,90	6,63
Februar	6,21	10,18	6,49	6,99	6,33	7,07
März	6,75	9,39	6,74	7,36	6,87	8,83
April	7,19	6,80	6,58	7,11	6,56	10,64
Mai	7,13	5,79	6,00	6,60	6,08	9,68
Juni	7,08	5,49	6,11	6,94	6,23	9,54
Juli	6,32	5,28	5,83	6,50	5,90	9,50
August	7,24	4,97	6,02	5,74	5,74	9,32
September	8,42	5,58	6,39	5,63	6,35	10,47
Oktober	9,86	6,07	6,73	5,65	6,63	12,91
November	11,00	6,62	7,54	5,54	6,72	13,89
Dezember	11,05	7,04	7,62	5,73	6,84	14,14
Januar - Dezember	**7,88**	**6,96**	**6,53**	**6,38**	**6,35**	**10,22**
Gewichtsklasse 62/63						
Januar	6,85	11,01	7,10	7,55	6,75	7,48
Februar	6,76	10,71	7,12	7,67	7,17	7,92
März	7,34	9,95	7,49	8,05	7,68	9,67
April	7,79	7,37	7,36	7,82	7,25	11,53
Mai	7,74	6,30	6,70	7,26	6,68	10,39
Juni	7,68	6,04	6,76	7,62	6,85	10,25
Juli	6,84	5,84	6,49	7,20	6,58	10,24
August	7,88	5,59	6,76	6,44	6,49	10,13
September	9,22	6,37	7,22	6,38	7,17	11,44
Oktober	10,71	6,89	7,44	6,45	7,51	14,34
November	11,81	7,46	8,22	6,35	7,61	14,91
Dezember	11,84	7,89	8,42	6,57	7,71	15,11
Januar - Dezember	**8,54**	**7,62**	**7,26**	**7,11**	**7,12**	**11,12**

Quelle: NOP

3 Deutschland: Eier

Tabelle 49

NOP Richtprijs
- Verabeitungsware -

Euro/kg	Käfighaltung			Bodenhaltung		
	2020	2021	2022	2020	2021	2022
Januar	.	0,68	0,98	.	0,80	1,03
Februar	.	0,80	1,11	.	0,94	1,17
März	.	0,91	1,43	.	1,05	1,53
April	0,70	0,83	1,78	.	0,88	1,80
Mai	0,78	0,80	1,57	.	0,84	1,57
Juni	0,75	0,81	1,40	.	0,85	1,42
Juli	0,71	0,69	1,37	.	0,74	1,45
August	0,66	0,71	1,40	.	0,74	1,43
September	0,72	0,89	1,75	.	0,93	1,80
Oktober	0,68	0,97	2,15	.	0,98	2,25
November	0,64	0,98	1,30	.	1,00	2,37
Dezember	0,66	1,03	2,32	.	1,07	2,39
Januar - Dezember	.	0,84	1,55	.	0,90	1,68

Quelle: NOP

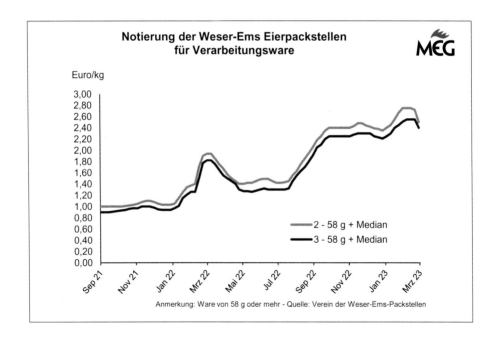

Notierung der Weser-Ems Eierpackstellen für Verarbeitungsware

Anmerkung: Ware von 58 g oder mehr - Quelle: Verein der Weser-Ems-Packstellen

Deutschland: Eier

Tabelle 50

Eiernotierung Polen
- Verkaufspreise polnischer Packstellenbetriebe für Eier der Gewichtsklasse M

umgerechnet in Euro/100 Stück	2017	2018	2019	2020	2021	2022
Käfigware						
Januar	7,65	10,19	6,62	8,46	6,46	7,91
Februar	7,22	9,37	6,80	8,29	6,85	7,85
März	7,25	8,80	6,89	7,75	7,85	8,72
April	8,58	7,83	6,83	7,37	7,88	10,95
Mai	6,83	7,69	6,70	6,76	7,43	10,06
Juni	6,56	6,65	6,90	7,35	7,55	8,87
Juli	6,52	6,78	7,08	6,64	7,10	9,19
August	7,03	6,12	7,79	6,70	7,97	9,40
September	7,87	6,94	7,13	6,51	8,00	10,47
Oktober	9,11	6,89	7,49	6,36	8,03	12,86
November	12,25	6,82	8,55	6,42	7,93	14,06
Dezember	12,10	6,99	8,37	6,46	8,36	15,10
Januar - Dezember	**8,25**	**7,59**	**7,26**	**7,09**	**7,62**	**10,45**
Bodenhaltungsware						
Januar	.	.	.	.	9,84	11,90
Februar	.	.	.	.	10,21	11,99
März	.	.	.	.	10,54	12,35
April	.	.	.	.	10,67	14,63
Mai	.	.	.	.	10,40	14,66
Juni	.	.	.	.	10,43	14,62
Juli	.	.	.	.	10,32	13,90
August	.	.	.	.	10,32	13,61
September	.	.	.	.	11,42	14,48
Oktober	.	.	.	.	11,73	16,40
November	.	.	.	.	11,69	17,78
Dezember	.	.	.	.	11,62	18,37
Januar - Dezember	.	.	.	.	**10,77**	**14,56**

Quelle: MEG nach Minrol

3 Deutschland: Eier

Tabelle 51

Eiernotierung Südwest Stuttgart/Mannheim
- Boden und Freiland Abgabepreise des Großhandels frei Einzelhandel, lose -

Bodenhaltung Euro/100 Stück	2020	2021	2022	2020	2021	2022
	Gewichtsklasse L			Gewichtsklasse M		
Januar	20,58	24,83	22,33	20,58	22,08	19,58
Februar	22,58	25,44	22,44	20,58	22,69	19,69
März	23,60	25,50	23,69	21,60	22,75	20,94
April	23,83	24,75	25,08	21,83	22,00	22,33
Mai	23,69	24,08	24,55	21,44	21,33	21,80
Juni	24,25	24,00	24,50	22,00	21,25	21,75
Juli	24,06	23,13	24,44	21,81	20,38	21,69
August	23,15	22,05	24,55	20,80	19,30	21,80
September	23,30	22,19	25,63	20,70	19,44	22,88
Oktober	24,00	22,50	26,50	21,25	19,75	23,75
November	23,81	22,50	26,75	21,06	19,75	24,00
Dezember	24,38	22,75	26,92	21,63	20,00	24,17
Januar - Dezember	**23,44**	**23,64**	**24,78**	**21,27**	**20,89**	**22,03**

Freilandhaltung Euro/100 Stück	2020	2021	2022	2020	2021	2022
	Gewichtsklasse L			Gewichtsklasse M		
Januar	26,08	28,33	26,83	24,08	26,08	24,58
Februar	26,08	29,00	26,94	24,08	26,75	24,69
März	27,10	29,40	28,19	25,10	27,15	25,94
April	27,50	29,00	29,58	25,50	26,75	27,33
Mai	27,44	28,50	29,05	25,19	26,25	26,80
Juni	28,00	28,50	29,00	25,75	26,25	26,75
Juli	27,81	27,63	28,98	25,56	25,38	26,69
August	26,80	26,55	29,05	24,65	24,30	26,80
September	26,80	26,69	30,13	24,70	24,44	27,88
Oktober	27,50	27,00	31,00	25,25	24,75	28,75
November	27,31	27,00	31,25	25,06	24,75	29,00
Dezember	27,88	27,25	31,42	25,63	25,00	29,17
Januar - Dezember	**27,19**	**27,90**	**29,28**	**25,05**	**25,65**	**27,03**

Quelle: MEG nach Berichten der Notierungskommission für Eier an der Südwestdeutschen Warenbörse

Deutschland: Eier 3

Tabelle 52

MEG-Preisfeststellung Bodenhaltung
ab 50 Kisten Basis Güteklasse A, lose ab Station; ohne Kontrakte, Serviceleistungen etc.
- Bodenhaltungsware, weiß-/braunschalig -

Euro/100 Stück	2017	2018	2019	2020	2021	2022
Gewichtsklasse XL						
Januar	13,23	15,58	15,37	16,74	17,56	18,49
Februar	13,14	15,43	15,48	16,61	17,74	18,60
März	13,21	14,57	15,53	17,01	17,94	19,71
April	13,09	12,58	15,18	16,89	17,83	20,36
Mai	12,63	12,21	14,91	16,96	17,76	19,74
Juni	12,63	12,40	15,21	17,50	17,80	19,74
Juli	12,29	12,56	15,35	17,43	17,75	19,85
August	13,41	12,86	15,83	17,19	17,73	20,13
September	14,05	14,05	16,33	17,26	18,31	21,04
Oktober	15,51	14,54	16,76	17,55	18,40	22,43
November	16,27	14,88	17,15	17,51	18,40	22,90
Dezember	16,19	15,46	17,24	17,56	18,61	22,93
Januar - Dezember	**13,80**	**13,93**	**15,86**	**17,19**	**17,99**	**20,49**
Gewichtsklasse L						
Januar	7,49	13,50	8,65	8,36	7,33	8,05
Februar	7,32	13,41	8,59	8,44	8,03	8,63
März	8,39	12,50	8,70	9,24	8,61	11,08
April	9,09	8,80	8,48	8,67	7,65	12,51
Mai	8,59	7,61	7,70	7,90	6,95	11,20
Juni	8,39	7,25	7,65	8,44	7,09	11,05
Juli	7,45	7,01	7,36	7,87	6,75	11,05
August	9,40	6,95	7,68	7,03	6,75	11,35
September	10,67	7,74	8,06	6,93	7,76	12,80
Oktober	13,46	8,26	8,59	7,14	7,95	15,06
November	14,45	8,92	9,10	6,99	8,04	15,93
Dezember	14,41	9,40	9,19	7,05	8,47	16,11
Januar - Dezember	**9,93**	**9,28**	**8,31**	**7,84**	**7,61**	**12,07**

Fortsetzung mit 52b

MEG-Marktbilanz Eier und Geflügel 2023

3 Deutschland: Eier

Tabelle 52b (Fortsetzung)

MEG-Preisfeststellung Bodenhaltung
ab 50 Kisten Basis Güteklasse A, lose ab Station; ohne Kontrakte, Serviceleistungen etc.
- Bodenhaltungsware, weiß-/braunschalig -

Euro/100 Stück	2017	2018	2019	2020	2021	2022
Gewichtsklasse M						
Januar	7,04	12,36	7,68	7,46	6,14	6,95
Februar	6,85	12,44	7,69	7,74	7,16	7,56
März	8,27	11,67	7,93	8,75	7,98	10,06
April	8,84	7,90	7,71	7,99	6,99	11,46
Mai	8,17	6,62	6,90	7,03	6,25	10,14
Juni	7,87	6,26	6,79	7,45	6,25	10,03
Juli	6,96	6,02	6,21	6,99	5,82	9,96
August	8,72	5,72	6,24	6,08	5,75	9,96
September	9,68	6,32	6,51	5,91	6,76	11,34
Oktober	12,12	6,89	7,08	6,02	6,90	13,96
November	13,02	7,53	8,05	5,81	6,94	14,88
Dezember	13,00	8,31	8,16	5,81	7,41	15,09
Januar - Dezember	**9,21**	**8,17**	**7,25**	**6,92**	**6,70**	**10,95**
Gewichtsklasse S						
Januar	4,46	9,80	4,93	5,69	4,63	5,60
Februar	4,60	9,76	4,96	5,83	5,08	5,93
März	5,25	8,51	5,11	6,13	5,61	7,68
April	5,45	6,29	5,19	5,98	5,41	8,88
Mai	5,67	5,55	5,41	5,78	5,26	8,48
Juni	5,87	4,66	5,55	6,00	5,53	8,73
Juli	5,33	4,56	5,20	5,58	5,23	8,80
August	6,28	4,35	5,04	4,81	5,10	8,76
September	7,05	4,43	5,00	4,65	5,41	9,43
Oktober	9,39	4,82	5,31	4,60	5,50	11,08
November	10,12	5,25	6,04	4,40	5,53	11,64
Dezember	10,17	5,39	6,10	4,48	5,71	11,92
Januar - Dezember	**6,64**	**6,11**	**5,32**	**5,33**	**5,33**	**8,91**

Quelle: MEG

Tabelle 53

Schwerpunktpreise für Bio-Eier
- ab Packstelle, an Vollsortimenter, Naturkosthandel und in Direktvermarktung

Euro/100 Stück	2019	2020	2021	2022	2019	2020	2021	2022
	Gewichtsklasse XL				Gewichtsklasse L			
1. Quartal	32,22	31,12	31,85	32,72	27,45	27,76	28,38	29,46
2. Quartal	31,54	31,30	31,54	31,36	27,88	27,96	28,65	30,39
3. Quartal	31,33	31,60	31,81	35,45	27,88	28,32	28,70	31,29
4. Quartal	31,12	31,80	32,00	35,54	27,78	28,33	28,65	31,22
Jahresschnitt	**31,55**	**31,46**	**31,80**	**33,77**	**27,75**	**28,09**	**28,60**	**30,59**
	Gewichtsklasse M				Gewichtsklasse S			
1. Quartal	26,96	27,22	28,00	29,19	22,90	21,84	19,87	23,94
2. Quartal	27,45	27,42	28,33	29,79	21,98	22,34	22,18	20,37
3. Quartal	27,32	27,91	28,39	30,68	21,96	22,33	22,61	26,12
4. Quartal	27,22	27,92	28,30	30,77	21,71	19,83	23,27	26,14
Jahresschnitt	**27,24**	**27,62**	**28,26**	**30,11**	**22,14**	**21,59**	**21,98**	**24,14**

Nach EU-Richtlinie Nr.834/2007 produzierte Ware, ab Ø 50 Karton pro Woche.
Quelle: AMI; MEG

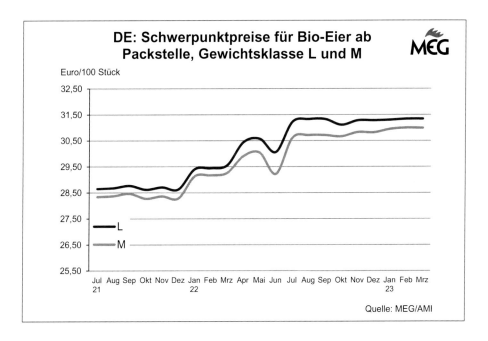

DE: Schwerpunktpreise für Bio-Eier ab Packstelle, Gewichtsklasse L und M

Quelle: MEG/AMI

3 Deutschland: Eier

Tabelle 54

Verbraucherpreise für Eier in Deutschland im LEH und und Fachgeschäften
- Gewichtsklasse M -

in Euro/10 Stück	2017	2018	2019	2020	2021	2022
Bodenhaltung						
Januar	1,19	1,36	1,28	1,34	1,35	1,70
Februar	1,22	1,38	1,29	1,37	1,40	1,70
März	1,32	1,39	1,27	1,37	1,46	1,77
April	1,33	1,37	1,30	1,41	1,54	2,01
Mai	1,21	1,37	1,27	1,38	1,55	2,02
Juni	1,18	1,37	1,26	1,38	1,51	2,02
Juli	1,18	1,37	1,27	1,32	1,59	2,02
August	1,22	1,38	1,27	1,33	1,66	2,01
September	1,21	1,38	1,24	1,35	1,65	1,99
Oktober	1,21	1,37	1,27	1,34	1,65	2,01
November	1,20	1,36	1,27	1,36	1,65	2,01
Dezember	1,22	1,37	1,28	1,34	1,65	2,03
Januar - Dezember	**1,22**	**1,37**	**1,27**	**1,36**	**1,55**	**1,94**
Freilandhaltung						
Januar	1,84	1,94	1,89	1,94	1,99	2,22
Februar	1,82	1,96	1,89	1,96	2,00	2,18
März	1,88	1,96	1,87	1,95	2,08	2,25
April	1,90	1,93	1,88	1,99	2,17	2,49
Mai	1,87	1,96	1,87	1,98	2,20	2,50
Juni	1,84	1,95	1,87	1,99	2,18	2,47
Juli	1,85	1,97	1,92	1,94	2,23	2,50
August	1,86	1,92	1,90	1,92	2,23	2,46
September	1,86	1,91	1,89	1,94	2,21	2,47
Oktober	1,85	1,96	1,88	1,91	2,25	2,51
November	1,87	1,94	1,89	1,92	2,20	2,49
Dezember	1,86	1,94	1,86	1,97	2,19	2,51
Januar - Dezember	**1,86**	**1,95**	**1,88**	**1,95**	**2,16**	**2,42**
Biohaltung						
Januar	3,10	3,33	3,33	3,33	3,35	3,44
Februar	3,11	3,33	3,26	3,37	3,31	3,41
März	3,13	3,28	3,28	3,36	3,32	3,40
April	3,19	3,22	3,32	3,38	3,43	3,60
Mai	3,12	3,27	3,24	3,34	3,35	3,67
Juni	3,15	3,25	3,25	3,32	3,40	3,63
Juli	3,13	3,33	3,28	3,26	3,48	3,68
August	3,13	3,33	3,34	3,26	3,47	3,68
September	3,14	3,33	3,35	3,24	3,45	3,68
Oktober	3,13	3,31	3,31	3,28	3,49	3,63
November	3,24	3,27	3,30	3,25	3,45	3,62
Dezember	3,18	3,30	3,33	3,19	3,46	3,65
Januar - Dezember	**3,15**	**3,30**	**3,30**	**3,30**	**3,41**	**3,59**

Quelle: AMI-Verbraucherpreisspiegel

Tabelle 55

Preise für Legehennenalleinfutter
- Einstandspreise der Erzeuger - Lieferung frei Silo, Raum Weser-Ems, ganzer Zug

Euro/100 kg	2017	2018	2019	2020	2021	2022
Raum Weser-Ems						
Januar	25,83	25,90	27,70	26,44	30,85	41,41
Februar	25,93	25,90	27,20	26,95	32,75	42,39
März	25,45	25,98	27,19	26,98	34,06	47,16
April	26,00	26,06	26,80	27,23	33,89	50,45
Mai	26,04	26,09	26,58	27,28	35,20	50,45
Juni	26,05	26,40	26,45	27,25	35,78	49,76
Juli	26,05	26,40	26,45	27,20	35,90	47,76
August	25,98	27,49	26,35	27,18	34,75	46,68
September	25,90	27,75	26,15	27,51	35,15	46,23
Oktober	25,90	27,72	26,23	27,88	35,41	48,84
November	25,90	27,70	26,30	28,85	38,47	46,50
Dezember	25,90	27,70	26,33	29,97	39,90	46,13
Januar - Dezember	25,91	26,76	26,64	27,56	35,18	46,98

Quelle: LWK Niedersachsen

Tabelle 56

Erlös:Futterkosten-Relation
- 100 Bodenhaltungseier (Erzeugerpreis) entsprechen dem Wert von ... Kilogramm Futter -

	2017	2018	2019	2020	2021	2022
Januar	24,25	44,76	24,93	25,30	17,40	14,92
Februar	23,45	45,05	25,43	25,86	19,52	16,02
März	29,47	41,96	26,31	29,58	21,17	19,70
April	31,04	27,36	25,90	26,51	18,35	21,19
Mai	28,42	22,42	23,06	22,95	15,57	18,57
Juni	27,26	20,80	22,75	24,51	15,32	18,61
Juli	23,76	19,89	20,58	22,87	14,07	19,25
August	30,60	17,99	20,76	19,52	14,33	19,69
September	34,40	20,00	21,96	18,69	17,04	22,86
Oktober	43,82	22,08	24,06	18,83	17,31	27,01
November	47,30	24,40	27,68	17,47	16,04	30,33
Dezember	47,22	27,21	28,07	14,71	16,64	31,04
Januar - Dezember	32,58	27,83	24,29	22,23	16,90	21,60

Quelle: MEG

Daten, Analysen & Marktberichte für die Eier-und Geflügelbranche

JETZT 3 MONATE TESTEN!

marktinfo-eier-gefluegel.de

+++++ **Unverbindlich im Mini-Abo testen.** Das Abo endet automatisch.

Bild: agrarfoto.com

MEG steht für tagesaktuelle, objektive und qualifizierte Berichterstattung. Nutzen auch Sie unser Angebot für Ihren Vorsprung am Markt!

JETZT QR-CODE SCANNEN

ulmer

Kapitel 4 – Tabellenteil

Europäische Union und Drittländer

Eier

Tabelle 57

Kükenschlupf der Legerassen

Mio. Stück	2017	2018	2019	2020	2021	2022v
Belgien/Luxemburg	6,3	6,0	7,4	5,7	5,9	5,6
Bulgarien	.	.	.	.	.	.
Deutschland	45,7	42,1	45,3	40,5	29,4	16,2
Finnland	3,9	3,9	3,4	3,9	3,7	3,5
Frankreich	45,7	42,5	47,0	49,4	50,5	52,3
Lettland	.	.	.	.	.	0
Niederlande	48,0	39,2	47,2	41,8	43,0	42,9
Österreich	11,6	9,6	9,3	9,4	9,9	9,2
Polen	34,5	36,5	36,0	34,6	40,3	35,5
Rumänien	.	.	.	.	.	.
Spanien	33,1	34,4	37,9	38,2	38,9	38,5
Tschechische Rep.	11,6	12,3	11,5	13,1	14,0	13,9
Ungarn	10,3	8,9	8,1	8,5	8,8	7,7
Zypern	0,3	0,5	0,4	0,6	0,5	0,5
EU 27	310,5	306,4	310,7	311,8	310,5	294,4
Vereinigtes Königreich	38,2	40,1	38,7	.	.	.
EU 28	348,7	346,5	349,4	.	.	.
Indien	238,8	269,4	242,5	268,7	249,2	255,2
Japan	109,3	113,1	109,2	109,7	110,6	104,6
Mexiko	91,1	100,8	100,8	106,9	111,6	106,2
Schweiz	3,2	3,2	3,5	3,6	3,6	3,4
Südafrika	24,3	26,7	27,8	25,5	26,1	24,3
USA	288,5	319,1	317,0	311,4	313,4	291,1

Quelle: MEG nach Eurostat; IEC und nationalen Statistiken

Tabelle 58

Legekükenexporte der EU-Länder

1.000 Stück	2017	2018	2019	2020	2021	2022v
Legeküken zum Gebrauch *(0105 11 91)*						
Belgien	8.054	16.451	15.152	16.757	25.075	29.605
Deutschland	11.017	9.158	9.248	9.204	4.560	1.299
Frankreich	8.416	8.292	3.059	3.784	4.560	1.304
Niederlande	41.110	37.465	42.500	32.105	36.710	46.183
Portugal	3.722	3.372	3.326	2.324	2.076	192
Tschechische Republik	8.443	8.914	8.524	9.998	10.364	10.310
Ungarn	7.195	11.037	10.223	10.712	15.002	12.390
EU 27 nach Drittländern	.	**35.967**	**38.847**	**34.329**	**34.592**	**29.535**
Vereinigtes Königreich	4.165	4.475	4.377	.	.	.
EU 28 nach Drittländern	**32.132**	**35.848**	**38.719**			
Legeküken zur Zucht und Vermehrung *(0105 11 11)*						
Deutschland	5.228	6.894	2.980	567	217	1.362
Dänemark	11.821	10.405	11.221	10.050	9.241	1.269
Frankreich	5.912	3.280	3.885	3.421	1.634	1.368
Italien	146	0	295	48	.	35
Niederlande	10.779	6.164	8.422	6.291	12.754	16.184
Polen	946	3.073	1.532	325	3.054	3.101
Portugal	245	205	193	147	192	46
EU 27 nach Drittländern	.	**17.686**	**13.111**	**11.632**	**7.567**	**6.137**
Vereinigtes Königreich	1.636	1.687	1.420	.	.	.
EU 28 nach Drittländern	**15.397**	**16.060**	**10.716**			

Fortsetzung mit Tabelle 58b

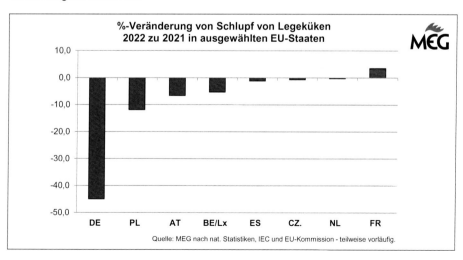

Quelle: MEG nach nat. Statistiken, IEC und EU-Kommission - teilweise vorläufig.

EU/Drittländer: Eier

Tabelle 58b (Fortsetzung)

Legekükenimporte der EU-Länder

1.000 Stück	2017	2018	2019	2020	2021	2022v
Legeküken zum Gebrauch *(0105 11 91)*						
Tschechische Republik	2.360	2.849	1.896	1.809	1.796	1.237
Portugal	2.380	2.325	2.347	2.727	2.748	1.889
Niederlande	15.737	27.475	23.648	25.719	25.361	58.938
Bulgarien	612	954	999	721	1.247	1.494
Frankreich	2.135	2.126	2.191	3.503	4.168	3.413
Deutschland	894	433	988	2.407	1.712	2.876
Lettland	1.834	1.676	1.716	1.795	1.900	1.735
Rumänien	3.708	5.056	4.613	5.210	5.516	7.431
EU 27 aus Drittländern	.	773	989	254	4.919	6.235
Vereinigtes Königreich	3	5	13	.	.	.
EU 28 aus Drittländern	5	4	42	.	.	.
Legeküken zur Zucht und Vermehrung *(0105 11 11)*						
Spanien	4.620	5.724	4.444	2.671	2.391	2.285
Italien	5.543	7.733	5.155	8.062	8.392	7.093
Irland	2.204	3.536	5.146	4.728	6	266
Niederlande	5.971	914	1.699	1.743	17.207	17.318
Polen	8.144	12.001	5.949	5.712	9.068	7.375
Portugal	2.159	1.510	1.891	2.190	2.750	2.290
Deutschland	5	434	386	359	924	167
EU 27 aus Drittländern	.	3.921	6.031	5.395	12.936	4.617
Vereinigtes Königreich	1.636	120	90	.	.	.
EU 28 aus Drittländern	82	23	102	.	.	.

Quelle: MEG nach Eurostat

Tabelle 59

Versorgungsbilanz Eier der EU

1.000 Tonnen	2018 EU 28	2019 EU 28	2019 EU 27	2020 EU 27	2021 EU 27	2022v EU 27
Gesamteiererzeugung	7.576	7.730	6.964	7.107	7.107	6.888
Einfuhr insgesamt (ohne Bruteier)	29	24	61	56	37	50
Ausfuhr insgesamt (ohne Bruteier)	307	342	342	339	367	341
Konsumeiererzeugung	6.935	7.081	6.307	6.466	6.510	6.290
Bruteiererzeugung	678	692	656	669	683	685
Nahrungsverbrauch	6.657	6.762	6.026	6.183	6.180	5.998
Verbrauch je Kopf, kg	13,1	13,8	13,5	13,8	13,8	13,4
Selbstversorgungsgrad Konsumeier, %	104,2	104,7	104,7	104,6	105,3	104,9

Abweichungen zur verwendbaren Eiererzeugung in folgender Tabelle, die stärker auf nationalen Erhebungen basiert.
Quelle: EU-Kommission; MEG

Tabelle 60

Verwendbare Eiererzeugung in EU-Ländern

1.000 Tonnen	2017	2018	2019	2020	2021	2022v
Belgien/Luxemburg	201	199	189	191	193	185
Bulgarien	79	78	85	64	70	.
Dänemark	89	90	91	94	104	99
Deutschland	892	904	924	952	966	971
Estland	13	13	9	10	11	11
Finnland	75	76	76	78	79	77
Frankreich	993	972	972	979	1.059	978
Griechenland	87	74	81	82	82	.
Irland	54	73	75	75	88	90
Italien	808	812	801	806	806	801
Kroatien	43	43	45	45	46	.
Lettland	42	42	42	42	42	42
Litauen	50	51	51	51	51	51
Malta	6	6	5	5	6	.
Niederlande	684	703	670	660	651	640
Österreich	121	128	129	134	139	139
Polen	612	624	648	652	607	572
Portugal	135	137	138	139	133	140
Rumänien	294	286	278	261	265	.
Schweden	147	148	149	168	168	168
Slowakei	74	75	72	46	46	50
Slowenien	23	24	25	24	24	24
Spanien	774	848	891	918	929	908
Tschechische Republik	175	177	176	177	179	167
Ungarn	135	141	138	135	140	135
Zypern	10	9	11	9	11	9
EU-27	**6.614**	**6.731**	**6.769**	**6.797**	**6.894**	**6.726**
Vereinigtes Königreich	752	679	694	686	690	637
EU-28	**7.366**	**7.410**	**7.463**	**7.483**	**7.584**	**7.363**

Quelle: MEG nach EU-Kommission, FAO und nationalen Statistiken

4 EU/Drittländer: Eier

Tabelle 61
EU: Gemeldete Haltungskapazität für Legehennen nach Haltungsform

	Hennenanzahl 1.000 Hennen	ausgest. Käfige	%-Anteil davon in Boden	Freiland	Bio
01. April 2020					
Belgien	10.736	37,2	43,3	13,6	5,9
Bulgarien	5.506	71,0	25,3	3,6	0,0
Cypern	536	71,4	17,2	9,6	1,8
Dänemark	4.366	12,6	48,4	8,0	31,0
Deutschland	56.260	5,6	60,1	21,2	13,0
Estland	1.122	81,7	9,5	4,0	4,7
Finnland	4.505	50,5	39,3	3,2	7,1
Frankreich *	48.256	54,1	11,7	23,0	11,2
Griechenland *	4.617	77,3	12,2	5,1	5,4
Irland *	3.652	51,5	1,1	43,8	3,7
Italien	41.048	42,0	49,5	3,7	4,9
Kroatien	2.316	61,9	34,1	3,6	0,4
Lettland	3.255	75,2	21,5	3,0	0,2
Litauen	2.838	83,2	15,9	0,3	0,6
Luxemburg	104	0,0	75,6	0,0	24,4
Malta	361	99,4	0,6	0,0	0,0
Niederlande	33.126	15,2	60,6	17,8	6,4
Österreich	7.120	0,0	61,0	26,5	12,5
Polen	50.150	81,0	13,7	4,4	0,8
Portugal	8.733	86,2	10,7	2,8	0,4
Rumänien	8.741	58,8	33,0	6,6	1,7
Schweden	8.726	5,5	76,1	3,7	14,7
Slowakei	3.155	76,7	21,0	2,1	0,2
Slowenien	1.451	24,3	55,1	18,1	2,6
Spanien	47.130	77,6	13,0	8,0	1,4
Tschechische Rep.	7.112	67,6	30,9	1,0	0,4
Ungarn	7.501	71,0	28,0	0,7	0,3
EU 27	**372.420**	**48,0**	**33,9**	**11,9**	**6,2**
01. April 2021					
Belgien	10.814	36,2	42,8	13,5	7,4
Bulgarien	5.091	70,1	27,5	2,3	0,0
Cypern	516	67,8	15,9	13,1	3,2
Dänemark	4.331	9,9	49,0	8,1	33,0
Deutschland	58.065	5,6	58,8	22,1	13,6
Estland	843	87,7	8,3	2,6	1,4
Finnland	5.072	45,5	43,9	3,5	7,1
Frankreich	48.256	54,1	11,7	23,0	11,2
Griechenland	4.650	76,5	12,4	5,5	5,6
Irland	3.880	48,5	1,4	46,4	3,7
Italien	40.519	35,6	54,5	4,9	4,9
Kroatien	2.369	62,1	33,5	3,9	0,5
Lettland	2.927	79,6	18,5	1,2	0,6
Litauen	3.534	69,3	27,5	3,0	0,2
Luxemburg	134	0,0	66,6	10,7	22,7
Malta	361	99,4	0,6	0,0	0,0
Niederlande	33.126	15,2	60,6	17,8	6,4
Österreich	7.406	0,0	58,7	28,4	12,9
Polen	51.241	76,2	17,8	5,0	1,0
Portugal	10.228	75,0	19,5	4,7	0,8
Rumänien	8.954	57,3	36,8	3,3	2,7
Schweden	8.655	3,7	77,0	4,9	14,3
Slowakei	3.126	75,3	22,3	2,2	0,2
Slowenien	1.449	17,2	61,4	18,9	2,6
Spanien	47.069	73,3	16,1	9,1	1,6
Tschechische Rep.	7.112	67,6	30,9	1,0	0,4
Ungarn	7.501	71,0	28,0	0,7	0,3
EU 27	**377.231**	**45,5**	**35,6**	**12,5**	**6,5**

* Daten von 2019
Quelle: MEG nach EU-Kommission

Tabelle 62

Erzeugung von Hühnereiern in Drittländern

in 1.000 t	2017	2018	2019	2020	2021	2022v
Argentinien	818	970	844	886	878	.
Brasilien	2.395	2.669	2.943	3.212	.	.
China	26.000	22.000	25.000	25.000	23.000	.
Indien	5.049	5.702	5.782	5.944	5.802	.
Iran	887	910	1.105	1.170	1.250	.
Japan	2.601	2.628	2.640	2.633	2.574	.
Malaysia	845	805	654	774	813	.
Mexiko	2.718	2.803	2.853	2.923	3.008	.
Pakistan	803	848	896	946	1.000	.
Philippinen	492	534	583	606	661	.
Russland	2.626	2.712	2.691	2.706	2.695	.
Schweiz	57	59	60	64	69	68
Südafrika	415	424	533	562	518	.
Südkorea	715	757	735	735	736	.
Thailand	695	710	704	713	722	.
Türkei	1.205	1.228	1.243	1.237	1.206	.
Ukraine	887	922	954	924	804	.
USA	5.527	5.656	5.829	5.815	5.803	5.734
Weltproduktion	**78.889**	**80.852**	**84.201**	**87.074**	**86.388**	.

Quelle: MEG nach FAO; IEC und nationalen Statistiken

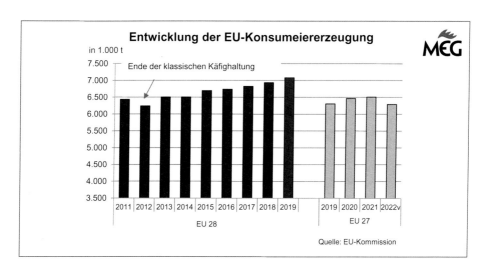

Quelle: EU-Kommission

Tabelle 63

Eierverbrauch je Einwohner und Jahr

kg/Kopf	2017	2018	2019	2020	2021	2022v
Dänemark	15,5	15,6	15,7	15,9	15,9	.
Deutschland	14,2	14,5	14,5	15,0	14,4	14,2
Finnland	11,9	11,5	11,7	12,3	13,3	.
Frankreich	13,6	13,2	13,8	13,6	13,8	.
Irland	11,2	11,8	11,3	13,1	12,5	.
Italien	13,5	13,1	13,2	13,6	13,4	.
Niederlande	12,6	12,8	12,8	12,5	12,4	.
Österreich	14,7	14,9	15,0	14,6	14,5	.
Polen	8,3	9,2	8,9	8,9	9,1	.
Portugal	9,1	9,7	10,1	10,2	10,9	.
Schweden	14,6	14,6	.	14,8	13,9	.
Spanien	17,1	16,6	14,8	14,1	.	.
Ungarn	14,3	15,0	15,1	13,4	13,2	.
EU 27	**12,6**	**13,6**	**13,5**	**13,8**	**13,8**	**13,4**
Vereinigtes Königreich	12,0	12,1	12,0	12,2	12,2	.
EU 28	**13,0**	**13,0**	**13,8**	.	.	.
Drittländer						
China	19,0	15,8	17,9	18,2	16,4	.
Japan	21,0	21,2	21,3	21,4	21,2	.
USA	16,9	17,3	17,6	17,2	17,1	16,7
Mexiko	22,7	23,0	23,3	23,7	24,1	.
Türkei	13,3	13,9	.	.	.	.
Schweiz	10,8	10,9	11,1	11,4	11,8	.
Südafrika	7,5	7,6	9,3	9,8	8,9	.
Indien	3,7	4,2	4,2	4,3	4,1	.
Iran	11,3	11,3	12,8	14,0	14,3	.
Welt	**10,5**	**10,5**	**10,8**	**11,1**	**10,9**	.

Quelle: MEG nach EU-Kommission; FAO, IEC und nationalen Statistiken

Tabelle 64

Selbstversorgungsgrad Eier der EU-Länder

Prozent (%)	2017	2018	2019	2020	2021	2022v
Dänemark	85	85	85	85	87	.
Deutschland	70	70	71	71	75	76
Finnland	112	115	116	110	116	.
Frankreich	100	100	100	102	104	.
Irland	106	92	94	90	99	.
Italien	98	97	97	95	96	.
Niederlande	272	286	275	275	272	.
Österreich	86	86	86	90	92	.
Polen	179	215	230	223	206	.
Portugal	114	110	110	107	106	.
Schweden	93	95	.	97	87	.
Spanien	111	107	121	106	113	.
Ungarn	95	88	90	93	94	.
EU 27	109	104	105	105	105	105
Vereinigtes Königreich	86	87	89	89	92	.
EU 28	104	104	105	.	.	.

Quelle: MEG nach EU-Kommission; IEC und nationalen Statistiken

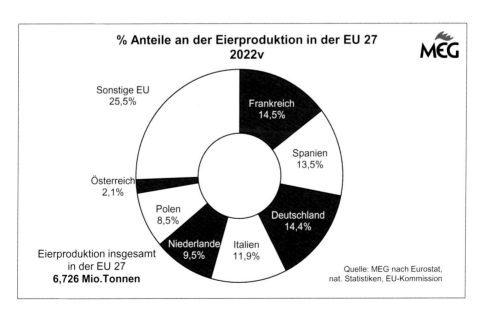

% Anteile an der Eierproduktion in der EU 27 2022v

- Sonstige EU 25,5%
- Frankreich 14,5%
- Spanien 13,5%
- Deutschland 14,4%
- Italien 11,9%
- Niederlande 9,5%
- Polen 8,5%
- Österreich 2,1%

Eierproduktion insgesamt in der EU 27
6,726 Mio.Tonnen

Quelle: MEG nach Eurostat, nat. Statistiken, EU-Kommission

4 EU/Drittländer: Eier

Tabelle 65

Importe von Hühnereiern in der Schale zum Verzehr

Tonnen	2017	2018	2019	2020	2021	2022v
Belgien/Luxemburg	52.174	39.751	56.911	104.044	69.217	51.921
Bulgarien	5.324	5.138	3.630	1.849	2.037	2.784
Dänemark	2.169	3.377	3.665	6.071	2.326	2.672
Deutschland	403.767	401.935	386.269	373.224	317.759	304.376
Estland	5.169	6.094	7.934	7.373	6.543	6.880
Finnland	1.088	990	791	888	882	1.184
Frankreich	50.347	40.225	43.759	43.077	32.308	59.663
Griechenland	5.464	5.748	6.533	6.320	5.417	7.939
Irland	819	1.011	1.201	3.658	315	1.754
Italien	34.669	43.919	32.656	39.618	30.764	55.880
Kroatien	5.833	5.607	4.807	4.559	4.623	5.611
Lettland	5.800	8.540	12.745	10.339	11.307	19.265
Litauen	9.075	9.423	14.079	11.044	9.162	13.151
Malta	463	552	529	475	546	538
Niederlande	185.179	200.027	222.280	217.249	202.861	.
Österreich	21.424	25.661	29.756	24.772	13.971	17.465
Polen	12.924	9.452	7.672	8.546	20.420	12.975
Portugal	5.020	5.523	7.504	5.133	6.765	6.715
Rumänien	8.405	5.215	8.710	12.177	11.121	9.769
Schweden	873	708	1.047	653	2.701	593
Slowakei	3.737	3.167	4.635	8.964	9.598	6.208
Slowenien	997	790	637	654	803	696
Spanien	1.577	9.014	4.732	3.641	3.193	3.369
Tschechische Republik	18.095	17.632	18.196	15.959	21.212	23.828
Ungarn	7.314	6.505	6.135	9.265	10.671	16.881
Zypern	264	319	360	58	263	627
EU 27 aus Drittländern	.	.	22.460	17.813	12.811	19.156
Vereinigtes Königreich	14.480	10.109	15.682	.	.	.
EU 28 aus Drittländern	4.566	5.372	6.591	.	.	.
Schweiz	25.150	24.570	24.742	26.446	24.764	21.106

Quelle: MEG nach Eurostat und nationalen Statistiken

EU/Drittländer: Eier 4

Tabelle 66

Exporte von Hühnereiern in der Schale zum Verzehr

Tonnen	2017	2018	2019	2020	2021	2022v
Belgien/Luxemburg	52.578	54.268	44.491	58.837	57.261	48.444
Bulgarien	9.676	10.138	11.164	13.914	14.299	15.523
Dänemark	1.228	1.363	2.052	1.664	3.811	4.532
Deutschland	123.616	107.204	110.689	94.990	90.229	85.704
Estland	1.301	1.847	957	1.198	1.216	1.476
Finnland	8.219	9.622	9.549	7.641	10.773	11.821
Frankreich	20.969	17.142	15.925	24.496	25.981	15.510
Griechenland	218	251	378	468	421	604
Irland	5.198	5.562	6.260	6.192	6.275	6.550
Italien	12.799	14.467	15.590	8.225	9.248	10.360
Kroatien	830	1.553	2.184	3.091	2.122	1.658
Lettland	20.611	18.192	21.977	21.526	23.029	36.573
Litauen	8.351	10.085	14.509	13.118	14.177	13.823
Malta	0	0	.	.	.	.
Niederlande	343.277	383.951	319.887	338.585	396.392	.
Österreich	3.300	2.904	3.443	4.932	3.159	2.501
Polen	250.112	194.280	211.779	191.642	141.665	220.727
Portugal	12.657	8.745	9.008	11.229	11.004	8.775
Rumänien	9.760	11.370	13.462	11.209	11.852	21.673
Schweden	2.109	2.283	2.322	9.945	1.880	11.768
Slowakei	2.495	3.933	3.543	1.501	2.909	7.808
Slowenien	754	991	719	501	1.011	806
Spanien	64.606	69.878	73.801	78.388	76.776	57.181
Tschechische Republik	5.830	8.237	6.224	8.746	9.241	19.047
Ungarn	866	1.638	1.179	964	1.425	1.693
Zypern	0	0	.	.	.	.
EU 27 in Drittländer	.	.	71.345	89.146	92.221	72.862
Vereinigtes Königreich	2.890	2.489	.	.	.	.
EU 28 in Drittländer	58.341	61.769	53.211	.	.	.
USA	61.949	78.628	92.988	90.654	125.986	43.709

Quelle: MEG nach Eurostat und nationalen Statistiken

4 EU/Drittländer: Eier

Tabelle 67

Importe von Eiprodukten

Tonnen	2017	2018	2019	2020	2021	2022v
Flüssig, gefroren						
Belgien/Luxemburg	28.229	27.978	27.469	31.095	35.632	36.120
Dänemark	11.662	10.703	11.364	9.571	10.700	8.673
Deutschland	77.749	80.889	85.608	81.492	81.335	76.557
Griechenland	1.890	1.720	2.021	1.599	985	1.341
Spanien	18.901	19.058	19.731	15.810	18.475	19.175
Frankreich	39.073	41.488	44.965	45.868	48.137	54.916
Irland	4.333	5.546	6.151	6.491	2.742	4.055
Italien	27.638	24.267	28.253	37.076	31.646	50.131
Niederlande	26.987	16.560	14.145	17.851	15.795	22.997
Österreich	6.364	8.086	7.010	6.249	5.832	7.161
Portugal	7.765	9.009	9.919	5.387	7.701	9.802
Finnland	520	592	569	752	461	353
Schweden	14.451	16.216	13.672	13.392	15.958	15.305
Tschechische. Republik	8.586	7.718	7.826	6.603	6.425	7.516
Polen	7.040	9.560	10.207	10.791	9.505	12.592
Rumänien	3.522	3.781	3.443	3.360	4.086	4.438
EU 27 aus Drittländern	.	.	**8.679**	**9.844**	**6.418**	**6.355**
Vereinigtes Königreich	44.437	38.847	36.045	.	.	.
EU 28 aus Drittländern	**1.975**	**2.012**	**2.077**	.	.	.
Japan	9.283	10.648	10.039	8.796	12.017	.
Schweiz	6.005	5.916	6.877	5.647	6.625	10.294
Getrocknet						
Belgien/Luxemburg	1.264	1.244	1.206	1.479	1.481	1.252
Dänemark	3.502	5.459	4.594	3.529	4.264	4.160
Deutschland	7.559	7.794	7.859	8.229	8.382	8.718
Griechenland	788	895	766	517	784	716
Spanien	2.943	3.043	2.885	1.977	2.681	2.945
Frankreich	2.273	1.949	2.033	1.804	2.104	2.389
Irland	1.283	1.259	1.482	1.262	1.844	1.991
Italien	2.894	3.528	4.063	4.149	2.377	3.992
Niederlande	2.649	1.820	1.843	1.881	2.387	3.303
Österreich	2.941	3.110	2.613	1.998	1.841	2.065
Portugal	724	1.016	1.346	1.270	1.127	1.246
Finnland	179	141	167	140	148	162
Schweden	1.514	1.674	1.515	1.261	1.360	1.402
Tschechische Rep.	1.398	1.702	1.746	1.745	1.976	2.318
Lettland	197	195	299	354	607	1.054
Litauen	320	459	384	443	493	507
Polen	1.102	1.647	1.629	1.765	1.172	1.977
Slowakei	330	445	429	514	518	629
Rumänien	852	657	819	632	823	856
EU 27 aus Drittländern	.	.	**4.546**	**5.751**	**3.493**	**4.792**
Vereinigtes Königreich	6.707	6.026	6.362	.	.	.
EU 28 aus Drittländern	**3.615**	**4.588**	**3.434**	.	.	.
Japan	15.426	15.370	14.982	13.972	14.838	.
Schweiz	575	524	436	591	482	680

Quelle: MEG nach Eurostat; IEC und nationalen Statistiken

EU/Drittländer: Eier 4

Tabelle 68

Exporte von Eiprodukten

Tonnen	2017	2018	2019	2020	2021	2022v
Flüssig, gefroren						
Belgien/Luxemburg	25.993	24.986	25.706	18.546	22.186	23.134
Dänemark	7.806	8.611	9.142	5.916	7.296	9.329
Deutschland	26.188	22.517	24.710	21.622	25.674	31.983
Griechenland	831	773	696	687	817	998
Spanien	32.501	36.502	43.132	46.137	50.184	51.686
Frankreich	21.920	21.089	19.895	22.749	25.037	25.445
Irland	131	182	172	51	52	81
Italien	13.679	13.665	18.010	18.528	17.515	17.523
Niederlande	138.168	132.045	126.975	120.253	145.542	170.565
Österreich	10.010	15.431	20.201	18.419	10.876	12.496
Portugal	10.043	10.499	11.427	8.094	9.981	10.542
Finnland	1.850	2.045	1.844	1.725	2.112	2.855
Schweden	275	298	581	384	1.012	913
Tschechische Republik	2.907	1.368	1.387	1.252	945	2.042
Polen	42.867	35.703	44.128	57.064	50.803	43.656
Rumänien	1.938	4.778	1.414	832	294	543
EU 27 nach Drittländern	.	.	**50.178**	**43.815**	**54.599**	**57.756**
Vereinigtes Königreich	4.533	4.720	5.425	729	.	.
EU 28 nach Drittländern	**15.355**	**14.037**	**17.316**	.	.	.
Getrocknet						
Belgien/Luxemburg	1.295	1.411	1.323	1.465	1.419	1.293
Dänemark	0	0	0	0	0	0
Deutschland	3.746	5.113	4.825	4.174	5.068	5.345
Griechenland	170	97	191	166	290	139
Spanien	725	569	439	464	430	458
Frankreich	8.289	7.632	7.678	7.641	7.511	6.303
Irland	455	681	660	530	214	518
Italien	9.975	11.721	14.513	12.624	13.537	12.796
Niederlande	15.544	14.758	14.980	14.352	16.937	21.886
Österreich	1.693	1.647	1.622	1.511	1.446	2.114
Portugal	67	45	27	48	45	35
Schweden	1.290	1.509	1.510	1.518	1.590	1.630
Tschechische Republik	254	172	205	76	139	261
Litauen	53	331	471	1.271	1.212	1.644
Polen	6.742	7.343	10.159	7.437	9.375	10.461
Bulgarien	885	733	727	380	276	308
Rumänien	534	116	232	221	294	470
EU 27 nach Drittländern	.	.	**28.075**	**25.476**	**27.613**	**28.279**
Vereinigtes Königreich	48	54	88	3	.	.
EU 28 nach Drittländern	**16.675**	**17.700**	**20.825**	.	.	.

Quelle: MEG nach Eurostat und nationalen Statistiken

4 EU/Drittländer: Eier

Tabelle 69

Preise für Legehennenfutter in EU-Ländern

100 kg	Währung	2017	2018	2019	2020	2021	2022
Deutschland [1]	Euro	25,91	26,76	26,64	27,56	35,18	46,98
Niederlande [1]	Euro	25,29	26,04	25,80	25,87	30,71	40,79
Polen	PLN	109,27	122,62	123,73	120,97	142,55	192,59
Polen	Euro	25,63	28,75	28,76	27,27	31,11	41,09
Spanien	Euro	24,28	25,50	24,38	26,06	32,86	42,40
Österreich	Euro	30,45	30,44	30,24	29,78	35,16	47,86

1) Frei Farm, lose.
Quelle: MEG nach nationalen Statistiken

Tabelle 70

Internationale Erzeugerpreise für Eier (Käfigware sofern nicht anders vermerkt)
(100 Stück, Basis Gewichtsklasse M)

je 100 Stück	Währung	2017	2018	2019	2020	2021	2022v
Belgien	Euro	7,17	6,25	6,31	5,94	6,25	10,95
Deutschland [1]	Euro	7,12	6,28	6,51	5,82	6,00	10,04
Deutschland [1] - Bodenhaltung	Euro	9,09	8,21	7,31	6,92	6,70	10,95
Frankreich [1]	Euro	7,68	7,39	7,03	6,86	7,19	12,22
Italien	Euro	11,43	10,80	9,84	10,55	10,27	16,41
Niederlande	Euro	6,50	5,31	5,11	4,49	4,93	9,52
Niederlande - Bodenhaltung	Euro	7,19	6,76	6,25	5,95	5,89	9,95
Österreich - Bodenhaltung	Euro	10,08	11,54	11,58	11,04	11,24	15,06
Österreich - Freilandware	Euro	12,34	13,25	13,63	14,07	14,50	18,56
Ver. Königreich	£	4,48	4,35	4,47	4,83	5,33	5,92
Ver. Königreich	Euro	5,10	4,92	5,25	5,39	6,30	6,87
Ver. Königreich - Freilandhaltung	£	6,88	6,82	6,69	7,50	8,17	8,83
Ver. Königreich - Freilandhaltung	Euro	7,84	7,71	7,85	8,40	9,75	10,24
Spanien [1]	Euro	7,48	6,47	5,98	6,02	6,45	11,80
Polen	PLN	35,17	31,94	31,23	31,43	34,93	49,08
Polen	Euro	8,25	7,59	7,26	7,09	7,62	10,45
USA [1]	US-$	8,41	11,47	7,83	9,35	9,88	23,53
USA [1]	Euro	7,44	9,71	6,99	7,85	8,76	22,70
Schweiz - Bodenhaltung	Franken	23,60	23,70	23,80	21,32	20,59	21,13
Schweiz - Bodenhaltung	Euro	20,23	20,52	21,40	19,69	19,72	21,62
Schweiz - Freilandware	Franken	24,20	24,20	24,50	22,58	22,07	22,94
Schweiz - Freilandware	Euro	21,77	20,95	22,02	20,86	21,14	23,26
Schweiz - Bioware	Franken	45,40	45,80	46,70	43,57	43,12	44,19
Schweiz - Bioware	Euro	38,92	39,65	41,71	40,25	41,30	44,81

1) Packstellenabgabepreise.
Quelle: MEG nach nationalen Statistiken

EU/Drittländer: Eier 4

Tabelle 71

EU: Großhandelspreise für Eier (Gewichtsklasse L & M)

Euro / 100 kg	2017	2018	2019	2020	2021	2022
Belgien	131,22	114,06	114,13	108,12	118,19	193,43
Bulgarien	126,41	118,04	110,55	107,63	107,48	166,99
Dänemark [1]	172,07	171,20	171,04	169,94	169,58	.
Deutschland [1]	155,73	138,66	123,36	116,98	113,76	178,85
Estland	115,04	125,25	142,00	137,07	131,98	186,13
Finnland	135,58	151,45	159,71	156,50	149,50	185,40
Frankreich	137,25	138,02	128,06	120,50	125,29	200,50
Griechenland	137,75	144,39	142,20	138,45	141,61	188,63
Irland	136,12	148,23	141,65	150,07	144,17	171,00
Italien	186,51	180,84	167,11	184,55	177,73	233,04
Kroatien	159,96	152,23	139,15	136,59	140,63	202,65
Lettland	122,13	115,34	111,63	118,08	120,68	162,96
Litauen	110,89	104,41	106,39	111,19	106,00	138,64
Malta	167,33	165,13	163,95	161,73	163,97	194,25
Niederlande	129,05	113,13	131,24	128,63	128,35	189,75
Österreich [1]	175,73	196,55	196,06	188,45	193,48	249,92
Polen	149,81	142,76	132,66	131,67	142,46	192,50
Portugal	130,92	127,38	116,50	116,86	122,53	187,77
Rumänien	127,26	110,42	103,48	98,89	106,50	142,26
Schweden [1]	191,30	185,38	182,31	163,72	191,28	207,18
Slowakei	130,45	116,18	110,63	114,32	120,12	163,39
Slowenien	141,07	140,60	138,16	140,15	150,71	168,97
Spanien	115,54	100,81	90,55	91,68	95,38	149,93
Tschechische Republik	130,25	108,40	103,25	105,84	112,79	155,58
Ungarn	159,97	145,01	129,37	126,53	129,49	188,39
Zypern	176,41	165,32	160,20	160,18	160,21	171,69
EU-Schnitt	**143,41**	**135,78**	**129,16**	**128,31**	**130,54**	**186,92**
Vereinigtes Königreich	104,43	102,60	102,37	105,26	.	.

1) Bodenhaltungsware, übrige Länder melden Preise für Käfigware.
Quelle: EU-Kommission

4 EU/Drittländer: Eier

Tabelle 72

Verbraucherpreise für Eier in EU- und Drittländern

100 Stück	Haltung - Gewichtsklasse	Währung	2017	2018	2019	2020	2021	2022v
Deutschland	Bodenhaltung - M	Euro	12,20	13,70	12,70	13,60	15,54	19,42
Deutschland	Freilandhaltung - M	Euro	18,60	19,50	18,80	18,50	21,59	24,21
Deutschland	Biohaltung - M	Euro	31,50	33,00	33,00	33,00	34,13	35,91
Vereinigtes Königreich	Käfighaltung - Ø	£	11,67	10,00	10,00	10,00	.	.
Vereinigtes Königreich	Käfighaltung - Ø	Euro	13,22	11,28	11,74	11,82	.	.
Schweiz	Bodenhaltung - Ø	CHF	42,60	42,80	41,91	42,29	42,08	38,36
Schweiz	Bodenhaltung - Ø	Euro	36,52	37,30	38,13	39,06	40,31	38,90
Schweiz	Freilandhaltung - Ø	CHF	61,40	61,50	59,63	58,52	58,38	58,11
Schweiz	Freilandhaltung - Ø	Euro	52,64	53,25	54,25	53,93	55,92	58,92
Schweiz	Biohaltung - Ø	CHF	80,06	81,30	81,80	82,23	82,41	83,08
Schweiz	Biohaltung - Ø	Euro	68,64	70,39	74,42	75,96	78,94	84,24
USA	Käfighaltung - L	USD	12,23	14,51	11,51	12,55	13,95	25,78
USA	Käfighaltung - L	Euro	10,83	12,74	10,46	10,53	12,37	24,87

Quelle: MEG nach IEC und nationalen Statistiken

Tabelle 73

Struktur der Legehennenbetriebe in den Niederlanden

	2017	2018	2019	2020	2021	2022v
in 1.000 Stück						
Legehennen < 18 Wochen	11.626	11.876	10.916	11.167	10.109	9.224
Legehennen 18 Wochen bis 20 Monate	32.649	31.391	29.989	28.506	30.091	28.911
Legehennen 20 Monate und älter	2.168	4.035	3.415	3.493	2.961	4.105
Legehennen	**46.442**	**47.302**	**44.319**	**43.166**	**43.160**	**42.239**
Elterntiere von Legehennen	**1.509**	**1.380**	**1.574**	**1.674**	**1.796**	**2.047**
Legehennenbetriebe in Stück	**993**	**891**	**867**	**860**	**830**	**830**
Durchschnittliche Hennenzahl pro Betrieb	46.769	53.089	51.118	50.193	52.000	50.891

Zählung jeweils am 1. April.
Quelle: CBS

EU/Drittländer: Eier 4

Tabelle 74

Kükenschlupf der Legerassen in den Niederlanden

1.000 Stück	2016	2017	2018	2019	2020	2021	2022v
Januar	3.822	3.706	4.344	4.020	4.253	3.220	3.118
Februar	3.344	4.118	3.109	2.487	3.626	2.954	2.736
März	3.776	3.152	2.086	3.613	2.491	3.275	3.425
April	4.636	2.832	3.351	2.900	2.369	4.408	4.017
Mai	4.120	3.949	3.577	3.028	3.487	3.256	2.840
Juni	4.550	4.715	4.530	2.541	3.543	4.597	3.578
Juli	3.626	4.777	3.332	3.398	4.199	3.533	3.752
August	3.822	4.175	3.411	3.321	3.660	3.476	3.268
September	4.654	3.587	3.082	3.021	3.313	4.734	2.935
Oktober	3.088	4.460	3.005	5.750	5.075	3.738	4.832
November	3.253	5.039	2.530	3.889	2.966	3.517	3.454
Dezember	3.451	3.520	2.835	3.355	3.097	2.340	4.954
Januar - Dezember	46.142	48.030	39.192	41.323	42.079	43.048	42.908

Quelle: Eurostat

Tabelle 75

Einstallungen von Küken der Legerassen in Frankreich

1.000 Stück	2017	2018	2019	2020	2021	2022v
Januar	4.296	3.515	3.515	4.411	4.494	3.693
Februar	3.249	3.491	3.526	3.590	3.904	3.790
März	4.054	4.325	3.837	4.495	4.610	4.571
April	3.930	3.662	4.460	4.161	4.541	4.413
Mai	4.077	3.676	4.274	4.345	3.777	4.465
Juni	3.965	3.532	3.356	4.397	4.689	4.002
Juli	3.273	3.471	4.322	4.168	3.484	4.518
August	3.639	2.633	3.621	3.479	3.648	4.943
September	4.216	2.929	4.074	3.747	4.103	4.596
Oktober	3.861	3.619	4.846	3.742	4.389	4.006
November	4.205	3.997	3.695	4.043	4.389	3.697
Dezember	2.935	3.672	3.009	4.414	4.510	5.302
Januar - Dezember	45.700	42.522	46.536	48.993	50.538	51.996

Quelle: Ministere de l'Agriculture

4 EU/Drittländer: Eier

Tabelle 76

Schlupf von Legeküken im Vereinigten Königreich

1.000 Stück	2017	2018	2019	2020	2021	2022v
Januar	3.200	3.800	3.870	3.917	3.700	3.000
Februar	2.800	3.100	2.967	3.784	3.100	2.600
März	3.100	3.000	3.304	2.810	3.000	2.700
April	3.400	3.400	3.957	3.713	3.800	3.200
Mai	3.500	3.200	2.692	3.524	3.300	2.500
Juni	2.500	3.600	3.193	3.500	3.600	2.900
Juli	3.800	3.600	3.142	4.400	3.200	3.400
August	2.500	2.900	2.989	2.400	3.100	2.400
September	3.100	3.000	3.214	2.400	2.400	2.300
Oktober	4.400	4.200	3.858	4.500	3.500	3.400
November	3.200	3.200	3.134	2.700	2.900	3.200
Dezember	2.700	3.100	2.350	3.000	2.600	3.600
Januar - Dezember	38.200	40.100	38.669	40.648	38.200	35.200

Quelle: DEFRA, IEC

Tabelle 77

Außenhandel des Vereinigten Königreichs

	2017	2018	2019	2020	2021v	2022v
Exporte, von Schaleneiern, Mio. Stück	104,8	379,4	889,6	218,4	260,4	246,0
Importe, von Schaleneiern, Mio. Stück	588,6	510,8	541,1	436,8	417,6	350,0
Exporte, von Eiprodukten, Mio. Stück Schaleneiäquivalente	42,1	42,1	64,8	99,6	160,8	80,0
Importe, von Eiprodukten, Mio. Stück Schaleneiäquivalente	1.398,2	1.386,0	1.285,2	1.350,0	1.012,8	1.168,0

Quelle: MEG nach Defra

Tabelle 78

Schlupf von Legeküken in Spanien

1.000 Stück	2017	2018	2019	2020	2021	2022v
Januar	2.807	2.863	3.659	3.946	3.274	2.941
Februar	2.796	2.557	3.129	2.972	2.961	2.584
März	2.514	2.780	3.234	3.314	3.457	3.382
April	2.489	2.407	2.893	3.345	3.949	2.722
Mai	2.579	3.100	3.336	3.072	3.696	3.830
Juni	3.164	2.927	2.680	3.421	2.794	3.469
Juli	3.185	2.884	2.927	3.027	3.527	2.683
August	3.033	2.872	3.169	2.652	2.064	2.839
September	2.405	2.190	2.996	2.431	3.032	3.812
Oktober	2.609	3.446	3.447	3.177	3.402	3.873
November	3.042	3.716	3.750	4.012	3.587	3.661
Dezember	2.525	2.654	2.700	3.201	3.195	2.678
Januar - Dezember	**33.148**	**34.396**	**37.921**	**38.570**	**38.937**	**38.474**

Quelle: EU-Kommission, IEC

Tabelle 79

Außenhandel Polens mit Schaleneiern insgesamt

Tonnen	2017	2018	2019	2020	2021	2022v
Importe Gesamt	**16.398**	**13.201**	**10.701**	**12.192**	**29.026**	**19.822**
davon aus:						
Deutschland	5.222	4.445	2.869	3.160	6.959	4.253
Niederlande	3.397	1.316	1.298	.	4.018	1.979
Tschechische Republik	955	2.231	1.148	1.594	1.719	1.383
Frankreich	644	339	308	738	2.007	245
Litauen	2.610	3.031	3.469	3.625	5.694	3.521
Lettland	.	.	.	814	3.134	2.611
Dänemark	623	.	.	607	651	287
Exporte Gesamt	**267.377**	**206.232**	**222.430**	**199.608**	**149.589**	**228.171**
davon nach:						
Deutschland	96.703	52.770	56.841	39.912	32.931	44.120
Niederlande	73.040	56.323	63.218	54.009	31.477	57.616
Italien	16.322	14.841	6.412	12.800	4.703	12.625
Tschechische Republik	10.461	12.743	14.376	13.932	10.849	13.176
Ungarn	12.326	8.455	13.961	18.670	11.992	14.975
Rumänien	13.123	6.018	8.107	6.657	6.405	10.248
Litauen	5.917	5.607	9.645	2.853	2.002	3.104
Frankreich	9.129	8.455	8.150	7.692	4.903	24.756
Belgien	7.054	9.325	10.610	9.722	5.629	4.715
Slowakei	922	983	1.092	2.186	2.669	2.336

Quelle: Minrol

4 EU/Drittländer: Eier

Tabelle 80

Kennziffern zum polnischen Eiermarkt

		2017	2018	2019	2020	2021	2022v
Gesamteiererzeugung	1.000 Tonnen	612	624	648	652	607	572
davon Konsumeiererzeugung		525	535	555	548	501	457
Pro-Kopf-Verbrauch	kg/Kopf	8,3	9,2	8,9	8,9	9,1	.
Selbstversorgungsgrad	%	179	215	230	223	206	.
Außenhandel mit Schaleneiern zum Konsum							
Import	Tonnen	12.924	9.452	7.672	8.546	20.420	12.975
Export	Tonnen	250.112	194.280	211.779	191.642	141.665	220.727
Import von Eiprodukten [1]							
Flüssig, gefroren	Tonnen	7.040	9.560	10.207	10.791	9.505	12.592
Getrocknet	Tonnen	1.102	1.647	1.629	1.765	1.172	1.977
Export von Eiprodukten [1]							
Flüssig, gefroren	Tonnen	42.867	35.703	44.128	57.064	50.803	43.656
Getrocknet	Tonnen	6.742	7.343	10.159	7.437	9.375	10.461

1) Produktgewicht.
Quellen: EU-Kommission; Eurostat; IEC; MEG-Berechnung

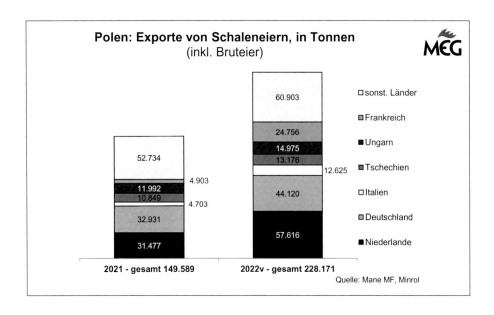

Polen: Exporte von Schaleneiern, in Tonnen (inkl. Bruteier)

Quelle: Mane MF, Minrol

Kapitel 5 – Tabellenteil

Deutschland

Geflügel

5 Deutschland: Geflügel

Tabelle 81

Versorgungsbilanz Fleisch in Deutschland

1.000 Tonnen SG	2017	2018	2019	2020	2021	2022v
Fleisch gesamt [1]						
Bruttoeigenerzeugung	8.597	8.551	8.352	8.291	8.202	7.557
Einfuhr, lebend	841	754	766	658	528	487
Ausfuhr, lebend	571	538	509	455	431	431
Nettoerzeugung	8.866	8.767	8.609	8.493	8.299	7.613
Einfuhr gesamt	2.786	2.831	2.781	2.605	2.520	2.656
Ausfuhr gesamt	4.370	4.131	4.291	4.104	3.882	3.754
Verbrauch	7.282	7.467	7.099	6.994	6.937	6.515
Verbrauch je Kopf, kg	88,1	90,1	85,5	84,2	83,5	77,5
Selbstversorgungsgrad, %	118,1	114,5	117,6	118,5	118,2	116,0
Rind- und Kalbfleisch						
Bruttoeigenerzeugung	1.176	1.161	1.160	1.130	1.109	1.008
Einfuhr, lebend	22	18	12	13	16	16
Ausfuhr, lebend	61	56	55	50	44	32
Nettoerzeugung	1.137	1.123	1.117	1.094	1.080	992
Einfuhr gesamt	500	496	498	488	480	463
Ausfuhr gesamt	436	422	424	373	398	391
Verbrauch	1.202	1.197	1.202	1.209	1.162	1.064
Verbrauch je Kopf, kg	14,6	14,4	14,3	14,6	14,0	12,7
Selbstversorgungsgrad, %	97,9	97,0	97,4	93,5	95,5	94,8
Schweinefleisch						
Bruttoeigenerzeugung	4.977	4.927	4.753	4.740	4.725	4.248
Einfuhr, lebend	603	518	545	442	323	301
Ausfuhr, lebend	74	75	64	65	77	64
Nettoerzeugung	5.506	5.370	5.234	5.117	4.871	4.486
Einfuhr gesamt	1.111	1.129	1.083	977	929	895
Ausfuhr gesamt	2.482	2.394	2.425	2.367	2.236	2.002
Verbrauch	4.135	4.106	3.892	3.727	3.664	3.378
Verbrauch je Kopf, kg	50,0	49,5	46,8	44,8	44,1	40,2
Selbstversorgungsgrad, %	120,4	120,0	122,2	127,2	129,0	125,8
Schaf- und Ziegenfleisch						
Bruttoeigenerzeugung	30	31	32	33	42	30
Einfuhr, lebend	2	3	3	3	4	4
Ausfuhr, lebend	0	0	0	0	0	0
Nettoerzeugung	32	34	34	35	46	33
Einfuhr gesamt	53	56	53	57	40	44
Ausfuhr gesamt	9	8	8	6	7	6
Verbrauch	76	83	79	86	80	71
Verbrauch je Kopf, kg	0,9	1,0	1,0	1,0	1,0	0,8
Selbstversorgungsgrad, %	39,3	37,9	40,6	37,9	52,9	41,7

1) Einschließlich Innereien, Geflügelfleisch und sonstigem Fleisch. Der menschliche Verzehr lag nach Schätzungen des Bundesmarktverbandes für Vieh u. Fleisch 2022 bei 52,0 kg (Vorjahr: 56,2 kg).
Quelle: AMI nach BLE

Deutschland: Geflügel 5

Tabelle 82

Versorgungsbilanz Geflügelfleisch in Deutschland

1.000 Tonnen SG	2017	2018	2019	2020	2021	2022v
Geflügelfleisch						
Bruttoeigenerzeugung	1.801,6	1.817,9	1.823,7	1.806,6	1.753,5	1.751,6
Einfuhr, lebend	156,9	179,9	159,0	157,8	153,6	137,1
Ausfuhr, lebend	421,0	404,1	375,8	327,7	296,3	324,2
Nettoerzeugung	1.537,5	1.593,7	1.606,9	1.636,6	1.610,8	1.564,5
Einfuhr, Fleisch	941,2	1.017,0	975,5	918,6	924,7	1.106,7
Ausfuhr, Fleisch	755,5	772,8	757,7	700,1	700,0	872,3
Verbrauch	1.723,2	1.837,9	1.824,7	1.855,1	1.835,5	1.798,9
Verbrauch je Kopf, kg	20,8	22,2	22,0	22,3	22,1	21,4
Selbstversorgungsgrad, %	104,5	98,9	99,9	97,4	95,5	97,4
Hühner insgesamt						
Bruttoeigenerzeugung	1.369,5	1.411,9	1.392,1	1.380,8	1.362,1	1.387,3
Einfuhr lebend	71,7	64,7	70,1	64,7	67,0	60,1
Ausfuhr lebend	417,9	400,0	373,2	324,7	293,5	322,2
Nettoerzeugung	1.023,3	1.076,6	1.089,1	1.120,8	1.135,5	1.125,2
Einfuhr Fleisch	706,1	750,0	745,7	706,9	718,1	903,3
Ausfuhr Fleisch	572,8	588,6	584,5	537,8	530,4	713,3
Verbrauch	1.156,6	1.238,0	1.250,3	1.289,9	1.323,2	1.315,1
Verbrauch je Kopf, kg	14,0	14,9	15,1	15,5	15,9	15,6
Selbstversorgungsgrad, %	118,4	114,0	111,3	107,0	102,9	105,5
- Jungmasthühner [1]						
Nettoerzeugung	975,0	1.025,3	1.040,7	1.071,0	1.085,7	1.079,4
Verbrauch	1.102,3	1.181,7	1.196,5	1.236,9	1.269,4	1.260,6
Verbrauch je Kopf, kg	13,3	14,3	14,4	14,9	15,3	15,0
- Hühner und Althähne [1]						
Nettoerzeugung	48,3	51,4	48,4	49,8	49,8	45,7
Verbrauch	54,3	56,4	53,8	53,0	53,8	54,5
Verbrauch je Kopf, kg	0,7	0,7	0,6	0,6	0,6	0,6

Fortsetzung mit Tabelle 82b

Deutschland: Geflügel

Tabelle 82b (Fortsetzung)

Versorgungsbilanz Geflügelfleisch in Deutschland

1.000 Tonnen SG	2017	2018	2019	2020	2021	2022v
Enten						
Bruttoeigenerzeugung	40,5	41,4	38,9	30,7	26,3	25,7
Einfuhr lebend	0,2	0,2	0,2	0,2	0,2	0,1
Ausfuhr lebend	0,7	0,6	0,6	0,3	0,8	0,2
Nettoerzeugung	40,0	41,0	38,6	30,5	25,8	25,7
Einfuhr Fleisch	43,6	52,0	46,5	39,0	45,0	38,3
Ausfuhr Fleisch	16,3	13,1	13,8	10,2	8,5	8,4
Verbrauch	67,3	79,9	71,3	59,3	62,3	55,6
Verbrauch je Kopf, kg	0,8	1,0	0,9	0,7	0,7	0,7
Selbstversorgungsgrad, %	60,2	51,8	54,6	51,7	42,3	46,3
Gänse						
Bruttoeigenerzeugung	4,8	5,0	4,8	4,8	4,4	4,1
Einfuhr lebend	0,0	0,0	0,0	0,0	0,0	0,0
Ausfuhr lebend	0,0	0,0	0,0	0,0	0,0	0,0
Nettoerzeugung	4,8	5,0	4,8	4,8	4,5	4,1
Einfuhr Fleisch	25,5	26,0	20,0	23,6	23,7	21,0
Ausfuhr Fleisch	3,5	4,0	0,8	3,2	3,8	3,0
Verbrauch	26,9	27,0	24,0	25,3	24,4	22,0
Verbrauch je Kopf, kg	0,3	0,3	0,3	0,3	0,3	0,3
Selbstversorgungsgrad, %	17,9	18,5	19,9	19,1	18,1	18,5
Puten und sonstiges Geflügel						
Bruttoeigenerzeugung	386,8	359,6	387,9	390,3	360,7	334,5
Einfuhr lebend	84,9	115,0	88,6	92,9	86,4	76,9
Ausfuhr lebend	2,3	3,5	2,1	2,8	2,1	1,8
Nettoerzeugung	469,4	471,1	474,4	480,5	445,1	409,6
Einfuhr Fleisch	166,0	188,9	163,2	149,1	137,9	144,2
Ausfuhr Fleisch	163,0	167,1	158,5	148,8	157,4	147,6
Verbrauch	472,5	492,9	479,1	480,7	425,6	406,1
Verbrauch je Kopf, kg	5,7	5,9	5,8	5,3	5,1	4,8
Selbstversorgungsgrad, %	81,9	72,9	81,0	82,4	84,8	82,4

1) Verbrauch ist MEG-Schätzung, da BLE diesen nicht ausweist.

Deutschland: Geflügel 5

Tabelle 83

Mastgeflügelbestände in den Bundesländern

1.000 Stück	2005	2007	2010	2013	2016	2020
Masthühner [1)]						
Schleswig-Holstein	1.110	1.543	1.679	1.541	2.247	2.224
Niedersachsen	30.414	31.586	36.505	64.358	61.352	55.487
Nordrhein-Westfalen	2.985	2.919	4.483	5.186	5.321	5.372
Hessen	69	90	545	.	1.211	.
Rheinland-Pfalz	36	32	25	36	37	.
Baden-Württemberg	1.000	965	1.017	950	1.085	1.368
Bayern	4.367	4.719	5.218	5.658	5.394	6.913
Saarland	1	3	6	.	.	.
Brandenburg	2.957	3.252	3.685	.	4.544	4.973
Mecklenburg-Vorpommern	4.869	5.027	6.076	4.552	5.078	4.235
Sachsen	3.233	4.410	.	.	574	770
Sachsen-Anhalt	4.412	4.080	3.105	2.903	6.571	9.717
Thüringen	1.310	594	494	273	372	352
Deutschland insgesamt	56.763	59.221	67.531	97.146	93.791	92.461
Puten						
Schleswig-Holstein	58	63	70	57	58	46
Niedersachsen	5.113	5.306	4.872	6.424	5.251	4.967
Nordrhein-Westfalen	1.256	1.356	1.558	1.537	1.554	1.470
Hessen	132	154	118	106	96	115
Rheinland-Pfalz	23	21	20	.	.	.
Baden-Württemberg	933	858	928	1.002	1.076	1.096
Bayern	660	761	810	812	809	881
Saarland	0	1	1	0	0	0
Brandenburg	866	900	1.054	1.383	1.235	1.201
Mecklenburg-Vorpommern	485	401	379	590	841	451
Sachsen	224	242	195	196	207	218
Sachsen-Anhalt	705	679	1.156	963	1.048	940
Thüringen	158	150	183	163	161	172
Deutschland insgesamt	10.611	10.892	11.344	13.256	12.360	11.579

Fortsetzung mit Tabelle 83b

5 Deutschland: Geflügel

Tabelle 83b (Fortsetzung)

Mastgeflügelbestände in den Bundesländern

1.000 Stück	2005	2007	2010	2013	2016	2020
Enten						
Schleswig-Holstein	9	7	15	3	14	3
Niedersachsen	839	919	1.009	1.206	1.088	906
Nordrhein-Westfalen	169	125	122	206	167	102
Hessen	11	9	7	.	5	5
Rheinland-Pfalz	2	2	0	.	.	.
Baden-Württemberg	26	36	62	38	38	40
Bayern	92	253	204	152	177	241
Saarland	0	0	0	0	0	0
Brandenburg	910	933	1.453	808	473	487
Mecklenburg-Vorpommern	88	62	47	44	14	23
Sachsen	14	46	15	45	77	18
Sachsen-Anhalt	184	213	217	244	175	294
Thüringen	9	12	12	5	6	7
Deutschland insgesamt	**2.352**	**2.618**	**3.164**	**2.760**	**2.236**	**2.127**
Gänse						
Schleswig-Holstein	24	28	41	.	25	9
Niedersachsen	91	89	86	294	127	104
Nordrhein-Westfalen	93	94	56	.	60	76
Hessen	15	15	13	13	10	14
Rheinland-Pfalz	7	3	2	.	3	2
Baden-Württemberg	24	18	19	20	18	25
Bayern	9	11	15	.	20	17
Saarland	1	0	0	0	0	0
Brandenburg	6	9	3	2	10	33
Mecklenburg-Vorpommern	7	6	8	14	4	7
Sachsen	39	35	20	26	26	25
Sachsen-Anhalt	6	10	11	2	21	5
Thüringen	9	8	3	7	5	6
Deutschland insgesamt	**330**	**327**	**278**	**544**	**329**	**324**

1) Einschließlich sonstige Hähne. Erhebungszeitpunkt seit 2010 März, vorher Mai.
Vergleich der Erhebungen untereinander wegen veränderter Erfassungsuntergrenzen nur bedingt sinnvoll.
Seit 2016 Erfassungsuntergrenze 1.000 Geflügelplätze, vorher Tiere.
Quelle: Destatis

Tabelle 84

Mastgeflügelhalter in den Bundesländern

in 1.000	2005	2007	2010	2013	2016	2020
Masthühner [1]						
Schleswig-Holstein	0,6	0,563	0,278	0,2	0,137	0,147
Niedersachsen	2,1	1,845	1,040	1,1	1,046	1,079
Nordrhein-Westfalen	1,5	1,145	0,517	0,4	0,372	0,428
Hessen	1,0	0,811	0,324	0,2	0,220	0,232
Rheinland-Pfalz	0,6	0,527	0,205	.	0,091	.
Baden-Württemberg	1,2	0,599	0,362	0,3	0,260	0,351
Bayern	0,5	0,866	1,121	1,9	0,870	1,066
Saarland	0,1	0,073	0,030	0,0	0,015	0,021
Brandenburg	0,5	0,468	0,208	.	0,084	0,092
Mecklenburg-Vorpommern	0,3	0,301	0,151	0,1	0,100	0,109
Sachsen	0,7	0,749	0,092	0,1	0,051	0,094
Sachsen-Anhalt	0,1	0,185	0,085	0,1	0,046	0,046
Thüringen	0,7	0,517	0,104	0,0	0,034	0,055
Deutschland insgesamt	**9,8**	**8,680**	**4,532**	**4,5**	**3,330**	**3,828**
Puten						
Schleswig-Holstein	0,1	0,065	0,064	.	0,059	0,048
Niedersachsen	0,6	0,483	0,389	0,5	0,398	0,388
Nordrhein-Westfalen	0,4	0,277	0,233	0,2	0,216	0,235
Hessen	0,2	0,190	0,155	.	0,124	0,114
Rheinland-Pfalz	0,1	0,071	0,054	.	.	.
Baden-Württemberg	0,5	0,410	0,298	0,2	0,283	0,277
Bayern	0,3	0,435	0,441	.	0,456	0,509
Saarland	0,0	0,018	0,008	0,0	0,004	0,008
Brandenburg	0,1	0,081	0,078	0,1	0,064	0,065
Mecklenburg-Vorpommern	0,1	0,059	0,061	0,1	0,056	0,065
Sachsen	0,1	0,089	0,056	0,1	0,057	0,066
Sachsen-Anhalt	0,1	0,057	0,049	0,1	0,049	0,047
Thüringen	0,0	0,049	0,033	0,0	0,033	0,038
Deutschland insgesamt	**2,5**	**2,289**	**1,925**	**1,9**	**1,848**	**1,907**

Fortsetzung mit Tabelle 84b

Tabelle 84b (Fortsetzung)

Mastgeflügelhalter in den Bundesländern

in 1.000	2005	2007	2010	2013	2016	2020
Enten						
Schleswig-Holstein	0,7	0,531	0,411	0,3	0,277	0,282
Niedersachsen	1,4	1,060	0,761	0,8	0,619	0,635
Nordrhein-Westfalen	1,1	0,918	0,535	0,5	0,422	0,464
Hessen	0,8	0,548	0,365	0,4	0,331	0,300
Rheinland-Pfalz	0,3	0,225	0,160	.	.	.
Baden-Württemberg	1,1	0,546	0,576	0,5	0,436	0,492
Bayern	0,9	2,196	2,027	1,8	1,801	1,602
Saarland	0,1	0,061	0,044	0,0	0,022	0,022
Brandenburg	0,5	0,479	0,331	0,3	0,222	0,222
Mecklenburg-Vorpommern	0,3	0,286	0,148	0,1	0,129	0,124
Sachsen	0,5	0,659	0,404	0,3	0,354	0,359
Sachsen-Anhalt	0,3	0,249	0,169	0,2	0,140	0,135
Thüringen	0,4	0,408	0,232	0,2	0,181	0,196
Deutschland insgesamt	**8,4**	**8,166**	**6,176**	**5,7**	**5,117**	**4,955**
Gänse						
Schleswig-Holstein	0,5	0,363	0,326	0,2	0,229	0,238
Niedersachsen	1,2	0,846	0,608	0,7	0,561	0,577
Nordrhein-Westfalen	1,6	1,249	0,784	0,8	0,682	0,705
Hessen	0,6	0,487	0,340	0,3	0,336	0,322
Rheinland-Pfalz	0,3	0,301	0,222	0,2	0,144	0,139
Baden-Württemberg	0,8	0,561	0,612	0,6	0,541	0,561
Bayern	0,4	0,971	1,047	1,1	1,154	1,167
Saarland	0,1	0,062	0,045	0,0	0,023	0,024
Brandenburg	0,2	0,217	0,121	.	0,134	0,145
Mecklenburg-Vorpommern	0,2	0,153	0,107	0,1	0,085	0,095
Sachsen	0,2	0,300	0,203	0,2	0,243	0,285
Sachsen-Anhalt	0,1	0,116	0,079	0,1	0,076	0,090
Thüringen	0,2	0,209	0,137	0,1	0,133	0,141
Deutschland insgesamt	**6,5**	**5,835**	**4,650**	**4,6**	**4,353**	**4,507**

1) Einschließlich sonstige Hähne. Erhebungszeitpunkt seit 2010 März, vorher Mai.
Vergleich der Erhebungen untereinander wegen veränderter Erfassungsuntergrenzen nur bedingt sinnvoll.
Seit 2016 Erfassungsuntergrenze 1.000 Geflügelplätze, vorher Tiere.
Quelle: Destatis

Tabelle 85

Geflügelschlachtungen meldepflichtiger Betriebe in Deutschland

Tonnen SG	2017	2018	2019	2020	2021	2022v
Januar	126.938,6	137.491,8	139.404,6	138.947,7	128.723,0	128.580,7
Februar	113.400,4	122.586,5	120.176,4	122.968,1	120.368,9	117.098,3
März	133.070,4	137.581,6	129.062,8	136.484,7	140.684,5	137.865,5
April	116.343,9	131.911,3	133.952,4	135.936,9	126.187,7	124.571,3
Mai	131.050,4	132.442,2	137.627,4	133.125,5	123.838,8	131.326,9
Juni	125.685,7	130.023,2	126.579,2	134.342,0	133.565,3	132.239,3
Juli	121.952,0	129.966,2	137.556,9	135.779,3	132.587,5	127.428,0
August	128.633,8	131.567,4	131.653,1	125.663,0	133.203,8	131.780,3
September	126.182,1	123.407,2	130.266,9	134.329,3	136.930,1	128.926,4
Oktober	124.610,7	133.413,0	136.774,6	138.274,6	133.024,7	117.599,4
November	133.145,4	136.121,0	132.224,1	138.248,1	137.071,1	133.076,5
Dezember	133.190,0	124.257,4	128.482,3	139.537,7	141.437,3	131.252,2
Januar - Dezember	1.514.203,5	1.570.768,8	1.583.760,6	1.613.637,1	1.587.622,9	1.541.744,6
davon: [1)						
Nordrhein-Westfalen	55.338	56.228	56.862	56.258	57.249	56.757
Niedersachsen	856.807	928.847	927.100	968.747	955.593	913.393
Schleswig-Holstein	1.385	1.624	1.692	1.636	1.681	1.525
Rheinland-Pfalz	123	122	123	139	153	141
Baden-Württemberg	5.298	6.489	5.989	6.106	5.453	4.240
Bayern	186.781	183.755	198.343	190.980	185.519	182.773
Brandenburg	.	.	.	.	.	.
Deutschland insgesamt	1.514.203,5	1.570.768,8	1.583.760,6	1.613.637,1	1.587.622,9	1.541.744,6
davon frisch	1.278.572,4	1.327.007,3	1.345.850,0	1.376.177,7	1.371.260,6	1.328.159,5
davon:						
Hähnchen	970.643,3	1.020.885,2	1.036.201,3	1.066.528,1	1.081.009,0	1.074.533,7
Suppenhennen	38.922,1	42.366,0	39.395,4	40.781,8	40.719,7	36.731,4
Puten	465.597,8	467.207,8	470.583,6	476.776,6	441.374,3	405.954,0
Enten	35.997,6	37.057,6	34.602,0	26.508,1	21.871,4	22.065,6
Gänse	2.919,9	3.127,5	2.866,3	2.922,9	2.557,0	2.379,7
Strauße	115,7	120,1	108,8	115,6	89,2	78,9
Perlhühner	6,0	3,9	2,5	2,9	1,4	0,5
Fasane	.	0,2	0,1	.	.	.
Tauben	0,8	0,6	0,6	0,9	.	.
Wachteln	.	0,0	0,0	.	.	0,1

1) Länderergebnisse wegen Datenschutz nur noch begrenzt verfügbar.
Quelle: Destatis

5 Deutschland: Geflügel

Tabelle 86

Gesamteinfuhren von Geflügelfleisch

Tonnen	2017	2018	2019	2020	2021	2022v
Hähnchen/Hühner [1]	80.939	87.915	90.437	82.824	87.629	85.684
davon						
brat-,spießfertig	13.918	14.334	15.504	14.869	14.602	12.859
grillfertig	49.333	53.640	54.851	52.474	54.954	50.052
Hälften/Viertel	17.688	19.942	20.082	15.481	18.072	22.774
Puten [1]	3.390	3.901	3.045	3.791	2.735	3.681
davon						
bratfertig	1.094	1.707	1.474	1.355	1.364	1.704
grillfertig	2.296	2.191	1.571	2.436	1.371	1.977
Enten [1]	25.237	26.313	23.425	18.495	23.143	20.187
davon						
bratfertig	7.245	6.308	4.710	4.295	6.220	6.115
grillfertig	17.992	20.005	18.620	14.200	16.923	14.073
Gänse [1]	11.157	10.264	9.022	7.633	8.458	6.426
Perlhühner [1]	283	340	281	256	299	187
Hühnerteile [2]	325.801	347.776	351.189	332.641	330.679	329.635
davon						
Schenkel	111.589	109.604	112.899	97.547	104.028	97.884
Brust	44.634	38.150	37.560	37.264	30.977	27.793
entbeintes Fleisch	169.577	200.022	200.730	197.830	195.675	203.957
Putenteile [2]	99.848	103.722	99.277	93.937	83.307	74.421
davon						
Oberschenkel	14.479	15.136	12.067	9.885	7.187	6.383
Unterschenkel	11.695	14.256	11.750	13.577	11.102	9.900
Brust	11.104	11.827	12.255	7.729	6.255	8.037
entbeintes Fleisch	62.570	62.503	63.205	62.746	58.764	50.102
Ententeile [2]	11.234	12.959	12.304	10.880	10.796	6.965
Gänseteile [2]	9.491	11.336	9.298	9.443	8.512	6.691
davon						
Schenkel	4.773	6.473	5.474	5.285	4.379	3.375
Brust	4.240	4.300	3.484	3.604	3.664	2.916
entbeintes Fleisch	479	563	340	554	469	400
Sonstiges						
Rücken	25.610	21.482	26.409	21.678	29.367	26.536
Flügel	33.966	32.264	31.087	37.334	37.829	35.163
Nebenerzeugnisse	35.661	36.260	39.649	41.211	50.374	38.282
Sonstige Teile	25.825	21.848	20.158	15.588	15.025	11.523
Geflügellebern	5.225	4.573	4.091	3.283	5.908	6.741
Geflügelfleischzubereitungen	173.670	174.747	151.505	130.049	132.198	141.338
Lebendgeflügel in t Fleischwert	158.899	166.798	157.872	156.380	152.441	133.348
davon Hähnchen und Hühner	72.727	67.273	67.986	62.216	64.878	57.052
davon Puten	85.989	99.330	89.725	94.038	87.442	76.276
Einfuhren insgesamt [3]	1.026.237	1.062.498	1.029.049	965.416	976.087	976.087
Sonstiges gesalzenes Fleisch [4]	38.643	27.561	29.906	30.659	35.019	38.857

1) Ganze Tiere einschließlich Hälften und Viertel. - 2) Brüste, Schenkel, entbeinte Teile (inkl. Separatorenfleisch).
3) Produktgewicht. 4) Tarifposition 02109939, fast ausschließlich Geflügel.
Quelle: Destatis

Deutschland: Geflügel

Tabelle 87

Monatliche Einfuhren von Geflügelfleisch

Tonnen	2017	2018	2019	2020	2021	2022v
Januar	51.056	58.905	60.633	62.464	56.959	47.498
Februar	54.614	54.139	55.697	64.359	44.510	53.269
März	50.846	58.333	64.710	56.219	61.491	61.014
April	60.326	59.695	55.130	49.462	45.052	61.513
Mai	58.719	60.023	58.376	55.620	58.904	48.977
Juni	53.961	54.963	62.784	49.090	54.930	56.861
Juli	57.758	60.683	54.038	56.787	62.966	49.542
August	51.633	56.894	59.488	53.784	51.659	54.327
September	59.849	63.297	61.610	55.108	58.007	57.377
Oktober	66.979	69.914	65.148	57.117	67.818	56.281
November	65.732	66.189	64.726	64.167	67.937	55.755
Dezember	62.101	58.359	58.255	55.308	64.608	50.569
Januar - Dezember	693.574	721.394	720.592	679.485	694.840	652.984
- davon frisch	475.121	491.461	499.369	471.752	468.871	435.222

Ohne Zubereitungen und gesalzenes Fleisch.
Quelle: Destatis

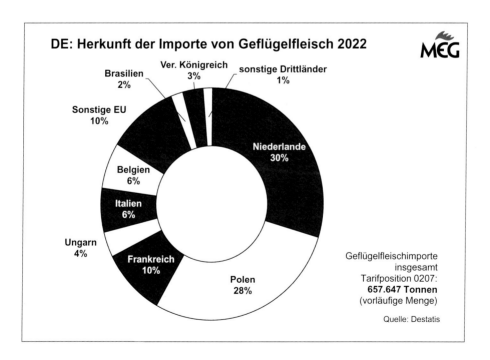

DE: Herkunft der Importe von Geflügelfleisch 2022

Brasilien 2%
Ver. Königreich 3%
sonstige Drittländer 1%
Sonstige EU 10%
Niederlande 30%
Belgien 6%
Italien 6%
Ungarn 4%
Frankreich 10%
Polen 28%

Geflügelfleischimporte insgesamt
Tarifposition 0207:
657.647 Tonnen
(vorläufige Menge)

Quelle: Destatis

MEG-Marktbilanz Eier und Geflügel 2023

5 Deutschland: Geflügel

Tabelle 88

Herkunft der Geflügelfleischeinfuhren

Tonnen	2017	2018	2019	2020	2021	2022v
Geflügelfleisch insgesamt [1]	693.574	721.394	720.592	679.485	694.840	657.647
davon aus:						
Belgien	40.079	41.204	44.241	40.530	44.388	44.623
Dänemark	5.626	3.565	3.617	5.659	6.489	7.119
Frankreich	49.323	55.598	55.213	47.778	65.837	56.001
Irland	340	739	588	1.196	864	1.018
Italien	38.198	35.404	36.638	37.856	42.605	30.871
Niederlande	256.295	233.306	229.262	210.297	205.824	180.804
Tschechische Republik	3.578	3.691	3.673	3.387	4.452	2.643
Ungarn	21.506	24.278	20.185	16.858	24.531	17.768
Polen	146.094	179.968	185.477	210.372	197.724	215.909
Rumänien	1.198	1.641	1.164	444	398	564
Spanien	4.630	5.719	7.333	5.997	8.487	5.618
EU 27	618.228	637.210	638.077	627.817	652.617	611.481
Vereinigtes Königreich	32.313	30.885	34.436	24.930	20.550	17.879
EU 28	650.541	668.095	672.513	.	.	.
Israel	11	.	.	.	.	.
Argentinien	165	38	45	84	130	105
Brasilien	20.813	25.730	22.232	11.668	12.249	18.295
Chile	3.676	7.274	7.408	6.874	61	.
Thailand	4.989	4.065	7.456	3.020	4.928	3.832
Drittländer [3]	43.033	53.299	48.079	51.668	42.223	46.166
Gesalzenes Fleisch [2]	38.643	27.561	29.906	30.659	35.019	38.969
davon aus:						
Brasilien	19.088	6.458	12.260	16.641	19.884	24.823
Niederlande	2.561	1.187	1.953	2.799	4.218	4.366
Chile	815	68	.	.	.	.
Thailand	15.753	19.177	14.946	10.240	9.966	8.768
Geflügelfleischzubereitungen	173.670	174.747	151.505	130.049	132.198	144.821
davon aus:						
Brasilien	49.030	25.683	16.281	11.915	12.818	13.831
Thailand	19.903	17.536	17.398	16.248	13.412	14.968

Fortsetzung mit Tabelle 88b

Tabelle 88b (Fortsetzung)

Herkunft der Geflügelfleischeinfuhren

1.000 Euro	2017	2018	2019	2020	2021	2022v
Geflügelfleisch insgesamt [1]	1.543.857	1.723.713	1.660.010	1.445.798	1.569.226	2.039.433
davon aus:						
Belgien	53.479	58.566	62.582	52.405	66.906	86.346
Dänemark	12.971	8.496	6.643	8.333	10.153	18.752
Frankreich	153.092	170.869	164.678	153.577	177.059	163.345
Irland	873	2.092	774	2.071	1.798	2.647
Italien	116.716	114.877	118.904	122.417	144.326	127.751
Niederlande	446.380	431.644	415.178	367.998	379.099	470.625
Tschechische Republik	5.578	5.880	6.285	5.797	8.290	7.681
Ungarn	72.224	82.314	64.136	45.480	71.705	85.979
Polen	383.828	494.854	488.539	451.387	472.183	753.384
Rumänien	3.644	5.542	3.465	1.215	1.140	2.691
EU 27	1.412.401	1.547.855	1.509.636	1.363.343	1.506.445	1.929.252
Vereinigtes Königreich	21.437	22.180	20.089	11.265	8.925	9.125
EU 28	1.433.838	1.570.035	1.529.725	.	.	.
Israel	40	.	.	.	.	.
Argentinien	441	150	136	265	416	513
Brasilien	52.519	74.527	56.639	26.177	27.990	63.190
Chile	11.128	23.113	26.061	25.155	202	.
Thailand	12.809	12.223	21.488	8.066	13.060	15.263
Drittländer [3]	110.019	153.678	130.285	82.455	62.781	110.181
Gesalzenes Fleisch [2]	93.568	84.604	76.987	63.715	70.430	123.611
davon aus:						
Brasilien	44.934	20.849	32.030	31.687	35.239	72.379
Niederlande	7.454	4.057	5.114	6.301	10.646	17.217
Chile	1.936	203	.	.	.	.
Thailand	37.632	56.934	37.402	22.890	21.781	29.298
Geflügelfleischzubereitungen	545.611	591.823	536.610	450.460	471.864	645.783
davon aus:						
Brasilien	106.632	71.906	54.335	38.817	40.903	57.977
Thailand	77.247	66.353	68.524	63.273	51.381	70.219

1) Ohne Zubereitungen und gesalzenes Fleisch.
2) Tarifposition 0210 99 39, fast ausschließlich Geflügelfleisch.
3) jeweiliger Gebietsstand
Quelle: Destatis

5 Deutschland: Geflügel

Tabelle 89

Monatliche Ausfuhren von Geflügelfleisch

Tonnen	2017	2018	2019	2020	2021	2022v
Januar	38.161	34.066	41.890	28.544	30.351	32.734
Februar	42.097	36.822	36.213	46.458	42.173	40.561
März	33.255	39.196	45.167	37.240	37.926	27.604
April	39.794	41.007	29.910	27.239	26.026	56.313
Mai	38.216	39.595	40.056	35.160	38.412	40.169
Juni	40.024	26.025	38.130	26.985	38.717	43.468
Juli	38.217	50.401	42.517	31.029	37.060	35.797
August	40.728	35.577	39.413	40.031	31.709	45.743
September	46.517	35.516	38.212	39.280	33.400	40.237
Oktober	41.271	41.755	41.744	36.072	34.796	44.967
November	41.367	38.030	38.381	34.445	39.124	41.099
Dezember	43.558	33.134	43.257	32.492	37.020	32.757
Januar - Dezember	483.206	451.125	474.889	414.973	426.714	481.449
- davon frisch	282.382	244.030	259.636	242.715	265.266	271.057

Ohne Zubereitungen und gesalzenes Fleisch.
Quelle: Destatis

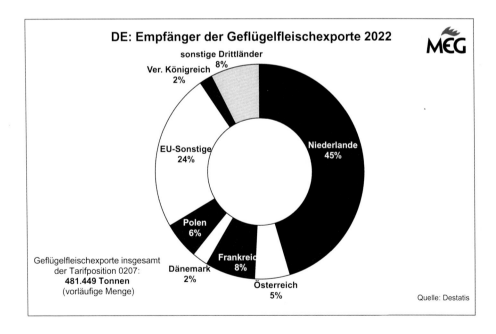

DE: Empfänger der Geflügelfleischexporte 2022

- sonstige Drittländer 8%
- Ver. Königreich 2%
- EU-Sonstige 24%
- Niederlande 45%
- Polen 6%
- Dänemark 2%
- Frankreich 8%
- Österreich 5%

Geflügelfleischexporte insgesamt der Tarifposition 0207: 481.449 Tonnen (vorläufige Menge)

Quelle: Destatis

Tabelle 90

Ausfuhren von Geflügelfleisch nach Arten und Bestimmungsländern

Tonnen	2017	2018	2019	2020	2021	2022v
Hähnchen/Hühner [1]	39.533	37.181	41.782	33.516	29.485	25.915
Enten [1]	11.398	8.211	7.649	5.686	3.152	4.337
Puten [1]	124	123	148	547	65	3.619
Hühnerteile [2]	207.861	198.750	205.959	167.035	172.971	212.609
Putenteile [2]	80.722	77.321	75.248	69.242	75.644	63.703
Flügel	33.905	29.289	32.141	30.622	30.640	28.327
Nebenerzeugnisse	55.422	44.114	56.183	52.530	53.510	64.226
Sonstiges Geflügelfleisch	54.240	56.136	55.779	55.795	61.247	78.713
Gesamt [3]	**483.206**	**451.125**	**474.889**	**414.973**	**426.714**	**481.449**
davon nach:						
Belgien/Luxemburg	12.325	13.492	15.739	10.055	13.621	15.564
Dänemark	43.242	34.331	38.476	26.905	10.806	11.870
Griechenland	920	2.061	3.837	5.000	9.595	2.547
Frankreich	48.787	40.213	41.889	37.576	36.095	37.201
Niederlande	136.112	116.245	135.665	123.565	143.585	218.922
Österreich	34.833	33.889	31.624	26.641	27.634	26.079
Polen	22.246	20.357	21.712	23.425	36.603	26.730
Ungarn	8.808	7.573	5.571	2.763	1.091	978
Spanien	11.278	15.625	22.033	25.268	30.448	23.831
EU 27	**400.203**	**363.081**	**383.974**	**349.272**	**379.827**	**435.614**
Vereinigtes Königreich	31.292	28.599	30.062	27.132	6.645	9.528
EU 28	**431.495**	**391.680**	**414.035**	.	.	.
Schweiz	5.021	5.151	5.069	4.795	5.122	4.769
Hongkong	6.278	7.519	6.530	6.630	1.324	228
Südafrika	0	51	53	9	.	1
Drittländer [6]	**51.711**	**59.445**	**60.854**	**65.701**	**46.887**	**45.835**
Geflügelfleischzubereitungen	204.422	219.052	216.302	206.056	208.903	221.183
Lebendgeflügel (SG)	426.640	397.972	377.988	328.238	295.960	276.808
Ausfuhren insgesamt [5]	**1.114.268**	**1.068.149**	**1.069.179**	**949.267**	**931.577**	**979.440**
Sonstiges gesalzenes Fleisch [4]	8.604	7.731	5.002	3.825	3.276	3.676

1) Ganze Tiere inkl. Hälften und Viertel. 2) Brüste, Schenkel, entbeinte Teile (inkl. Separatorenfleisch).
3) Ohne Zubereitungen, Lebendgeflügel und gesalzenes Fleisch, 4) Tarifposition 02109939, fast ausschließlich Geflügelfleisch. 5) Produktgewicht. 6) jeweiliger Gebietsstand
Quelle: Destatis

5 Deutschland: Geflügel

Tabelle 91

Ausfuhren von Geflügelfleisch nach Arten und Bestimmungsländerr

1.000 Euro	2017	2018	2019	2020	2021	2022v
Hähnchen/Hühner	576.410	569.333	572.908	476.541	522.979	773.607
Enten	37.064	30.142	25.238	18.543	18.436	29.338
Puten	291.097	290.161	306.806	274.044	294.744	356.530
Sonstiges Geflügelfleisch	7.636	7.693	4.189	1.360	2.238	3.716
Gesamt [1]	912.207	897.329	909.141	770.488	838.397	1.163.191
davon nach:						
Belgien/Luxemburg	24.559	31.848	38.947	30.008	32.750	48.880
Dänemark	41.167	36.732	35.557	29.710	27.698	36.381
Griechenland	1.756	2.361	5.895	6.786	12.206	4.514
Frankreich	122.347	117.877	124.183	111.217	118.180	157.064
Niederlande	230.055	215.127	228.073	181.710	227.329	358.236
Österreich	123.162	121.112	117.088	94.197	94.167	115.478
Polen	22.937	24.368	21.245	15.112	29.358	33.547
Ungarn	12.260	10.345	8.144	4.427	3.136	3.241
EU 27	772.759	754.292	767.352	654.204	754.413	1.047.820
Vereinigtes Königreich	67.848	62.128	61.281	57.534	18.248	33.339
EU 28	840.607	816.420	828.633	.	.	.
Schweiz	28.155	29.780	30.441	29.212	31.682	36.702
Hongkong	8.267	11.318	8.349	8.233	2.065	485
Russland	.	.	.	.	.	.
Südafrika	5	58	107	21	.	3
Drittländer [3]	71.600	80.909	80.508	116.284	83.984	115.371
Geflügelfleischzubereitungen	733.273	794.811	812.546	752.798	780.965	980.549
Sonstiges gesalzenes Fleisch [2]	24.645	27.419	14.604	9.743	7.991	13.820

1) Ohne Zubereitungen und gesalzenes Fleisch - 2) Tarifposition 02109939, fast ausschl. Geflügelfleisch.
3) jeweiligerGebietsstand
Quelle: Destatis

Tabelle 92

Bruteiereinlagen zur Erzeugung von Mastküken

1.000 Stück	2017	2018	2019	2020	2021	2022v
Januar	68.466	64.842	66.457	65.352	60.613	63.576
Februar	59.290	60.214	58.763	58.696	55.826	59.873
März	63.939	66.056	61.720	63.879	64.975	67.539
April	58.439	62.366	65.577	63.613	62.485	66.916
Mai	68.878	69.068	67.378	62.185	64.142	66.667
Juni	66.841	64.158	60.139	63.007	64.498	65.729
Juli	66.593	65.098	66.868	64.574	66.224	64.971
August	66.261	65.023	63.578	62.001	66.778	65.102
September	64.883	58.660	60.795	59.980	63.180	63.220
Oktober	64.066	62.459	63.687	61.358	59.991	61.402
November	63.566	57.761	57.161	52.809	62.617	61.490
Dezember	64.733	63.028	63.904	60.546	63.342	65.310
Januar - Dezember	775.955	758.733	756.027	738.001	754.671	771.797

Quelle: Destatis

Deutschland: Geflügel

Tabelle 93

Schlupf von Masthähnchen

1.000 Stück	2017	2018	2019	2020	2021	2022v
Januar	59.485	58.410	56.751	53.328	50.286	54.151
Februar	55.371	50.842	52.026	52.729	47.805	53.945
März	61.916	58.974	54.379	56.010	58.636	58.905
April	54.208	55.016	58.277	55.978	53.969	58.011
Mai	61.212	61.224	59.116	54.474	56.147	59.657
Juni	57.962	57.166	53.818	55.779	57.825	57.351
Juli	58.601	58.646	59.366	57.151	58.144	57.236
August	61.006	58.283	57.457	54.521	59.048	58.823
September	57.535	51.869	54.053	54.541	56.370	56.786
Oktober	58.163	57.079	58.204	54.213	55.000	54.397
November	53.513	48.911	48.950	45.369	54.877	52.789
Dezember	56.034	55.700	56.307	54.139	56.652	51.379
Januar - Dezember	695.006	672.120	668.703	648.230	664.758	673.429

Quelle: Destatis

Tabelle 94

Außenhandel mit weiblichen Zuchtküken zur Erzeugung von Masthähnchen

1.000 Stück	2017	2018	2019	2020	2021	2022v
Ausfuhren	**22.180**	**22.352**	**23.258**	**21.704**	**20.812**	**19.939**
davon nach						
Niederlande	1.655	1.938	1.938	1.646	1.346	1.752
Griechenland	934	973	945	909	808	787
Polen	5.182	6.187	7.255	8.270	7.737	7.752
Tschechische Republik	843	585	836	936	1.072	1.044
Ungarn	218	151	391	274	430	175
Rumänien	880	541	586	346	584	504
EU 27 seit 2020	17.473	17.213	18.264	17.808	17.609	17.232
Ukraine	3.988	3.329	3.143	2.959	2.828	2.284
Russland	59	718	1.246	782	277	412
Drittländer gesamt	**4.708**	**5.139**	**4.993**	**3.896**	**3.203**	**2.708**
Einfuhren	**3.783**	**4.685**	**4.830**	**5.514**	**5.448**	**6.928**
davon aus						
Niederlande	2.654	3.694	4.051	4.869	5.125	5.994
EU 27 seit 2020	3.783	4.685	4.813	5.153	5.401	6.779
Drittländer gesamt	**0**	**0**	**17**	**360**	**47**	**149**

Quelle: Destatis

5 Deutschland: Geflügel

Tabelle 95

Außenhandel von anderen Küken der Mastrassen

1.000 Stück	2017	2018	2019	2020	2021	2022v
Ausfuhren	36.944	48.106	50.923	45.471	69.062	66.264
davon nach:						
Niederlande	18.607	25.799	27.077	22.314	37.979	42.913
Österreich	428	262	103	104	544	219
Polen	8.324	17.293	18.726	19.415	25.251	18.422
Tschechische Republik	4.965	44	.	19	.	.
EU 27	36.324	46.974	50.143	44.870	66.864	65.283
Vereinigtes Königreich	7	164	.	.	.	.
EU 28	36.331	47.137	50.143	.	.	.
Ukraine	511	450	610	516	2.068	930
Russland	7	360	97	65	28	49
Drittländern [1]	614	969	780	601	2.198	981
Einfuhren	129.870	113.727	95.060	100.816	90.412	77.983
davon aus						
Niederlande	113.797	97.514	74.811	72.191	63.247	57.135
Polen	.	368	223	164	53	30
EU 27	129.629	113.727	95.060	100.816	90.412	77.983
Vereinigtes Königreich	.	.	.	.	.	.
EU 28	129.629	113.727	95.060	.	.	.

1) jeweiliger Gebietsstand
Quelle: Destatis

Tabelle 96

Einstellungen von Mastküken

1.000 Stück	2017	2018	2019	2020	2021	2022v
Januar	68.775	63.904	58.796	57.869	51.056	55.532
Februar	64.235	54.714	52.549	56.145	52.797	53.595
März	64.134	65.174	57.484	58.151	60.459	63.917
April	60.933	59.039	60.677	59.631	57.738	58.293
Mai	69.146	63.074	61.193	61.558	61.210	59.632
Juni	65.245	62.551	56.008	59.822	57.597	60.482
Juli	65.719	59.577	59.142	62.788	58.359	56.672
August	67.419	58.727	61.106	63.430	60.391	58.398
September	59.900	57.486	57.054	58.895	57.989	59.535
Oktober	65.095	61.488	63.599	58.286	56.175	54.831
November	56.878	51.890	50.946	49.311	57.966	53.554
Dezember	60.358	58.410	62.353	58.271	55.976	50.707
Januar - Dezember	767.838	716.033	700.906	704.155	687.711	685.149

Außenhandelsbereinigter Schlupf.
Quelle: MEG nach Destatis

Deutschland: Geflügel

Tabelle 97

Außenhandel mit lebenden Hühnern

1.000 Stück	2017	2018	2019	2020	2021	2022v
Ausfuhren	253.076	226.168	215.531	188.385	166.803	152.158
davon nach:						
Niederlande	240.534	210.238	199.826	172.690	154.740	140.690
Belgien	389	410	435	217	52	65
Polen	2.430	4.062	3.577	2.491	1.427	3.186
EU 27	253.076	226.168	215.531	188.385	166.702	152.078
Vereinigtes Königreich	.	.	.	.	101	81
EU 28	253.076	226.168	215.531	.	.	.
Einfuhren	51.083	45.632	44.939	40.496	41.970	37.314
davon aus						
Niederlande	10.050	9.722	12.297	12.386	13.738	10.757
Polen	8.916	7.128	4.054	81	550	534
Tschechische Republik	7.351	3.005	2.473	1.416	871	1.026
EU 27	49.953	44.365	43.987	39.601	41.153	36.928
Vereinigtes Königreich	.	.	.	.	.	.
EU 28	49.953	44.365	43.987	.	.	.

Quelle: Destatis

Tabelle 98

Monatliche Hähnchenschlachtungen

Tonnen SG	2017	2018	2019	2020	2021	2022v
Januar	80.429	89.760	88.824	89.148	84.450	85.681
Februar	72.763	78.456	77.279	80.243	79.710	80.317
März	84.409	87.846	84.315	89.082	95.919	96.812
April	75.493	84.454	87.591	90.733	89.239	88.335
Mai	84.990	87.770	90.735	90.703	85.448	92.620
Juni	80.517	84.657	83.785	90.846	92.930	91.880
Juli	79.295	85.524	91.672	93.420	93.594	90.759
August	85.239	86.482	89.378	84.910	93.874	94.556
September	81.383	80.962	86.358	88.867	95.068	91.529
Oktober	78.860	88.492	87.983	91.321	89.392	82.202
November	83.800	88.473	86.935	89.873	90.125	91.250
Dezember	83.465	78.932	81.346	87.381	91.247	88.519
Januar - Dezember	970.643	1.021.807	1.036.201	1.066.528	1.080.995	1.074.461
davon:						
frisch	786.011	831.221	849.283	874.790	904.933	899.006
ganze Schlachtkörper	131.085	122.928	120.755	120.608	133.177	132.277
Innereien	13.544	9.343	8.373	8.471	8.326	7.775
zerteilt	826.015	888.615	907.073	937.448	939.492	934.361

Fortsetzung mit Tabelle 98b

Deutschland: Geflügel

Tabelle 98b (Fortsetzung)

Monatliche Hähnchenschlachtungen in Stück

in 1.000 Stück	2019	ØSG kg	2020	ØSG kg	2021	ØSG kg	2022v	ØSG kg
Januar	52.989	1,68	52.464	1,70	48.696	1,73	49.876	1,72
Februar	47.056	1,64	47.112	1,70	46.487	1,71	51.967	1,55
März	50.603	1,67	52.345	1,70	56.239	1,71	56.919	1,70
April	52.904	1,66	53.272	1,70	52.127	1,71	51.465	1,72
Mai	54.098	1,68	52.356	1,73	49.918	1,71	53.624	1,73
Juni	50.570	1,66	52.910	1,72	54.022	1,72	53.573	1,72
Juli	55.562	1,65	54.935	1,70	55.237	1,69	53.322	1,70
August	53.990	1,66	50.593	1,68	53.364	1,76	55.666	1,70
September	51.612	1,67	52.297	1,70	53.357	1,78	53.467	1,71
Oktober	52.163	1,69	52.952	1,72	51.571	1,73	48.135	1,71
November	51.213	1,70	51.503	1,75	52.112	1,73	52.102	1,75
Dezember	47.807	1,70	50.427	1,73	52.687	1,73	50.935	1,74
Januar - Dezember	620.568	1,67	623.165	1,71	625.815	1,73	631.051	1,70

Schlachtungen in meldepflichtigen Schlachtereien.
Quelle: Destatis

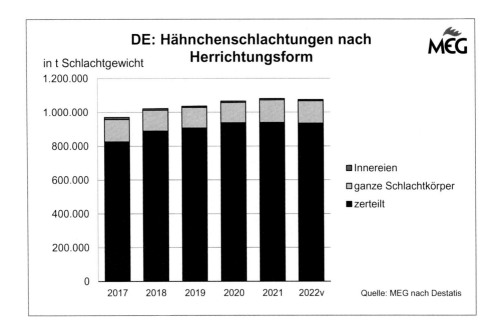

DE: Hähnchenschlachtungen nach Herrichtungsform
in t Schlachtgewicht
Quelle: MEG nach Destatis

Tabelle 99

Monatliche Hähnchenschlachtungen nach Zubereitungsarten und Angebotsform

Tonnen SG	2017	2018	2019	2020	2021	2022v
ganze Schlachtkörper						
Januar	11.922,4	10.559,1	9.873,3	10.280,3	9.667,2	11.425,5
Februar	10.775,7	9.480,8	9.487,1	8.616,3	9.921,3	10.664,8
März	11.971,3	9.908,9	10.618,0	9.701,2	12.460,5	12.727,5
April	10.222,6	8.949,7	10.454,8	10.033,5	10.784,9	10.935,9
Mai	11.553,2	10.109,3	10.155,7	10.260,0	10.674,8	11.360,4
Juni	10.671,5	11.350,7	9.368,8	10.329,5	10.494,3	11.371,3
Juli	10.646,9	10.657,6	10.137,1	10.155,3	10.376,4	10.788,2
August	11.344,8	10.727,5	10.383,7	8.806,2	12.750,3	11.508,7
September	11.230,7	10.636,2	10.428,0	10.630,3	13.039,1	10.876,0
Oktober	9.977,5	12.288,4	10.523,2	10.987,5	10.473,6	9.752,2
November	10.676,0	10.022,9	10.113,5	10.978,8	11.360,3	10.721,7
Dezember	10.092,0	8.698,0	9.211,6	9.829,3	11.174,2	10.144,7
Januar - Dezember	**131.084,6**	**123.388,9**	**120.754,9**	**120.608,2**	**133.176,9**	**132.276,9**
Zerteilt						
Januar	67.192,2	78.224,2	78.168,0	78.118,4	74.135,7	73.594,4
Februar	60.749,8	68.288,4	67.086,9	70.957,4	69.158,7	69.055,8
März	71.057,6	77.171,0	72.977,8	78.692,1	82.701,3	83.350,5
April	63.971,8	74.805,0	76.405,9	79.987,5	77.747,8	76.725,8
Mai	72.336,2	76.908,6	79.865,3	79.740,5	74.093,0	80.616,4
Juni	68.787,6	72.481,3	73.782,3	79.773,7	81.716,0	79.828,8
Juli	67.612,7	74.094,0	80.817,1	82.547,0	82.507,4	79.335,6
August	72.812,5	75.009,1	78.318,3	75.480,3	80.395,4	82.381,2
September	69.126,9	69.574,4	75.244,4	77.523,5	81.293,7	79.957,4
Oktober	67.893,7	75.416,2	76.750,2	79.583,1	78.273,0	71.852,9
November	72.073,9	77.702,3	76.136,1	78.170,5	78.051,1	79.885,9
Dezember	72.400,1	69.400,6	71.521,1	76.874,3	79.419,0	77.776,8
Januar - Dezember	**826.015,1**	**889.075,0**	**907.073,3**	**937.448,5**	**939.492,0**	**934.361,3**
Innereien						
Januar	1.314,2	976,2	782,5	749,3	647,3	661,4
Februar	1.237,5	687,2	704,7	669,5	629,6	596,8
März	1.379,9	765,8	719,5	688,7	756,9	733,9
April	1.298,8	699,4	730,7	712,4	705,9	673,9
Mai	1.100,6	751,8	714,0	702,6	679,8	643,5
Juni	1.058,3	825,0	634,1	742,8	720,1	680,0
Juli	1.035,2	772,6	718,3	717,3	710,3	635,3
August	1.082,1	744,9	676,3	623,9	728,5	666,4
September	1.025,3	751,8	685,9	713,3	735,1	695,5
Oktober	988,5	787,1	709,3	750,1	644,9	596,5
November	1.049,9	747,7	685,1	723,6	713,9	642,2
Dezember	973,3	833,5	612,8	677,6	654,1	549,7
Januar - Dezember	**13.543,7**	**9.342,9**	**8.373,2**	**8.471,4**	**8.326,4**	**7.775,2**

Fortsetzung mit Tabelle 99b

Tabelle 99b (Fortsetzung)

Monatliche Hähnchenschlachtungen nach Zubereitungsarten und Angebotsform

Tonnen SG	2017	2018	2019	2020	2021	2022v
Frisch						
Januar	65.319,8	72.270,0	72.053,5	74.186,0	72.079,2	73.527,2
Februar	59.933,8	64.762,4	62.808,0	66.031,1	67.267,8	68.729,4
März	68.811,5	72.485,1	69.755,3	72.989,7	77.166,3	83.130,4
April	61.572,5	69.194,1	73.251,2	72.587,2	74.638,0	75.123,8
Mai	69.019,3	72.814,7	74.509,8	74.810,9	72.714,0	78.396,3
Juni	65.008,5	69.222,5	69.703,7	75.497,1	78.766,3	76.802,2
Juli	63.500,5	70.402,2	75.515,3	78.135,9	78.298,5	74.216,9
August	69.200,9	70.736,2	72.899,5	69.426,8	77.042,0	78.052,6
September	66.309,4	66.313,3	70.314,9	72.990,4	79.443,0	76.838,9
Oktober	63.386,4	70.770,5	70.741,8	73.865,1	74.315,1	68.665,3
November	66.890,4	70.468,4	71.266,7	72.217,1	76.408,3	76.540,8
Dezember	67.057,9	61.828,3	66.463,5	72.052,9	76.795,0	68.982,5
Januar - Dezember	**786.010,9**	**831.267,6**	**849.283,2**	**874.790,1**	**904.933,4**	**899.006,4**

Schlachtungen in meldepflichtigen Schlachtereien.
Quelle: Destatis

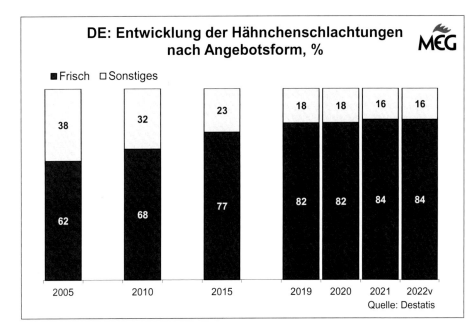

DE: Entwicklung der Hähnchenschlachtungen nach Angebotsform, %
Quelle: Destatis

Deutschland: Geflügel

Tabelle 100

Einfuhren von ganzen Hähnchen/Hühnern (einschließlich Hälften und Viertel)

Tonnen	2017	2018	2019	2020	2021	2022v
Januar	6.161	7.599	8.396	8.392	7.101	7.852
Februar	7.328	6.776	7.066	7.317	6.190	7.021
März	6.092	7.082	7.892	6.850	7.641	9.169
April	7.147	7.663	8.205	5.691	6.536	6.897
Mai	7.145	6.818	7.452	6.767	7.631	6.623
Juni	6.071	5.800	8.263	6.713	7.242	7.967
Juli	5.829	7.651	7.571	6.520	5.852	6.199
August	7.046	6.937	6.443	6.419	6.524	7.220
September	6.561	7.037	8.088	8.060	7.839	5.437
Oktober	7.397	8.163	6.484	5.763	8.477	7.757
November	7.468	8.379	7.853	7.730	8.465	6.527
Dezember	6.693	8.010	6.724	6.603	8.131	7.015
Januar - Dezember	**80.939**	**87.915**	**90.437**	**82.823**	**87.629**	**85.684**
- davon frisch	68.347	74.642	79.181	75.551	80.477	78.678
davon aus						
Belgien/Luxemburg	11.763	13.698	15.221	11.762	13.837	15.099
Dänemark	283	225	132	264	584	1.617
Frankreich	4.455	5.698	5.708	5.756	6.072	5.314
- davon frisch	3.933	5.235	5.424	5.584	5.874	5.053
Niederlande	31.823	31.710	30.749	27.587	26.759	23.109
- davon frisch	26.848	27.223	26.619	24.937	23.937	20.088
EU 27	**80.014**	**84.951**	**88.408**	**82.479**	**87.359**	**85.232**
Vereinigtes Königreich	2	47	4	19	4	3
EU 28	**80.016**	**84.998**	**88.412**	.	.	.
- davon frisch	68.337	74.635	79.181	.	.	.
Drittländer [1]	**923**	**2.917**	**2.025**	**344**	**270**	**453**

1) jeweiliger Gebietsstand
Quelle: Destatis

5 Deutschland: Geflügel

Tabelle 101

Einfuhren von Hähnchen-/Hühnerteilen (Brust, Schenkel, entbeintes Fleisch)

Tonnen	2017	2018	2019	2020	2021	2022v
Januar	23.293	27.271	31.584	30.603	23.630	24.756
Februar	26.790	28.432	30.593	32.111	23.737	27.753
März	23.627	29.986	34.833	28.198	28.958	30.482
April	30.819	31.571	27.067	24.809	23.928	29.808
Mai	28.967	30.970	30.140	28.236	28.901	27.541
Juni	27.852	28.081	32.545	28.707	27.972	30.090
Juli	29.779	30.993	26.368	25.773	29.893	27.101
August	23.918	28.371	31.283	28.726	28.248	28.139
September	28.155	30.184	28.098	26.301	26.257	26.196
Oktober	28.894	30.745	28.771	27.977	29.707	24.741
November	27.222	27.427	26.548	25.609	28.739	27.832
Dezember	26.484	23.746	23.359	25.590	30.709	25.197
Januar - Dezember	**325.801**	**347.776**	**351.188**	**332.641**	**330.679**	**329.635**
davon aus:						
Dänemark	3.461	2.692	2.239	2.972	2.498	2.156
Frankreich	10.718	11.622	10.139	8.096	11.542	8.420
Niederlande	150.831	145.443	150.020	139.709	133.162	123.010
Ungarn	3.375	4.566	4.733	4.657	6.622	5.741
Polen	51.660	75.174	83.617	98.111	86.364	104.866
EU 27	**286.052**	**302.037**	**311.161**	**310.519**	**308.906**	**302.317**
Vereinigtes Königreich	2.720	2.036	1.218	789	842	549
EU 28	**288.772**	**304.072**	**311.161**	.	.	.
Thailand	4.865	4.003	7.442	2.992	4.897	3.769
Brasilien	17.332	23.633	20.544	11.544	12.171	18.288
Argentinien	140	38	45	84	130	105
Drittländer [1]	**37.029**	**43.704**	**40.027**	**22.122**	**21.773**	**27.318**

1) jeweiliger Gebietsstand
Quelle: Destatis

Tabelle 102

Aufgliederung der Einfuhren von Hähnchen-/Hühnerteilen

Tonnen	2017	2018	2019	2020	2021	2022v
Schenkel	111.589	109.604	112.898	97.546	104.028	97.884
- davon frisch	103.527	100.115	103.705	88.989	93.542	86.548
davon aus						
Dänemark	409	402	361	273	188	208
Frankreich	4.749	4.423	4.088	3.662	6.529	4.195
- davon frisch	4.724	4.414	4.060	3.657	6.492	4.164
Niederlande	68.633	70.203	69.355	58.168	50.928	50.345
- davon frisch	62.611	63.810	63.501	53.905	46.998	45.800
Tschechien	43	26	53	8	1	30
Ungarn	16	15	27	7	199	29
EU 27	111.541	109.361	112.833	97.528	103.457	97.565
Vereinigtes Königreich	28	237	65	18	571	276
EU 28	111.569	109.598	112.898	.	.	.
- davon frisch	103.527	100.112	103.705	.	.	.
Brasilien	.	0	.	.	.	.
Drittländer 2)	20	6	.	18	571	319
Brust	44.634	38.150	37.560	37.264	30.977	27.793
- davon frisch	29.559	26.704	26.323	28.449	23.235	20.652
davon aus						
Niederlande	22.612	15.545	17.416	17.184	15.867	11.175
- davon frisch	15.726	10.715	11.620	13.207	12.642	8.810
EU 27	39.247	34.720	34.626	34.812	28.605	25.274
Vereinigtes Königreich	70	127	179	5	.	.
EU 28	39.316	34.847	34.806	.	.	.
- davon frisch	29.539	26.702	26.192	28.114	22.791	20.385
Brasilien	2.896	1.287	844	1.018	1.519	1.977
Thailand	2.013	1.072	1.553	1.058	845	530
Drittländer 2)	5.318	3.303	2.754	2.452	2.372	2.519
Entbeintes Fleisch 1)	169.577	200.022	200.730	197.830	195.675	203.957
- davon frisch	84.780	107.510	108.170	109.355	102.672	104.390
davon aus						
Frankreich	3.974	5.327	4.172	3.274	3.915	2.877
- davon frisch	2.300	3.239	2.531	2.712	3.194	2.483
Niederlande	59.586	59.695	63.249	64.357	66.367	61.490
- davon frisch	21.234	25.561	26.888	25.043	26.551	23.959
Tschechien	135	199	246	82	65	141
Ungarn	3.293	4.478	4.682	4.640	6.408	5.461
Polen	33.019	54.138	57.860	73.221	64.938	80.084
EU 27	135.264	157.955	162.483	178.178	176.844	179.479
EU 28	137.887	159.627	163.457	.	.	.
- davon frisch	77.104	100.974	101.110	105.402	99.901	100.595
Brasilien	14.436	22.346	19.701	10.526	10.652	16.311
Thailand	2.851	2.928	5.890	1.934	4.052	3.239
Argentinien	138	38	42	84	130	103
Drittländer 2)	31.690	40.395	37.273	19.652	18.831	24.478

1) Zolltarifposition beinhaltet auch Separatorenfleisch.
2) jeweiliger Gebietsstand
Quelle: Destatis

5 Deutschland: Geflügel

Tabelle 103

Ausfuhren von ganzen Hähnchen/Hühnern (einschließlich Hälften und Viertel)

Tonnen	2017	2018	2019	2020	2021	2022v
Januar	3.212	2.963	3.329	3.014	2.291	2.248
Februar	3.207	2.538	2.615	3.745	3.395	2.123
März	2.534	2.709	3.157	3.270	2.589	1.085
April	3.331	3.039	2.306	1.761	1.523	3.219
Mai	3.591	3.168	2.934	2.900	2.561	2.116
Juni	3.059	1.260	3.452	1.741	2.246	1.910
Juli	3.541	5.843	3.723	1.434	2.551	1.566
August	3.770	2.883	3.637	3.311	2.260	2.342
September	3.771	2.712	3.505	3.272	2.667	2.726
Oktober	3.407	3.476	4.550	2.594	2.092	2.780
November	3.465	4.558	4.097	3.321	2.605	2.103
Dezember	2.644	2.032	4.477	3.154	2.705	1.694
Januar - Dezember	**39.533**	**37.179**	**41.781**	**33.516**	**29.485**	**25.912**
davon nach						
Niederlande	5.497	7.025	8.134	4.788	5.268	7.085
Frankreich	3.793	2.795	4.501	4.128	3.360	3.472
Italien	7.184	6.177	4.946	5.495	4.020	4.402
Rumänien	342	926	1.828	2.008	1.918	1.785
EU 27	**26.631**	**25.941**	**29.232**	**23.868**	**20.982**	**20.394**
Vereinigtes Königreich	6.424	4.432	4.488	4.329	2.175	1.305
EU28	**33.055**	**30.373**	**33.720**	.	.	.
Kongo	766	1.827	737	884	594	392
Singapur	3	18	32	18	.	2
Vereinigte Arab. Emirate	4	20	18	4	8	2
Afrika	4.082	4.568	5.548	3.866	4.686	2.253
Drittländer [1]	**6.478**	**6.806**	**8.061**	**9.648**	**8.503**	**5.518**

1) jeweiliger Gebietsstand
Quelle: Destatis

Tabelle 104

Ausfuhren von Hähnchen-/Hühnerteilen

Tonnen	2017	2018	2019	2020	2021	2022v
Brust	27.755	17.961	18.016	7.500	13.086	4.776
- davon frisch	26.982	17.430	17.550	7.294	12.911	4.547
davon nach:						
Belgien/Luxemburg	80	67	158	64	137	89
Frankreich	234	514	754	229	273	334
Niederlande	24.128	15.014	14.886	5.282	10.619	2.438
EU 27	26.763	17.816	17.873	7.411	12.999	4.592
Vereinigtes Königreich	813	41	26	23	3	94
EU 28	27.575	17.857	17.899	.	.	.
Drittländern [2]	180	104	117	89	87	184
Schenkel	58.617	56.656	57.397	43.915	52.670	60.034
- davon frisch	36.076	34.435	32.797	27.428	30.812	31.982
davon nach:						
Niederlande	22.467	21.275	23.249	18.685	23.738	30.274
EU 27	54.044	48.129	50.292	41.466	49.166	57.541
Vereinigtes Königreich	1.243	1.756	1.711	1.032	25	427
EU 28	55.287	49.885	52.002	.	.	.
Drittländern [2]	3.330	6.771	5.395	2.449	3.504	2.493
Entbeintes Fleisch [1]	121.489	124.132	130.548	115.620	107.214	147.733
- davon frisch	61.605	58.126	61.911	56.014	61.685	66.428
davon nach:						
Niederlande	35.959	33.479	42.444	36.653	32.127	72.930
EU 27	98.121	96.997	102.603	96.046	99.395	137.218
Vereinigtes Königreich	7.457	8.657	9.649	10.809	214	2.599
EU 28	105.578	105.654	112.253	.	.	.
Russland	.	.	.	.	.	.
Ukraine		7.242	10.469	9.733	357	.
Drittländern [2]	15.911	18.478	18.295	19.574	7.819	10.515

1) Einschließlich Separatorenfleisch.
2) jeweiliger Gebietsstand
Quelle: Destatis

5 Deutschland: Geflügel

Tabelle 105

Auszahlungspreise an die Hähnchenmäster

Euro/kg LG	2017	2018	2019	2020	2021	2022
1.500 g						
Januar	0,84	0,86	0,83	0,80	0,77	0,97
Februar	0,84	0,86	0,83	0,80	0,78	1,03
März	0,84	0,86	0,83	0,81	0,80	1,07
April	0,85	0,86	0,83	0,81	0,82	1,21
Mai	0,85	0,87	0,84	0,81	0,85	1,29
Juni	0,86	0,87	0,85	0,80	0,89	1,37
Juli	0,86	0,88	0,86	0,80	0,90	1,40
August	0,87	0,88	0,86	0,80	0,91	1,40
September	0,87	0,88	0,85	0,79	0,92	1,39
Oktober	0,87	0,88	0,83	0,79	0,92	1,39
November	0,86	0,88	0,82	0,78	0,94	1,39
Dezember	0,86	0,84	0,80	0,77	0,95	1,39
Januar - Dezember	**0,85**	**0,87**	**0,83**	**0,80**	**0,87**	**1,28**

Fortsetzung mit Tabelle 105b

Quelle: MEG, LWK Niedersachsen

Tabelle 105b (Fortsetzung)

Auszahlungspreise an die Hähnchenmäster

Euro/kg LG	2019	2020	2021	2022	2019	2020	2021	2022
	\multicolumn{4}{c}{1.700 g}	\multicolumn{4}{c}{1.900 g}
Januar	0,86	0,83	0,80	0,97	0,83	0,79	0,78	0,96
Februar	0,86	0,83	0,81	0,99	0,83	0,80	0,78	0,98
März	0,86	0,84	0,83	1,03	0,83	0,81	0,81	1,01
April	0,86	0,85	0,85	1,18	0,83	0,82	0,83	1,16
Mai	0,87	0,84	0,87	1,29	0,85	0,82	0,86	1,30
Juni	0,88	0,83	0,90	1,39	0,86	0,80	0,88	1,37
Juli	0,88	0,83	0,92	1,39	0,86	0,80	0,89	1,38
August	0,89	0,83	0,93	1,38	0,86	0,80	0,90	1,38
September	0,89	0,83	0,94	1,37	0,85	0,80	0,91	1,38
Oktober	0,87	0,82	0,94	1,37	0,83	0,80	0,93	1,37
November	0,85	0,81	0,95	1,37	0,81	0,78	0,93	1,37
Dezember	0,83	0,80	0,96	1,36	0,79	0,78	0,94	1,37
Januar - Dezember	**0,87**	**0,83**	**0,89**	**1,26**	**0,83**	**0,80**	**0,87**	**1,25**
	\multicolumn{4}{c}{2.000 g}	\multicolumn{4}{c}{2.300 g}
Januar	0,83	0,79	0,77	0,97	0,83	0,79	0,77	0,95
Februar	0,83	0,80	0,78	1,00	0,82	0,80	0,78	0,99
März	0,83	0,81	0,80	1,04	0,82	0,80	0,80	1,02
April	0,83	0,82	0,83	1,19	0,83	0,81	0,82	1,16
Mai	0,85	0,81	0,85	1,29	0,84	0,81	0,85	1,28
Juni	0,86	0,80	0,88	1,36	0,84	0,79	0,88	1,34
Juli	0,86	0,79	0,90	1,37	0,85	0,79	0,89	1,36
August	0,86	0,79	0,90	1,38	0,85	0,79	0,90	1,36
September	0,85	0,79	0,91	1,37	0,84	0,79	0,90	1,35
Oktober	0,83	0,79	0,91	1,37	0,82	0,79	0,92	1,35
November	0,81	0,78	0,94	1,37	0,81	0,78	0,93	1,35
Dezember	0,80	0,77	0,95	1,37	0,79	0,76	0,94	1,35
Januar - Dezember	**0,84**	**0,79**	**0,87**	**1,26**	**0,83**	**0,79**	**0,86**	**1,24**

Quelle: MEG

5 Deutschland: Geflügel

Tabelle 106

Schlachtereiabgabepreise für gefrorene Brathähnchen
- Durchschnitt aller Gewichte - poly verpackt -

Euro/kg frei Empfänger	2017	2018	2019	2020	2021	2022
Januar	2,22	2,26	2,34	2,42	2,37	2,71
Februar	2,22	2,26	2,34	2,42	2,37	2,82
März	2,22	2,26	2,34	2,41	2,37	2,96
April	2,23	2,26	2,36	2,41	2,40	3,06
Mai	2,25	2,29	2,41	2,41	2,45	3,31
Juni	2,25	2,29	2,42	2,40	2,45	3,31
Juli	2,25	2,31	2,42	2,40	2,55	3,31
August	2,26	2,31	2,42	2,40	2,55	3,31
September	2,26	2,31	2,42	2,38	2,55	3,31
Oktober	2,26	2,31	2,42	2,38	2,61	3,36
November	2,26	2,34	2,42	2,37	2,61	3,36
Dezember	2,26	2,34	2,42	2,37	2,67	3,36
Januar - Dezember	2,25	2,30	2,39	2,40	2,50	3,18

Quelle: MEG

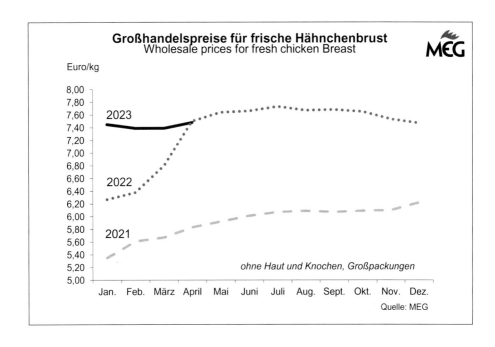

Großhandelspreise für frische Hähnchenbrust
Wholesale prices for fresh chicken Breast

ohne Haut und Knochen, Großpackungen

Quelle: MEG

Tabelle 107

Schlachtereiabgabe- bzw. Großhandelseinstandspreise für gefrorene Hähnchenteile
- frei Empfänger, Mindestabnahmemenge 1 Tonne, in Endverbraucherverpackungen -

Euro/kg	2017	2018	2019	2020	2021	2022
Hähnchenbrust, entbeint, ohne Haut						
Januar	4,42	4,55	5,06	5,16	4,76	5,34
Februar	4,42	4,56	5,06	5,16	4,78	5,44
März	4,44	4,58	5,06	5,18	4,78	5,64
April	4,47	4,83	5,12	5,18	4,78	6,21
Mai	4,50	4,91	5,14	5,17	5,15	6,76
Juni	4,54	4,95	5,14	5,15	5,15	6,76
Juli	4,53	5,03	5,14	4,91	5,16	6,76
August	4,53	5,06	5,13	4,90	5,16	6,76
September	4,52	5,08	5,16	4,89	5,16	6,76
Oktober	4,54	5,10	5,16	4,86	5,26	6,68
November	4,55	5,09	5,15	4,85	5,26	6,68
Dezember	4,55	5,07	5,15	4,84	5,29	6,63
Januar - Dezember	**4,50**	**4,90**	**5,12**	**5,02**	**5,06**	**6,37**
Hähnchenflügel						
Januar	1,74	1,75	1,88	1,83	1,91	2,35
Februar	1,74	1,72	1,88	1,83	1,92	2,42
März	1,75	1,72	1,88	1,86	1,92	2,60
April	1,76	1,73	1,90	1,86	1,97	2,76
Mai	1,77	1,77	1,81	1,85	2,02	3,00
Juni	1,77	1,77	1,81	1,85	2,02	3,00
Juli	1,76	1,77	1,81	1,85	2,24	3,00
August	1,76	1,76	1,81	1,85	2,24	3,00
September	1,76	1,89	1,81	1,84	2,24	3,00
Oktober	1,76	1,88	1,81	1,83	2,25	3,00
November	1,76	1,88	1,81	1,83	2,25	3,00
Dezember	1,75	1,88	1,81	1,83	2,32	3,00
Januar - Dezember	**1,76**	**1,79**	**1,84**	**1,84**	**2,11**	**2,84**

Quelle: MEG

Tabelle 108

Schlachtereiabgabe- bzw. Großhandelseinstandspreise für frische Hähnchen

Euro/kg	2019	2020	2021	2022	2019	2020	2021	2022
	Ganze Schlachtkörper bis 1.000 g				Schenkel ohne Rückenstück			
Januar	2,96	3,03	2,99	3,44	2,55	2,65	2,57	3,03
Februar	2,96	3,03	2,99	3,50	2,55	2,66	2,59	3,11
März	2,96	3,03	2,99	3,63	2,56	2,69	2,61	3,33
April	2,98	3,01	3,08	3,81	2,59	2,67	2,70	3,49
Mai	3,01	3,02	3,15	4,12	2,62	2,65	2,71	3,69
Juni	3,02	3,02	3,19	4,12	2,65	2,64	2,75	3,69
Juli	3,02	3,02	3,25	4,19	2,67	2,63	2,82	3,69
August	3,02	3,02	3,25	4,19	2,66	2,60	2,82	3,67
September	3,02	3,01	3,28	4,19	2,66	2,59	2,85	3,67
Oktober	3,03	3,01	3,30	4,21	2,64	2,58	2,85	3,69
November	3,03	3,00	3,32	4,21	2,64	2,58	2,87	3,69
Dezember	3,03	2,99	3,40	4,21	2,64	2,57	2,96	3,69
Januar - Dezember	**3,00**	**3,02**	**3,18**	**3,99**	**2,62**	**2,63**	**2,76**	**3,54**
	Schenkel mit Rückenstück (max. 25%)				Hähnchenflügel ohne Spitze			
Januar	1,71	1,82	1,74	2,25	2,20	2,28	2,26	2,71
Februar	1,72	1,83	1,76	2,28	2,20	2,28	2,29	2,76
März	1,73	1,85	1,78	2,52	2,20	2,31	2,30	2,97
April	1,75	1,83	1,88	2,77	2,23	2,30	2,42	3,19
Mai	1,79	1,83	1,94	2,84	2,27	2,29	2,55	3,33
Juni	1,83	1,82	2,00	2,84	2,28	2,29	2,59	3,33
Juli	1,84	1,81	2,08	2,84	2,29	2,29	2,58	3,41
August	1,83	1,78	2,08	2,81	2,28	2,27	2,58	3,38
September	1,82	1,78	2,09	2,81	2,28	2,27	2,60	3,39
Oktober	1,81	1,77	2,09	2,83	2,28	2,26	2,59	3,38
November	1,81	1,76	2,10	2,82	2,27	2,26	2,61	3,36
Dezember	1,81	1,74	2,19	2,82	2,27	2,25	2,68	3,36
Januar - Dezember	**1,79**	**1,80**	**1,98**	**2,70**	**2,25**	**2,28**	**2,50**	**3,21**

Fortsetzung mit Tabelle 108b

Tabelle 108b (Fortsetzung)

Schlachtereiabgabe- bzw. Großhandelseinstandspreise für frische Hähnchen
- Abnahmemenge 1 bis 5 Tonnen, in Großpackungen, franko Großhandel -

Euro/kg	2019	2020	2021	2022	2019	2020	2021	2022
	Brustfilet				Brustfilet			
	ohne Haut und Knochen				mit Haut und Knochen			
Januar	5,64	5,65	5,35	6,27	3,31	3,30	3,19	3,83
Februar	5,62	5,65	5,61	6,38	3,29	3,30	3,25	3,90
März	5,63	5,68	5,67	6,80	3,30	3,34	3,29	4,08
April	5,74	5,69	5,83	7,50	3,35	3,34	3,49	4,46
Mai	5,81	5,69	5,92	7,64	3,39	3,32	3,56	4,55
Juni	5,82	5,63	6,01	7,66	3,40	3,32	3,61	4,56
Juli	5,82	5,61	6,07	7,73	3,39	3,32	3,64	4,61
August	5,78	5,58	6,09	7,67	3,37	3,29	3,65	4,58
September	5,76	5,56	6,07	7,68	3,36	3,27	3,64	4,59
Oktober	5,69	5,51	6,09	7,65	3,32	3,23	3,67	4,58
November	5,63	5,49	6,10	7,53	3,31	3,22	3,71	4,49
Dezember	5,65	5,32	6,22	7,47	3,30	3,16	3,79	4,49
Januar - Dezember	5,72	5,59	5,92	7,33	3,34	3,28	3,54	4,39

Quelle: MEG

Tabelle 109

Verbraucherpreise für gefrorene Hähnchen in Deutschland

Euro/kg	2017	2018	2019	2020	2021	2022
Januar	2,38	2,42	2,59	2,52	2,59	2,69
Februar	2,32	2,46	2,53	2,57	2,72	2,90
März	2,46	2,41	2,59	2,54	2,77	2,83
April	2,49	2,53	2,58	2,57	2,60	2,84
Mai	2,44	2,54	2,53	2,61	2,67	3,12
Juni	2,32	2,51	2,57	2,52	2,63	3,34
Juli	2,48	2,61	2,52	2,51	2,66	3,30
August	2,60	2,56	2,61	2,49	2,86	3,54
September	2,48	2,51	2,46	2,42	2,61	3,45
Oktober	2,51	2,43	2,55	2,46	2,69	3,61
November	2,46	2,45	2,79	2,52	2,78	3,71
Dezember	2,54	2,58	2,58	2,66	2,76	3,86
Januar - Dezember	2,46	2,50	2,57	2,53	2,69	3,27

Quelle: Zusammengestellt von MEG nach GfK

5 Deutschland: Geflügel

Tabelle 110

Verbraucherpreise für frische Hähnchen in Deutschland

Euro/kg	2017	2018	2019	2020	2021	2022
Januar	4,43	4,61	4,58	4,47	4,73	5,13
Februar	4,55	4,54	4,72	4,70	4,83	5,37
März	4,91	4,83	4,56	4,64	4,81	5,15
April	4,63	4,60	5,47	5,01	5,03	5,39
Mai	5,15	4,40	4,98	5,16	4,98	5,64
Juni	5,07	4,71	4,61	4,90	5,55	5,89
Juli	5,60	4,49	4,73	5,12	5,27	5,94
August	5,17	4,69	5,00	5,00	4,83	5,55
September	4,41	4,33	4,53	4,50	5,06	5,64
Oktober	4,97	4,50	4,66	4,96	5,18	6,23
November	4,91	4,66	4,73	4,84	5,17	5,98
Dezember	4,95	4,89	4,67	4,86	5,43	5,88
Januar - Dezember	4,90	4,60	4,77	4,85	5,07	5,65

Quelle: Zusammengestellt von MEG nach GfK

Tabelle 111

Verbraucherpreise für frische Hähnchenbrust (inkl. Schnitzeln) in Deutschland

Euro/kg	2017	2018	2019	2020	2021	2022
Januar	6,77	6,90	7,05	7,33	7,40	8,38
Februar	6,98	7,30	7,09	7,42	7,65	8,49
März	6,93	7,00	7,21	7,75	7,99	9,16
April	6,90	6,94	7,12	7,78	8,19	9,41
Mai	7,01	7,19	7,28	7,68	8,35	10,18
Juni	6,99	7,14	7,51	7,55	8,29	10,73
Juli	7,03	7,28	7,57	7,63	8,24	10,49
August	7,00	6,99	7,28	7,54	8,46	10,59
September	6,72	7,15	7,13	7,60	8,45	10,56
Oktober	6,81	7,29	7,22	7,43	8,45	10,37
November	6,74	7,10	7,01	7,61	8,47	10,35
Dezember	6,69	7,36	7,26	7,36	8,71	10,37
Januar - Dezember	6,88	7,14	7,23	7,56	8,22	9,92

Quelle: Zusammengestellt von MEG nach GfK

Deutschland: Geflügel

Tabelle 112

Börsenpreise für Futtermittel

Euro/100 kg	2017	2018	2019	2020	2021	2022
Sojaschrot, Hamburg (Inland, 44% Protein)						
Januar	33,53	28,84	29,67	29,33	43,47	45,20
Februar	33,76	31,04	29,05	29,80	43,67	46,82
März	32,96	33,36	28,70	30,85	39,58	54,13
April	30,85	35,54	28,10	34,00	37,29	51,52
Mai	30,30	36,63	28,48	30,80	37,65	48,32
Juni	28,42	33,51	29,50	29,13	35,89	50,16
Juli	28,41	32,60	28,55	29,10	36,95	52,97
August	27,24	31,46	28,10	28,80	37,13	55,58
September	27,00	29,63	28,60	31,93	37,20	53,18
Oktober	28,59	30,43	28,73	37,30	38,21	54,65
November	27,98	29,70	28,57	39,30	39,36	52,20
Dezember	29,35	29,97	28,98	36,70	41,33	52,15
Jahresschnitt	**29,87**	**31,89**	**28,75**	**32,25**	**38,98**	**51,40**
Körnermais, Börse München ab Juli 2022 Mannheim						
Januar	15,71	15,85	17,40	16,13	20,00	25,25
Februar	15,72	15,81	17,13	16,07	20,20	25,33
März	15,92	15,80	16,70	16,25	21,57	.
April	16,08	15,97	16,50	16,67	22,05	.
Mai	16,24	16,13	16,20	17,00	24,20	.
Juni	16,57	16,68	16,18	16,80	26,50	.
Juli	16,74	16,71	16,05	17,00	25,00	33,00
August	16,55	18,80	15,38	18,30	.	32,45
September	15,67	18,60	14,94	16,88	22,37	32,82
Oktober	15,44	17,38	14,83	16,33	23,90	33,43
November	15,42	17,82	15,97	17,40	24,40	31,68
Dezember	15,82	17,37	16,23	18,00	25,00	28,99
Jahresschnitt	**15,99**	**16,91**	**16,13**	**16,90**	**23,20**	**30,37**
Futterweizen, Börse Mannheim						
Januar	16,01	15,97	20,22	17,79	20,65	27,59
Februar	16,29	15,88	20,03	17,59	20,99	28,27
März	16,58	16,64	18,51	17,33	22,31	.
April	16,43	16,19	18,57	18,15	21,93	.
Mai	16,43	16,67	18,17	18,16	.	39,30
Juni	16,60	16,56	17,71	17,93	24,20	33,38
Juli	15,49	17,31	17,43	17,04	19,85	31,25
August	15,46	19,79	16,76	17,49	21,00	30,65
September	15,56	19,85	16,43	17,78	23,04	33,20
Oktober	15,96	19,94	16,91	18,89	24,99	34,38
November	16,08	19,99	17,14	19,26	26,92	33,34
Dezember	16,08	20,02	17,37	19,45	28,28	30,64
Jahresschnitt	**16,08**	**17,90**	**17,94**	**18,07**	**23,10**	**32,20**

Quelle: Zusammengestellt von MEG nach deutschen Börsen

5 Deutschland: Geflügel

Tabelle 113

Preise für Hähnchenmastfutter
- Einstandspreise der Erzeuger - bei Abnahme ab 3 Tonnen, lose, netto, frei Farm
  Lieferung frei Silo, ganzer Zug

Euro/100 kg	2017	2018	2019	2020	2021	2022
Raum Weser-Ems						
Januar	31,40	31,45	33,30	31,86	34,03	43,41
Februar	31,56	31,48	33,28	32,10	35,10	44,24
März	31,30	31,67	32,46	32,10	36,01	49,57
April	31,55	31,73	32,15	32,23	36,59	53,30
Mai	31,55	31,79	31,93	32,28	37,06	53,30
Juni	31,58	31,85	31,80	32,20	37,33	52,51
Juli	31,60	31,85	31,80	32,15	37,44	50,36
August	31,44	33,05	31,74	32,15	37,12	49,11
September	31,40	33,35	31,50	32,31	37,15	48,63
Oktober	31,40	33,32	31,68	32,30	37,85	51,09
November	31,40	33,30	31,75	33,18	40,39	50,75
Dezember	31,45	33,30	31,75	33,60	41,82	50,77
Januar - Dezember	**31,47**	**32,34**	**32,10**	**32,37**	**37,32**	**49,75**

Quelle: LWK Niedersachsen

Tabelle 114

Erlös:Futterkosten-Relation
- 1 Kilogramm Hähnchen (LG) entspricht dem Wert von ... Kilogramm Futter - im Raum Weser-Ems

	2017	2018	2019	2020	2021	2022
Januar	2,67	2,74	2,49	2,51	2,26	2,24
Februar	2,65	2,74	2,48	2,50	2,23	2,32
März	2,68	2,72	2,54	2,52	2,23	2,17
April	2,69	2,72	2,59	2,53	2,25	2,28
Mai	2,69	2,73	2,64	2,50	2,29	2,42
Juni	2,71	2,74	2,69	2,47	2,37	2,62
Juli	2,73	2,75	2,69	2,47	2,41	2,78
August	2,76	2,66	2,69	2,47	2,45	2,85
September	2,76	2,64	2,69	2,46	2,46	2,87
Oktober	2,76	2,65	2,61	2,45	2,42	2,73
November	2,75	2,63	2,57	2,36	2,34	2,75
Dezember	2,74	2,51	2,53	2,28	2,28	2,75
Januar - Dezember	**2,72**	**2,69**	**2,60**	**2,46**	**2,33**	**2,56**

Quelle: MEG

Tabelle 115

Schlupf von Putenküken

1.000 Stück	2017	2018	2019	2020	2021	2022v
Januar	4.691,0	5.022,3	5.228,8	5.040,0	3.846,2	4.305,1
Februar	4.240,0	4.544,7	4.301,7	4.418,7	4.177,8	3.886,3
März	4.614,0	4.549,4	4.360,7	4.731,8	4.406,1	3.547,0
April	3.684,0	4.736,9	4.697,1	4.982,1	3.822,1	3.388,0
Mai	5.121,0	5.014,3	5.065,6	4.567,8	4.387,7	4.295,2
Juni	4.713,0	4.273,0	4.206,5	4.889,3	4.650,5	4.119,7
Juli	4.541,0	5.272,0	5.141,7	5.240,3	5.039,1	4.204,6
August	4.682,0	4.677,1	4.638,0	4.132,2	4.548,7	4.031,1
September	4.326,0	4.348,8	4.784,3	4.687,2	3.952,8	3.409,3
Oktober	4.828,0	4.977,9	4.820,5	4.679,4	3.710,6	3.289,4
November	5.045,0	4.671,0	4.556,3	4.110,2	4.145,1	4.066,7
Dezember	3.986,0	4.069,4	4.580,5	3.922,0	3.392,0	3.660,1
Januar - Dezember	54.471,0	56.156,8	56.381,9	55.400,9	50.078,8	46.202,5

Quelle: Destatis

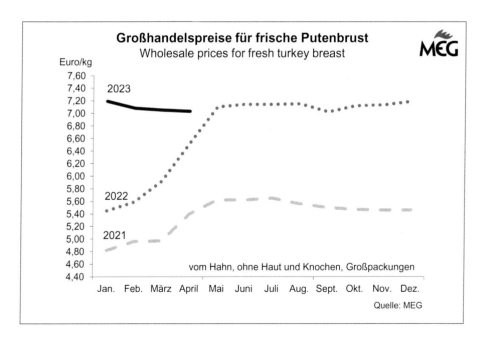

5 Deutschland: Geflügel

Tabelle 116

Außenhandel mit Putenküken und lebenden Puten

1.000 Stück	2017	2018	2019	2020	2021	2022v
Putenküken (Tarifnummer 0105 12 00)						
Ausfuhren	22.104	24.804	24.623	24.981	20.063	17.928
davon nach:						
Frankreich	1.154	1.095	1.058	1.324	1.383	1.319
Dänemark	937	811	726	717	629	598
Polen	15.500	16.507	16.191	16.050	12.521	11.025
EU 27	19.967		21.726	21.775	18.264	16.924
Vereinigtes Königreich	298	.	95	20	.	.
EU 28	20.264	21.530	21.821	.	.	.
Ukraine	1.345	1.523	1.755	1.848	1.486	1.005
Russland	495	1.706	1.021	1.283	310	.
Drittländer [1]	1.840	3.273	2.803	3.206	1.799	1.005
Einfuhren	840	673	549	578	316	141
davon aus:						
EU 27	179	102	254	261	308	136
Vereinigtes Königreich	506	571	295	207	8	6
EU 28	685	673	549	.	.	.
Kanada	155	.	.	10	.	.
Drittländer [1]	155	0	0	317	8	6
Lebenden Puten > 185 g (Tarifnummer 0105 99 30)						
Ausfuhren	1.561	1.694	1.434	966	669	630
davon nach:						
Österreich	5	6	9	6	2	4
Polen	1.285	1.285	1.024	705	319	321
EU 27	1.561	1.694	1.434	966	669	630
EU 28	1.561	1.694	1.434	.	.	.
Einfuhren	7.953	11.652	11.266	11.904	12.572	13.543
davon aus:						
Niederlande	1.886	3.357	3.988	3.837	4.190	2.984
Dänemark	735	623	645	656	477	489
Österreich	514	481	35	136	82	113
EU 27	7.953	11.652	11.266	11.904	12.572	13.543
EU 28	7.953	11.652	11.266	.	.	.

1) jeweiliger Gebietsstand
Quelle: Destatis

Deutschland: Geflügel

Tabelle 117

Monatliche Schlachtungen von Puten

Tonnen SG	2017	2018	2019	2020	2021	2022v
Januar	39.757,8	41.262,4	42.923,1	43.066,8	38.807,2	37.306,2
Februar	35.350,4	38.482,4	37.970,6	38.330,9	36.489,9	33.023,8
März	42.630,5	43.048,4	39.504,8	41.775,3	39.408,2	35.860,8
April	34.326,6	40.278,2	39.346,9	38.297,6	31.677,6	31.001,8
Mai	39.658,1	38.075,1	40.666,2	36.887,4	33.964,6	33.771,6
Juni	38.888,5	38.300,2	37.054,8	38.290,2	35.357,7	34.809,8
Juli	36.519,7	37.971,0	39.438,0	37.261,2	33.702,7	31.991,7
August	37.285,5	38.617,1	36.425,6	36.013,4	34.516,1	32.692,3
September	37.478,9	35.149,0	36.870,0	39.176,9	35.947,1	32.070,8
Oktober	39.739,3	37.908,9	41.559,9	40.705,6	37.727,1	30.390,4
November	42.854,5	40.420,0	39.213,3	41.923,1	40.302,9	36.715,0
Dezember	41.107,8	37.695,2	39.610,4	45.048,2	43.473,2	36.319,8
Januar - Dezember	465.597,8	467.207,8	470.583,6	476.776,6	441.374,3	405.954,0
- davon zerteilt	392.270,3	393.587,6	402.360,0	403.783,4	375.168,7	340.722,1

in 1.000 Stück	2020	Ø SG	2021	Ø SG	2022v	Ø SG
Januar	2.964	14,5	2.774	14,0	2.636	14,2
Februar	2.648	14,5	2.614	14,0	2.453	13,5
März	2.946	14,2	2.877	13,7	2.605	13,8
April	2.861	13,4	2.349	13,5	2.273	13,6
Mai	2.784	13,3	2.621	13,0	2.583	13,1
Juni	2.809	13,6	2.675	13,2	2.637	13,2
Juli	2.806	13,3	2.529	13,3	2.408	13,3
August	2.687	13,4	2.746	12,6	2.541	12,9
September	3.069	12,8	2.887	12,5	2.544	12,6
Oktober	2.901	14,0	2.842	13,3	2.357	12,9
November	3.094	13,5	2.943	13,7	2.757	13,3
Dezember	3.334	13,5	3.313	13,1	2.732	13,3
Januar - Dezember	34.900	13,7	33.168	13,3	30.526	13,3

Schlachtungen in meldepflichtigen Schlachtereien.
Quelle: Destatis

5 Deutschland: Geflügel

Tabelle 118

Einfuhren von ganzen Putenschlachtkörpern

Tonnen	2017	2018	2019	2020	2021	2022v
Januar - März	609	1.184	642	1.228	442	911
April - Juni	252	386	244	403	164	285
Juli - September	323	309	462	257	414	873
Oktober - Dezember	2.206	2.019	1.697	1.904	1.715	1.613
Januar - Dezember	3.390	3.898	3.045	3.792	2.735	3.682
davon frisch	1.706	1.801	1.440	2.130	1.381	1.091
davon aus:						
Frankreich	2.554	2.539	1.871	2.788	1.708	2.700
- davon frisch	990	558	427	1.283	465	233
Italien	565	417	368	389	255	132
- davon frisch	525	379	335	354	226	97
Niederlande	81	86	90	83	240	92
- davon frisch	79	84	90	83	240	92
EU 27	3.390	3.705	3.045	3.792	2.735	3.682
Vereinigtes Königreich	.	193	0	0	0	.
EU 28	3.390	3.898	3.045	.	.	.
- davon frisch	1.706	1.801	1.440	.	.	.
Drittländer [1]	.	.	.	.	.	.

1) jeweiliger Gebietsstand
Quelle: Destatis

Tabelle 119

Einfuhren von Putenteilen
- Putenbrust, Putenschenkel und entbeintes Putenfleisch (einschließlich Separatorenfleisch)

Tonnen	2017	2018	2019	2020	2021	2022v
Gesamt	99.848	103.722	99.276	93.936	83.307	74.941
davon aus:						
Frankreich	3.527	2.061	2.373	1.606	1.592	1.722
Italien	11.891	10.685	10.038	9.079	9.438	4.249
Niederlande	11.017	5.283	3.880	3.966	2.894	1.941
Tschechische Republik	3	3	2	3	.	.
Polen	47.356	55.618	55.988	56.934	51.840	50.018
Ungarn	1.780	2.298	1.781	1.296	2.360	1.620
EU 27	89.129	91.142	88.227	85.687	82.614	73.549
Vereinigtes Königreich	7.913	7.208	5.953	3.433	584	912
EU 28	97.042	98.350	94.180	.	.	.
Israel	11	.	.	.	.	.
Brasilien	1.410	1.115	880	43	68	2
Drittländer [1]	2.806	5.372	5.096	8.249	693	1.392

1) jeweiliger Gebietsstand
Quelle: Destatis

Deutschland: Geflügel

Tabelle 120

Aufgliederung der Einfuhren von Putenteilen

Tonnen	2017	2018	2019	2020	2021	2022v
Brust	**11.104**	**11.827**	**12.255**	**7.728**	**6.255**	**8.073**
- davon frisch	9.039	9.634	10.995	6.672	5.349	7.160
Lieferländer:						
Frankreich	158	110	48	40	32	26
Italien	663	412	399	394	413	166
Niederlande	2.487	1.015	773	784	426	264
EU 27	**10.612**	**11.671**	**12.121**	**7.727**	**6.254**	**8.068**
Vereinigtes Königreich	.	.	134	1	.	5
EU 28	**10.612**	**11.671**	**12.255**	.	.	.
- davon frisch	9.039	9.632	10.995	.	.	.
Drittländer [2]	**492**	**156**	**0**	**1**	**1**	**5**
Oberschenkel	**14.479**	**15.136**	**12.067**	**9.885**	**7.187**	**6.749**
- davon frisch	13.066	14.019	11.441	9.290	6.569	6.249
Lieferländer:						
Frankreich	24	16	16	19	17	8
Italien	1.374	806	791	853	997	670
Niederlande	274	318	248	212	139	86
EU 27	**9.834**	**12.024**	**9.756**	**7.992**	**6.639**	**5.993**
Vereinigtes Königreich	4.645	3.112	2.311	1.893	548	757
EU 28	**14.479**	**15.136**	**12.067**	.	.	.
- davon frisch	13.066	14.019	11.441	.	.	.
Drittländer [2]	**0**	**0**	**0**	**1.893**	**548**	**756**
Unterschenkel	**11.695**	**14.256**	**11.749**	**13.577**	**11.102**	**9.900**
- davon frisch	10.781	13.649	11.010	13.128	10.629	9.175
Lieferländer:						
Frankreich	1.279	176	48	219	25	12
Italien	1.468	1.509	1.107	982	1.092	84
Niederlande	369	.	29	36	67	57
EU 27	**8.800**	**10.358**	**8.437**	**12.234**	**11.102**	**9.865**
Vereinigtes Königreich	2.895	3.898	3.312	1.343	.	35
EU 28	**11.695**	**14.256**	**11.749**	.	.	.
- davon frisch	10.781	13.649	11.010	.	.	.
Drittländer [2]	**0**	**0**	**0**	**1.343**	**0**	**35**
Entbeinte Teile [1]	**62.570**	**62.503**	**63.205**	**62.746**	**58.764**	**50.218**
- davon frisch	40.963	38.595	38.754	38.103	39.886	31.808
Lieferländer:						
Frankreich	2.067	1.760	2.261	1.328	1.519	1.676
Irland	.	52	7	.	85	204
Italien	8.385	7.958	7.741	6.850	6.937	3.328
Niederlande	7.888	3.950	2.831	2.934	2.262	1.534
Tschechische Republik	3	3	2	3	.	.
Ungarn	1.556	2.173	1.590	1.264	2.334	1.561
Polen	29.568	31.554	31.979	34.101	33.454	31.651
EU 27	**59.884**	**57.089**	**57.914**	**57.734**	**58.620**	**49.623**
Vereinigtes Königreich	373	199	196	197	36	115
EU28	**60.257**	**57.288**	**58.110**	.	.	.
- davon frisch	40.963	38.594	38.753	.	.	.
Israel	11	.	.	.	.	.
Brasilien	918	961	880	43	68	2
Drittländer [2]	**2.313**	**5.215**	**5.095**	**5.012**	**144**	**595**

1) Zolltarifposition beinhaltet auch Separatorenfleisch.
2) jeweiliger Gebietsstand
Quelle: Destatis

MEG-Marktbilanz Eier und Geflügel 2023

5 Deutschland: Geflügel

Tabelle 121

Ausfuhren von Putenfleisch

Tonnen	2017	2018	2019	2020	2021	2022v
Ganze Puten	124	122	147	546	65	3.619
davon nach:						
Frankreich	2	7	2	.	2	2
Österreich	21	34	24	10	11	12
Tschechische Republik	1	0	0	10	.	.
EU 27	80	83	81	517	31	3.561
Vereinigtes Königreich	.	1	1	.	.	.
EU 28	80	84	82	.	.	.
Drittländer [3]	44	38	65	29	34	58
Putenteile [1] [2]	80.722	77.320	75.248	69.240	75.644	63.703
davon nach:						
Niederlande	11.464	9.628	10.344	8.870	10.367	8.561
Österreich	18.808	17.451	16.255	15.659	15.232	15.150
Frankreich	8.728	8.539	7.948	6.105	6.945	6.464
EU 27	72.140	70.306	68.723	62.374	70.372	60.736
Vereinigtes Königreich	5.139	4.189	3.561	4.815	3.392	1.304
EU 28	77.279	74.495	72.284	.	.	.
Schweiz	866	1.024	1.270	1.322	1.418	1.425
Russland	.	.	.	.	.	.
Drittländer [3]	3.443	2.825	2.964	6.866	5.272	2.967
Putenteile [1] [2]	80.722	77.320	75.248	69.240	75.644	63.703
davon:						
Brust	856	904	705	261	182	330
Oberschenkel	2.440	2.326	1.898	2.633	3.834	2.727
Unterschenkel	5.294	5.264	4.959	3.795	3.874	2.455
Entbeintes Fleisch [2]	72.132	68.826	67.685	62.550	67.754	58.190

1) Putenbrust, -schenkel und entbeintes Fleisch. 2) Einschließlich Separatorenfleisch.
3) jeweiliger Gebietsstand
Quelle: Destatis

Deutschland: Geflügel

Tabelle 122

Einfuhren von Zubereitungen von Geflügelfleisch

Tonnen	2017	2018	2019	2020	2021	2022v
Januar	15.306	15.896	14.229	13.682	9.363	10.588
Februar	13.535	13.656	12.441	12.031	9.051	8.982
März	13.955	16.275	11.863	11.891	11.529	15.405
April	16.367	14.491	13.867	9.303	9.563	12.086
Mai	16.040	14.187	13.054	9.494	11.037	10.767
Juni	14.330	15.576	13.101	10.749	12.811	12.817
Juli	11.730	14.269	11.850	11.637	11.106	13.702
August	11.783	15.019	11.998	10.575	10.703	12.910
September	13.625	13.976	11.780	10.137	12.239	11.937
Oktober	16.939	14.861	14.167	10.702	8.943	13.635
November	15.639	14.250	12.191	10.973	13.889	12.909
Dezember	14.421	12.292	10.965	8.875	11.963	9.085
Januar - Dezember	173.670	174.747	151.505	130.049	132.198	144.821
davon aus:						
Belgien/Luxemburg	2.086	2.714	3.388	2.734	2.569	2.620
Dänemark	18.509	25.558	18.312	11.762	11.977	15.953
Niederlande	29.467	32.198	28.444	32.678	33.614	37.689
Frankreich	1.204	1.143	1.316	1.402	1.715	1.246
Irland	172	531	225	391	1.130	604
Italien	8.147	8.248	9.055	9.178	11.228	9.458
Ungarn	3.542	4.945	5.764	6.993	7.670	14.557
Polen	11.237	10.955	11.562	12.304	12.916	13.288
EU 27	95.721	116.833	108.106	96.087	101.653	108.974
Vereinigtes Königreich	2.312	1.286	1.993	1.875	288	195
EU 28	98.033	118.119	110.099	.	.	.
USA	.	1	1	.	1	.
China	6.380	6.121	5.819	3.424	3.690	6.376
Israel	1	.	.	.	.	.
Thailand	19.903	17.536	17.398	16.248	13.412	14.968
Brasilien	49.030	25.683	16.281	11.915	12.818	13.831
Argentinien	158	381	305	246	220	375
Drittländer [1]	**75.637**	**56.628**	**41.406**	**33.962**	**30.545**	**35.847**

1) jeweiliger Gebietsstand
Quelle: Destatis

5 Deutschland: Geflügel

Tabelle 123

Aufgliederung der Einfuhren von Zubereitungen

	2017	2018	2019	2020	2021	2022v
Putenfleisch, nicht gegart, Fleischanteil über 57 %						
insgesamt	6.660	11.619	5.626	3.593	3.371	1.760
davon aus:						
Belgien/Luxemburg	1	5	4	.	1	5
Frankreich	87	55	74	150	116	38
Italien	2.393	2.883	2.553	2.510	2.121	820
Niederlande	93	131	157	27	17	9
Österreich	367	299	480	385	280	224
Ungarn	52	73	78	49	35	27
Polen	443	200	639	370	699	444
EU 27	3.509	38.523	4.155	3.551	3.371	1.645
Vereinigtes Königreich	.	.	.	.	.	.
EU 28	3.509	3.852	4.155	.	.	.
Brasilien	3.063	1.249	24	42	.	114
Chile	86	6.514	1.447	.	.	.
Drittländer [1]	**3.151**	**7.767**	**1.471**	**42**	.	**115**
Anderes Geflügelfleisch, nicht gegart, Fleischanteil über 57 %						
insgesamt	20.773	20.944	16.852	14.820	15.038	17.576
davon aus:						
Belgien/Luxemburg	49	398	1.060	741	494	626
Dänemark	615	527	681	425	335	631
Frankreich	106	120	155	183	318	309
Niederlande	9.334	10.486	7.832	6.517	6.634	9.296
Ungarn	10	2	6	1	5	.
Polen	7.404	5.841	4.288	5.016	4.831	5.075
EU 27	20.505	20.825	16.786	14.647	14.449	17.519
Vereinigtes Königreich	103	91	61	13	0	.
EU 28	20.608	20.916	16.846	.	.	.
Brasilien	134	.	1	60	557	27
Thailand	29	22	2	89	14	22
Drittländer [1]	**165**	**28**	**6**	**173**	**589**	**57**
Geflügelfleisch, gegart, Fleischanteil über 57 %						
Januar - Dezember	74.549	82.647	82.237	75.947	78.304	88.590
Anteil Putenfleisch	4.511	4.439	3.773	3.597	4.495	4.451
Geflügelfleisch gegart insgesamt aus:						
Belgien/Luxemburg	1.814	1.903	2.030	1.841	1.925	1.819
Frankreich	666	845	708	495	550	517
Niederlande	15.984	17.239	15.587	22.542	24.305	24.347
Ungarn	3.477	4.758	5.287	3.647	4.535	9.354
EU 27	37.080	45.849	45.128	46.474	49.882	54.642
Vereinigtes Königreich	557	187	181	199	131	6
EU 28	37.637	46.036	45.308	.	.	.
Argentinien	158	381	305	246	215	371
Brasilien	13.806	15.181	15.711	11.478	12.178	13.465
Thailand	16.810	14.696	15.094	14.110	12.405	13.844
Drittländer [1]	**36.912**	**36.611**	**36.929**	**29.473**	**28.422**	**33.948**

Fortsetzung mit Tabelle 123b

Tabelle 123b (Fortsetzung)

Aufgliederung der Einfuhren von Zubereitungen

	2017	2018	2019	2020	2021	2022v
Geflügelfleisch, gegart, Fleischanteil 25 - 57 %						
Januar - Dezember	66.879	54.997	41.673	30.139	30.605	31.820
Anteil Putenfleisch	368	386	276	374	356	420
davon aus:						
Niederlande	3.094	3.416	3.365	2.218	1.897	3.377
Italien	2.774	2.722	2.797	2.832	3.824	3.456
Österreich	10.337	15.122	16.026	7.287	6.123	2.520
Ungarn	3	112	393	3.296	3.096	5.176
EU 27	32.110	43.783	39.053	27.984	30.210	31.396
Vereinigtes Königreich	1.645	1.003	1.746	1.662	26	0
EU 28	33.755	44.785	40.799	.	.	.
Brasilien	32.020	9.232	529	324	62	162
Drittländer [1]	33.124	10.212	874	2.155	395	424
Geflügelfleisch, gegart, Fleischanteil unter 25 %						
Januar - Dezember	4.809	4.540	5.118	5.550	4.880	5.075
davon aus:						
Frankreich	167	23	24	51	44	5
Niederlande	963	926	1.504	1.374	761	661
EU 27	2.516	2.524	2.986	3.431	3.740	3.772
Vereinigtes Königreich	8	5	5	1	131	189
EU 28	2.525	2.530	2.990	.	.	.
Drittländer [1]	2.284	2.010	2.128	2.119	1.140	1.303

1) jeweiliger Gebietsstand
Quelle: Destatis

Tabelle 124

Ausfuhren von Zubereitungen von Geflügelfleisch

Tonnen	2017	2018	2019	2020	2021	2022v
Januar - Dezember	204.422	219.052	216.302	206.056	208.903	221.183
davon nach:						
Belgien/Luxemburg	10.362	13.387	13.803	12.487	14.488	14.236
Dänemark	15.517	14.424	14.707	15.080	14.638	14.446
Frankreich	32.194	33.483	36.943	36.252	37.162	34.782
Niederlande	29.849	32.491	30.963	33.698	34.193	36.613
Österreich	10.607	11.126	10.807	9.060	10.644	12.560
Spanien	18.951	18.535	20.375	16.223	18.696	20.274
EU 27	164.371	178.005	178.038	160.346	177.591	186.751
Vereinigtes Königreich	35.078	35.424	30.318	39.619	25.095	26.951
EU 28	199.449	213.429	208.356	.	.	.
Schweiz	2.209	2.689	2.721	2.368	2.663	2.846
Russland	32	27	18	25	24	9
Drittländer [1]	4.973	5.623	7.946	45.710	31.312	34.432
Anteil Putenfleisch	17.823	21.894	16.714	15.689	16.250	16.207

1) jeweiliger Gebietsstand
Quelle: Destatis

Deutschland: Geflügel

Tabelle 125

Auszahlungspreise an die Putenmäster

Euro/kg LG	2017	2018	2019	2020	2021	2022
Hennen schwerer Rassen, Leitgewicht 9,5 kg						
Januar	1,16	1,18	1,25	1,30	1,14	1,35
Februar	1,14	1,18	1,26	1,30	1,15	1,36
März	1,13	1,18	1,26	1,30	1,16	1,39
April	1,13	1,18	1,27	1,30	1,19	1,48
Mai	1,13	1,18	1,27	1,30	1,22	1,59
Juni	1,15	1,20	1,28	1,29	1,24	1,71
Juli	1,16	1,20	1,28	1,27	1,27	1,81
August	1,17	1,21	1,29	1,26	1,30	1,84
September	1,18	1,23	1,29	1,24	1,34	1,85
Oktober	1,18	1,24	1,30	1,23	1,34	1,86
November	1,18	1,24	1,30	1,19	1,34	1,86
Dezember	1,18	1,24	1,30	1,16	1,34	1,86
Januar - Dezember	**1,16**	**1,21**	**1,28**	**1,26**	**1,25**	**1,66**
Hähne schwerer Rassen, Leitgewicht 18,5 kg						
Januar	1,20	1,22	1,29	1,31	1,15	1,33
Februar	1,18	1,22	1,29	1,31	1,16	1,33
März	1,17	1,22	1,29	1,31	1,17	1,37
April	1,17	1,22	1,30	1,31	1,19	1,45
Mai	1,17	1,23	1,30	1,31	1,23	1,56
Juni	1,19	1,24	1,31	1,30	1,25	1,68
Juli	1,20	1,24	1,31	1,29	1,28	1,81
August	1,21	1,25	1,31	1,27	1,29	1,84
September	1,22	1,27	1,31	1,25	1,32	1,85
Oktober	1,22	1,28	1,31	1,24	1,35	1,86
November	1,22	1,28	1,31	1,20	1,35	1,86
Dezember	1,22	1,28	1,31	1,18	1,35	1,86
Januar - Dezember	**1,20**	**1,25**	**1,30**	**1,27**	**1,26**	**1,65**

Quelle: MEG

Tabelle 126

Schlachtereiabgabepreise für frisches Putenfleisch

Euro/kg	2017	2018	2019	2020	2021	2022
Brustfleisch, ohne Haut und Knochen vom Hahn						
Januar	5,10	5,30	5,56	6,07	4,82	5,45
Februar	5,20	5,24	5,54	6,02	4,96	5,59
März	.	5,16	5,54	5,75	4,97	5,92
April	5,22	5,17	5,63	5,74	5,40	6,52
Mai	5,32	5,29	5,77	5,59	5,62	7,10
Juni	5,36	5,45	5,85	5,38	5,62	7,14
Juli	5,38	5,48	5,95	5,29	5,65	7,14
August	5,38	5,48	5,99	5,19	5,56	7,15
September	5,37	5,53	6,04	5,12	5,50	7,02
Oktober	5,30	5,57	6,13	4,88	5,47	7,12
November	5,35	5,59	6,08	4,85	5,46	7,14
Dezember	5,32	5,57	6,08	4,84	5,46	7,19
Januar - Dezember	**5,30**	**5,40**	**5,85**	**5,39**	**5,37**	**6,71**
Oberschenkel, mit Haut und Knochen						
Januar	2,74	2,82	2,80	2,89	2,60	2,94
Februar	2,75	2,84	2,80	2,89	2,64	3,09
März	2,77	2,84	2,80	2,87	2,64	3,39
April	2,78	2,86	2,82	2,86	2,73	3,67
Mai	2,81	2,84	2,85	2,80	2,77	4,03
Juni	2,82	2,84	2,85	2,75	2,77	4,04
Juli	2,80	2,84	2,87	2,75	2,82	4,09
August	2,78	2,84	2,86	2,71	2,84	4,08
September	2,78	2,75	2,86	2,70	2,84	4,08
Oktober	2,78	2,77	2,87	2,60	2,87	4,19
November	2,83	2,78	2,87	2,60	2,91	4,25
Dezember	2,85	2,80	2,88	2,61	2,94	4,30
Januar - Dezember	**2,79**	**2,82**	**2,84**	**2,75**	**2,78**	**3,85**

Fortsetzung mit Tabelle 126b

Deutschland: Geflügel

Tabelle 126b (Fortsetzung)

Schlachtereiabgabepreise für frisches Putenfleisch

Euro/kg	2017	2018	2019	2020	2021	2022
Unterschenkel, mit Haut und Knochen						
Januar	1,75	1,81	1,92	1,97	1,81	2,10
Februar	1,75	1,83	1,92	1,97	1,82	2,18
März	1,76	1,82	1,92	1,96	1,83	2,40
April	1,76	1,83	1,92	1,96	1,90	2,49
Mai	1,77	1,82	1,95	1,92	1,97	2,68
Juni	1,78	1,82	1,96	1,88	1,97	2,69
Juli	1,77	1,82	1,96	1,88	2,00	2,74
August	1,77	1,82	1,99	1,85	2,00	2,73
September	1,77	1,83	1,99	1,84	2,00	2,75
Oktober	1,77	1,84	1,99	1,79	2,02	2,87
November	1,78	1,85	1,96	1,79	2,05	2,92
Dezember	1,79	1,92	1,96	1,79	2,10	2,97
Januar - Dezember	**1,77**	**1,83**	**1,95**	**1,88**	**1,96**	**2,63**
Putenschnitzel, (bulk)						
Januar	6,48	6,55	6,86	7,10	6,16	6,67
Februar	6,48	6,58	6,62	7,03	6,21	6,77
März	6,48	6,60	6,62	6,97	6,21	7,19
April	6,55	6,62	6,93	6,90	6,34	7,48
Mai	6,55	6,67	7,02	6,70	6,38	7,93
Juni	6,55	6,67	7,02	6,59	6,38	8,37
Juli	6,55	6,67	7,03	6,59	6,53	8,42
August	6,55	6,67	7,03	6,46	6,53	8,42
September	6,55	6,82	7,03	6,36	6,53	8,42
Oktober	6,55	6,82	7,10	6,21	6,53	8,42
November	6,55	6,86	7,10	6,16	6,59	8,45
Dezember	6,55	6,86	6,83	6,16	6,59	8,45
Januar - Dezember	**6,53**	**6,70**	**6,93**	**6,60**	**6,42**	**7,92**

Fortsetzung mit Tabelle 126c

Tabelle 126c (Fortsetzung)

Schlachtereiabgabepreise für frisches Putenfleisch
In Großpackungen, Abnahme mindestens 500 kg, franko

Euro/kg	2017	2018	2019	2020	2021	2022
Fleisch vom Oberschenkel, ohne Haut und Knochen						
Januar	3,44	3,46	3,51	3,60	3,28	3,66
Februar	3,45	3,48	3,51	3,60	3,30	3,92
März	3,45	3,47	3,51	3,61	3,31	4,26
April	3,44	3,48	3,52	3,58	3,40	4,46
Mai	3,45	3,48	3,56	3,48	3,51	4,63
Juni	3,45	3,48	3,57	3,42	3,51	4,70
Juli	3,44	3,48	3,57	3,35	3,57	4,76
August	3,44	3,48	3,57	3,31	3,57	4,78
September	3,44	3,48	3,57	3,30	3,58	4,79
Oktober	3,44	3,48	3,57	3,25	3,61	4,86
November	3,45	3,51	3,57	3,25	3,65	4,93
Dezember	3,46	3,51	3,59	3,25	3,65	4,98
Januar - Dezember	**3,45**	**3,48**	**3,55**	**3,42**	**3,50**	**4,56**

Quelle: MEG

Tabelle 127

Verbraucherpreise für frische Putenbrust (inkl. Schnitzeln) in Deutschland

Euro/kg	2017	2018	2019	2020	2021	2022
Januar	7,26	7,22	7,32	8,18	7,88	8,72
Februar	7,16	7,27	7,50	7,88	8,22	8,64
März	7,29	7,08	7,48	8,28	8,29	9,27
April	7,58	7,63	7,71	8,64	8,44	9,46
Mai	7,45	7,63	7,79	8,25	8,52	10,38
Juni	7,46	7,49	7,79	8,52	8,47	10,59
Juli	7,55	7,36	7,77	8,15	8,49	11,00
August	7,46	7,39	7,72	8,16	8,63	11,49
September	7,25	7,40	7,78	8,17	8,85	10,72
Oktober	6,98	7,24	7,72	7,94	8,63	11,06
November	7,12	7,40	7,64	8,11	8,96	10,97
Dezember	7,30	7,55	7,97	8,02	8,98	11,43
Januar - Dezember	**7,32**	**7,39**	**7,68**	**8,19**	**8,53**	**10,31**

Quelle: Zusammengestellt von MEG nach GfK

5 Deutschland: Geflügel

Tabelle 128

Preise für Putenmastfutter, Phase 6
- Einstandspreis der Erzeuger - bei Abnahme ab 3 Tonnen lose, netto, frei Farm
Lieferung frei Silo, ganzer Zug

Euro/100 kg	2017	2018	2019	2020	2021	2022
Raum Weser-Ems						
Januar	27,78	28,00	29,55	28,18	31,50	40,90
Februar	27,96	28,00	29,55	28,35	32,54	41,79
März	27,71	28,12	29,16	28,38	33,26	46,23
April	27,95	28,18	28,75	28,57	33,68	49,85
Mai	27,95	27,99	28,51	28,59	34,08	49,85
Juni	27,98	28,30	28,19	28,55	34,68	49,39
Juli	27,95	28,30	28,05	28,50	34,79	48,06
August	27,93	29,28	28,05	28,50	34,63	47,15
September	27,85	29,58	28,05	28,74	35,05	47,05
Oktober	27,85	29,56	28,08	29,23	35,33	48,78
November	27,89	29,55	28,10	30,31	37,79	49,35
Dezember	28,00	29,55	28,10	31,00	39,22	49,05
Januar - Dezember	**27,90**	**28,70**	**28,51**	**28,91**	**34,71**	**47,29**

Quelle: LWK Niedersachsen

Tabelle 129

Monatliche Schlachtungen von Suppenhennen

Tonnen SG	2017	2018	2019	2020	2021	2022v
Januar	3.483,8	3.431,6	4.479,3	3.926,4	3.873,1	3.849,9
Februar	2.575,7	2.704,2	2.100,1	1.915,6	2.575,1	2.332,7
März	2.812,7	3.403,9	2.519,1	2.938,7	3.428,2	3.226,8
April	3.602,8	4.354,8	3.963,4	4.441,7	3.625,6	3.413,6
Mai	3.803,1	3.713,9	3.908,7	3.636,0	3.203,8	3.122,3
Juni	3.943,2	4.334,3	3.612,1	3.491,2	3.718,4	3.569,5
Juli	3.313,6	3.558,1	3.985,4	3.376,7	3.489,1	3.238,6
August	3.164,2	3.646,5	3.106,9	3.000,8	3.032,7	2.495,0
September	3.878,8	4.048,9	3.822,1	4.070,4	3.858,0	3.317,5
Oktober	3.153,6	3.682,7	3.257,0	3.524,5	3.222,6	2.821,0
November	2.205,5	2.638,6	2.014,7	3.349,0	3.510,9	2.343,6
Dezember	2.985,2	2.847,8	2.626,5	3.110,9	3.182,3	3.001,2
Januar - Dezember	**38.922,1**	**42.365,4**	**39.395,4**	**40.781,8**	**40.719,7**	**36.731,4**

Fortsetzung mit Tabelle 129b

Deutschland: Geflügel

Tabelle 129b (Fortsetzung)

Monatliche Schlachtungen von Suppenhennen in Stück

in 1.000 Stück	2019	ØSG kg	2020	ØSG kg	2021	ØSG kg	2022v	ØSG kg
Januar	3.734,8	1,20	3.256,1	1,21	3.490,5	1,11	3.210,8	1,20
Februar	1.560,6	1,35	1.361,0	1,41	2.127,0	1,21	1.686,4	1,38
März	1.805,2	1,40	2.327,5	1,26	3.006,1	1,14	2.661,3	1,21
April	3.437,8	1,15	3.642,6	1,22	3.155,8	1,15	2.927,9	1,17
Mai	3.382,3	1,16	2.861,0	1,27	2.721,0	1,18	2.545,7	1,23
Juni	3.007,6	1,20	2.895,4	1,21	2.997,2	1,24	2.985,0	1,20
Juli	3.164,1	1,26	2.763,7	1,22	3.016,4	1,16	2.515,4	1,29
August	2.473,0	1,26	2.363,5	1,27	2.489,3	1,22	1.921,1	1,30
September	3.240,3	1,18	3.213,2	1,27	3.011,8	1,28	2.695,6	1,23
Oktober	2.618,2	1,24	2.975,2	1,18	2.433,8	1,32	2.283,1	1,24
November	1.581,5	1,27	2.628,6	1,27	2.781,7	1,26	1.807,4	1,30
Dezember	2.123,7	1,24	2.813,4	1,11	2.761,1	1,15	2.413,0	1,24
Januar - Dezember	32.129,1	1,23	33.101,2	1,23	33.991,8	1,20	29.652,7	1,24

Schlachtungen in meldepflichtigen Schlachtereien.
Quelle: Destatis

Tabelle 130

Erzeugerpreise für Schlachthennen
Gewichtsgruppe 1.700-1.900 Gramm

Euro/kg LG	2017	2018	2019	2020	2021	2022
Januar	0,13	0,23	0,12	0,17	0,13	0,26
Februar	0,19	0,24	0,20	0,27	0,21	0,31
März	0,20	0,19	0,19	0,25	0,25	0,32
April	0,18	0,14	0,10	0,10	0,20	0,35
Mai	0,15	0,13	0,10	0,05	0,15	0,36
Juni	0,15	0,10	0,08	0,10	0,16	0,34
Juli	0,14	0,09	0,08	0,11	0,14	0,32
August	0,14	.	0,11	0,12	0,15	0,30
September	0,29	0,10	0,16	0,17	0,24	0,37
Oktober	0,35	0,12	0,19	0,17	0,29	0,39
November	0,33	0,14	0,18	0,17	0,31	0,39
Dezember	0,28	0,12	0,13	0,12	0,27	0,42
Januar - Dezember	0,21	0,14	0,14	0,15	0,21	0,34

Quelle: LWK Niedersachsen

5 Deutschland: Geflügel

Tabelle 131

Schlachtereiabgabe- bzw. Großhandelseinstandspreise für gefrorene Suppenhennen
Durchschnitt aller Herkünfte, kochfertig, poly verpackt

Euro/kg frei Empfänger	2017	2018	2019	2020	2021	2022
Durchschnitt aller Gewichte						
Januar	1,58	1,58	1,52	1,53	1,52	1,51
Februar	1,58	1,58	1,52	1,53	1,52	1,53
März	1,58	1,59	1,52	1,53	1,52	1,60
April	1,58	1,59	1,52	1,53	1,52	1,67
Mai	1,58	1,59	1,53	1,53	1,52	1,71
Juni	1,58	1,59	1,53	1,53	1,52	1,71
Juli	1,58	1,59	1,53	1,53	1,51	1,71
August	1,58	1,59	1,53	1,53	1,51	1,74
September	1,58	1,52	1,53	1,53	1,51	1,74
Oktober	1,58	1,52	1,53	1,53	1,51	1,76
November	1,58	1,52	1,53	1,52	1,51	1,76
Dezember	1,58	1,52	1,53	1,52	1,51	1,76
Januar - Dezember	1,58	1,57	1,53	1,53	1,51	1,68

Quelle: MEG

Tabelle 132

Schlachtungen von Enten

Tonnen SG	2017	2018	2019	2020	2021	2022v
Januar	3.264	3.034	3.173	2.803	.	1.745
Februar	2.706	2.939	2.822	2.474	1.589	1.421
März	3.210	3.320	2.715	2.683	1.915	1.961
April	2.911	2.814	3.039	2.455	.	1.812
Mai	2.589	2.869	2.304	1.889	1.213	1.803
Juni	2.322	2.714	2.108	.	1.536	1.947
Juli	2.704	2.792	2.343	.	1.673	1.317
August	2.634	2.552	2.393	.	1.520	1.733
September	3.159	2.967	2.954	1.930	1.757	1.787
Oktober	2.504	3.821	3.608	2.230	2.414	1.906
November	3.579	3.721	3.427	2.401	2.477	2.220
Dezember	4.417	3.514	3.716	2.918	2.550	2.416
Januar - Dezember	35.998	37.058	34.602	26.508	21.871	22.066

Schlachtungen in meldepflichtigen Schlachtereien.
Quelle:Destatis

Deutschland: Geflügel

Tabelle 133

Schlachtungen von Enten in Stück

in 1.000 Stück	2020	ØSG kg	2021	ØSG kg	2022v	ØSG kg
Januar	1.278	2,19	.	.	816	2,14
Februar	1.145	2,16	692	2,30	605	2,35
März	1.204	2,23	853	2,25	840	2,34
April	1.149	2,14	.	.	837	2,16
Mai	887	2,13	528	2,30	776	2,32
Juni	.	.	646	2,38	812	2,40
Juli	.	.	743	2,25	613	2,15
August	.	.	672	2,26	793	2,19
September	1.006	1,92	787	2,23	771	2,32
Oktober	984	2,27	1.077	2,24	811	2,35
November	1.019	2,35	1.110	2,23	950	2,34
Dezember	1.131	2,58	1.147	2,22	1.050	2,30
Januar - Dezember	12.072	2,20	9.692	2,26	9.674	2,28

Schlachtungen in meldepflichtigen Schlachtereien.
Quelle: Destatis

Tabelle 134

Preisentwicklung am Entenmarkt

	2017	2018	2019	2020	2021	2022
Schlachtereiabgabepreise für deutsche Enten						
Euro/kg, bratfertig, gefroren						
Januar - März	2,52	2,67	2,57	2,45	2,41	3,54
April - Juni	2,52	2,66	2,57	2,41	2,76	4,51
Juli - September	2,62	2,66	2,55	2,41	2,83	4,80
Oktober - Dezember	2,68	2,59	2,51	2,40	3,03	4,93
Januar - Dezember	2,59	2,65	2,55	2,42	2,76	4,45
Verbraucherpreise für Enten						
Euro/kg, bratfertig, gefroren						
Januar	2,91	3,02	3,03	2,98	3,23	3,11
Februar	2,95	2,90	3,03	3,11	3,22	3,34
Oktober	3,04	3,12	3,07	2,92	3,40	3,52
November	3,46	3,95	3,30	3,10	3,37	4,51
Dezember	3,32	3,51	3,46	3,07	3,64	5,59
Oktober bis Dezember (Saison)	3,27	3,53	3,28	3,03	3,47	4,54

Quelle: Schlachtereiabgabepreise - MEG; Verbraucherpreise - Zusammengestellt von MEG nach GfK

5 Deutschland: Geflügel

Tabelle 135

Einfuhren von Enten

			2017	2018	2019	2020	2021	2022v
Einfuhren ganzer Tiere (einschließlich Hälften und Viertel), Tonnen								
Januar	-	März	5.582	6.095	5.420	4.268	4.746	4.783
April	-	Juni	4.088	4.053	3.990	1.597	4.353	5.126
Juli	-	September	5.344	5.856	5.394	3.539	6.255	4.579
Oktober	-	Dezember	10.398	10.425	8.620	9.181	7.930	5.906
Januar	**-**	**Dezember**	**25.412**	**26.430**	**23.424**	**18.585**	**23.284**	**20.394**
- davon frisch			6.463	8.014	7.344	6.557	7.305	3.607
Lieferländer:								
Frankreich			1.932	2.319	2.106	2.468	2.532	1.132
Niederlande			3.606	3.911	3.878	2.514	3.406	2.834
Tschechien			49	48	82	18	205	100
Ungarn			8.703	9.376	6.840	4.958	8.867	5.048
Polen			6.915	7.492	8.449	7.692	7.411	10.579
EU 27			**22.984**	**23.928**	**21.545**	**18.017**	**23.105**	**20.380**
Vereinigtes Königreich			2.302	2.486	1.864	507	113	3
EU 28			**25.286**	**26.414**	**23.409**	.	.	.
Thailand			113	0	.	3	7	2
Drittländer [1]			**126**	**16**	**15**	**568**	**179**	**14**

1) jeweiliger Gebietsstand
Quelle: Destatis

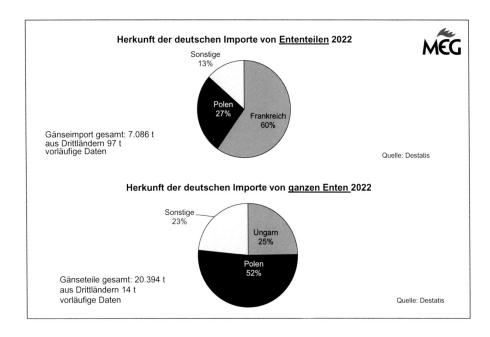

Tabelle 136

Einfuhren von Ententeilen

Tonnen		2017	2018	2019	2020	2021	2022v
Ententeile gesamt [1]							
Januar	- März	1.691	2.376	2.515	2.170	2.402	2.498
April	- Juni	1.386	1.516	1.433	783	1.040	765
Juli	- September	2.169	3.007	2.260	1.959	2.529	1.100
Oktober	- Dezember	5.988	6.060	6.096	5.968	4.824	2.723
Januar	- Dezember	**11.234**	**12.959**	**12.304**	**10.880**	**10.795**	**7.086**
- davon frisch		3.447	3.939	3.634	3.753	3.257	2.434
davon aus:							
Frankreich		9.793	10.436	9.671	8.383	8.384	4.238
Ungarn		69	261	587	159	96	196
Polen		1.045	1.807	1.517	1.784	1.513	1.890
EU 27		**11.218**	**12.889**	**12.243**	**10.836**	**10.725**	**6.989**
Vereinigtes Königreich		4	4	4	.	.	.
EU 28		**11.222**	**12.893**	**12.247**	.	.	.
China		2	7	33	18	57	78
Thailand		10	60	13	25	13	18
Drittländer [2]		12	66	57	44	70	97
1. entbeinte Ententeile							
Januar - Dezember		5.216	6.089	5.800	5.167	5.064	3.637
Lieferländer:							
Frankreich		4.349	4.655	4.329	3.847	3.574	2.081
Ungarn		52	226	398	116	65	167
Polen		551	900	632	756	782	810
EU 27		**5.200**	**6.076**	**5.752**	**5.156**	**5.012**	**3.560**
Vereinigtes Königreich		4	4	4	.	.	.
EU 28		**5.204**	**6.080**	**5.756**	.	.	.
China		2	7	32	10	52	77
Thailand		10	2	2	1	.	.
Drittländer [2]		12	9	44	11	52	77
2. Entenbrust							
Januar - Dezember		2.135	2.304	2.352	1.978	1.909	1.249
Lieferländer:							
Frankreich		1.766	1.705	1.752	1.411	1.509	847
Ungarn		1	35	16	22	4	11
EU 27		**2.135**	**2.304**	**2.350**	**1.970**	**1.904**	**1.249**
Vereinigtes Königreich		.	.	.	.	.	.
EU 28		**2.135**	**2.304**	**2.352**	.	.	.
Thailand		.	.	.	.	.	.
Drittländer [2]		.	.	2	8	5	0
3. Entenschenkel							
Januar - Dezember		3.883	4.567	4.152	3.735	3.823	2.199
Lieferländer:							
Frankreich		3.678	4.076	3.590	3.125	3.300	1.309
Ungarn		16	0	174	21	27	17
Polen		163	387	346	526	378	724
EU 27		**3.883**	**4.509**	**4.141**	**3.710**	**3.809**	**2.181**
EU 28		**3.883**	**4.509**	**4.141**	.	.	.
Drittländer [2]		0	58	11	25	14	18

1) Brust, Schenkel, entbeinte Teile. 2) jeweiliger Gebietsstand
Quelle: Destatis

MEG-Marktbilanz Eier und Geflügel 2023

Tabelle 137

Schlupf von Gänseküken

1.000 Stück		2017	2018	2019	2020	2021	2022v
Januar	- März	15	.	.	.	.	.
April	- Juni	775	792	828	814	628	654
Juli	- September	.	290	289	291	160	.
Oktober	- Dezember	.	.	.	.	.	.
Januar	- Dezember	1.109	1.094	1.142	1.130	809	872

Quelle: MEG nach Destatis

Tabelle 138

Schlachtungen von Gänsen

Tonnen SG		2017	2018	2019	2020	2021	2022v
Januar	- März	1,0	2,0	2,0	0,3	0,3	0,7
April	- Juni	0,0	0,0	0,1	0,1	0,0	0,1
Juli	- September	569,0	641,6	709,1	682,6	675,0	576,3
Oktober	- Dezember	2.237,4	2.483,9	2.155,1	2.239,9	1.881,7	1.802,5
Januar	- Dezember	2.919,9	3.127,5	2.866,3	2.922,9	2.557,0	2.379,7
davon							
ganze Schlachtkörper		2.240,4	2.435,4	2.090,1	2.175,2	1.954,5	1.775,1
frisch abgegeben		1.745,4	1.803,7	1.760,1	1.493,3	1 554 814	1.493,2

Quelle: Destatis

Tabelle 139

Verbraucherpreise für gefrorene ganze Gänseschlachtkörper in Deutschland

Euro/kg	2017	2018	2019	2020	2021	2022
Januar	2,92	4,43	3,89	3,59	3,19	3,96
Februar	3,01	4,49	.	3,37	3,49	3,42
Oktober	4,03	3,80	3,26	3,42	3,47	3,84
November	3,84	3,92	3,14	3,47	4,62	3,38
Dezember	4,28	3,66	3,44	3,18	4,57	4,63
Oktober bis Dezember (Saison)	**4,05**	**3,80**	**3,28**	**3,36**	**4,22**	**3,95**

Werte ab 2017 überarbeitet
Quelle: Zusammengestellt von MEG nach GfK

Deutschland: Geflügel

Tabelle 140

Einfuhren von Gänsen

Tonnen			2017	2018	2019	2020	2021	2022v
Einfuhren ganzer Tiere [1], Tonnen								
Januar	-	März	431	411	477	527	592	178
April	-	Juni	51	35	53	166	41	30
Juli	-	September	2.083	1.905	1.374	489	1.832	1.290
Oktober	-	Dezember	8.592	7.913	7.120	6.451	5.993	5.186
Januar	**-**	**Dezember**	**11.157**	**10.264**	**9.024**	**7.633**	**8.458**	**6.684**
davon frisch			1.245	1.072	991	1.038	1.197	485
davon aus:								
Ungarn			3.356	3.044	2.186	1.729	2.149	1.279
Polen			7.729	7.128	6.676	5.820	6.231	5.366
EU 27			11.156	10.262	9.019	7.628	8.458	6.684
Vereinigtes Königreich			1	2	5	5	.	.
EU 28			11.157	10.264	9.024	.	.	.
Drittländer [1]			**0**	**0**	**0**	**5**	**0**	**0**

1) Inklusive Hälften und Viertel. 2) jeweiliger Gebietsstand
Quelle: Destatis

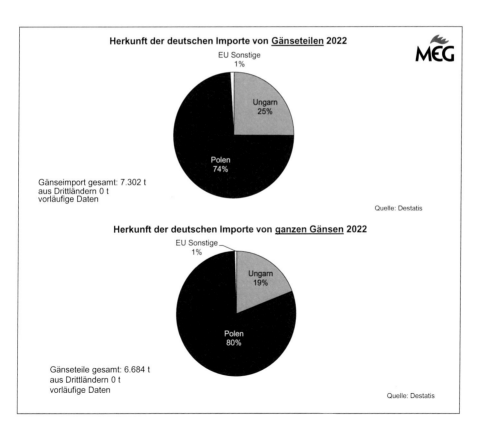

MEG-Marktbilanz Eier und Geflügel 2023

5 Deutschland: Geflügel

Tabelle 141

Einfuhren von Gänseteilen

Tonnen			2017	2018	2019	2020	2021	2022v
Gänseteile gesamt [1]								
Januar	-	März	518	507	457	695	419	409
April	-	Juni	388	590	365	213	390	254
Juli	-	September	2.243	2.690	1.894	1.031	2.253	1.714
Oktober	-	Dezember	6.342	7.549	6.582	7.504	5.450	4.925
Januar	-	Dezember	9.491	11.335	9.298	9.443	8.512	7.302
davon frisch			854	896	932	977	811	888
Lieferländer:								
Ungarn			3.614	3.857	2.629	2.364	2.637	1.832
Polen			5.763	7.332	6.477	6.901	5.781	5.393
EU 27			9.491	11.334	9.298	9.443	8.512	7.302
Vereinigtes Königreich			.	.	.	.	.	.
EU 28			9.491	11.334	9.298	.	.	.
Drittländer [2]			0	1	0	0	0	0
1. entbeinte Gänseteile								
Januar	-	Dezember	479	563	340	554	469	400
Lieferländer:								
Ungarn			220	98	35	89	181	100
Polen			251	448	300	424	266	272
EU 27			479	562	340	554	469	400
Vereinigtes Königreich			.	.	.	.	.	.
EU 28			479	562	340	.	.	.
Drittländer [2]			0	1	0	0	0	0
2. Gänsebrust								
Januar	-	Dezember	4.240	4.300	3.484	3.604	3.664	3.020
Lieferländer:								
Ungarn			1.751	1.650	1.282	1.032	1.303	787
Polen			2.446	2.601	2.140	2.510	2.334	2.214
EU 27			4.240	4.300	3.484	3.604	3.664	3.020
Vereinigtes Königreich			.	.	.	.	.	.
EU 28			4.240	4.300	3.484	.	.	.
Drittländer [2]			0	0	0	0	0	0
3. Gänseschenkel								
Januar	-	Dezember	4.773	6.473	5.474	5.285	4.379	3.882
Lieferländer:								
Ungarn			1.643	2.109	1.312	1.243	1.153	945
Polen			3.065	4.282	4.036	3.968	3.182	2.907
EU 27			4.773	6.472	5.474	5.285	4.379	3.882
Vereinigtes Königreich			.	.	.	.	.	.
EU 28			4.773	6.472	5.474	.	.	.
Drittländer [2]			0	1	0	0	0	0

[1] Brust, Schenkel, entbeinte Teile. 2) jeweiliger Gebietsstand
Quelle: Destatis

Kapitel 6 – Tabellenteil

Europäische Union und Drittländer

Geflügel

6 EU/Drittländer: Geflügel

Tabelle 142

Versorgung der EU mit Fleisch insgesamt

Mio. Tonnen SG	2017	2018	2019	2020	2021	2022v
Fleisch insgesamt						
Bruttoeigenerzeugung	52,0	52,7	52,9	48,7	48,8	47,0
Verbrauch	43,2	43,8	44,1	38,8	38,5	37,9
Verbrauch je Kopf, kg	84,5	85,4	85,8	84,8	83,6	82,7
Selbstversorgungsgrad, %	120,0	120,0	120,1	128,3	126,9	124,2
davon Rind- und Kalbfleisch						
Bruttoeigenerzeugung	8,2	8,2	8,2	7,2	7,2	7,0
Verbrauch	7,8	7,9	7,8	6,3	6,2	6,1
Verbrauch je Kopf, kg	15,3	15,4	15,2	14,4	13,9	13,7
Selbstversorgungsgrad, %	103,0	104,0	105,0	106,0	107,0	106,0
Schweinefleisch						
Bruttoeigenerzeugung	23,7	24,2	24,0	23,4	23,7	22,2
Verbrauch	19,8	20,2	19,6	17,8	17,7	17,3
Verbrauch je Kopf, kg	38,4	38,5	38,2	39,8	39,5	38,8
Selbstversorgungsgrad, %	117,0	119,0	122,8	131,1	134,2	128,2

Quelle: AMI

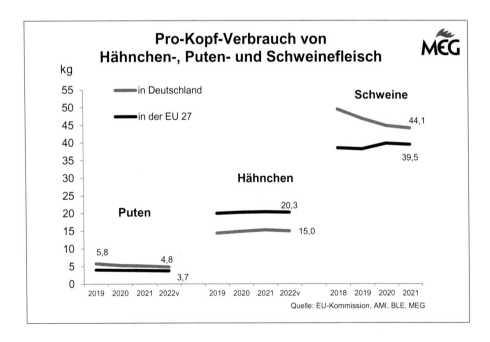

Tabelle 143

Bruttoeigenerzeugung von Fleisch insgesamt in EU- und Drittländern

1.000 Tonnen SG	2017	2018	2019	2020	2021	2022v
Belgien/Luxemburg	2.004	2.003	1.987	1.949	2.000	1.975
Bulgarien	217	231	218	209	215	219
Dänemark	2.313	2.368	2.282	2.220	2.457	2.369
Deutschland	8.597	8.551	8.327	8.291	8.202	7.557
Estland	164	168	170	167	170	168
Finnland	426	420	427	434	441	440
Frankreich	6.518	6.497	6.488	6.436	6.371	6.102
Griechenland	444	482	510	516	540	547
Irland	1.257	1.283	1.295	1.315	1.295	1.323
Italien	3.952	3.905	3.955	3.855	3.911	3.620
Kroatien	270	285	284	298	284	272
Lettland	104	106	105	100	100	103
Litauen	265	270	236	244	231	225
Malta	11	10	10	11	11	10
Niederlande	3.523	3.557	3.609	3.544	3.412	3.213
Österreich	912	922	915	918	913	884
Polen	5.078	5.232	5.278	5.377	5.305	5.286
Portugal	798	814	827	836	865	858
Rumänien	1.151	1.208	1.220	1.186	1.107	1.070
Schweden	594	606	605	626	637	643
Slowakei	274	275	275	272	264	256
Slowenien	169	167	168	168	171	169
Spanien	7.021	7.147	7.431	7.749	7.897	7.785
Tschechien	567	589	591	592	601	584
Ungarn	1.173	1.226	1.280	1.256	1.308	1.271
Zypern	88	82	85	84	87	82
EU 27	47.889	48.404	48.579	48.653	48.795	47.031
Vereinigtes Königreich	4.138	4.300	4.341	.	.	.
EU 28	52.027	52.704	52.920	.	.	.
Argentinien	5.592	5.878	6.115	6.282	6.110	6.247
USA	45.846	46.954	48.223	48.696	48.841	49.193
China	85.614	87.014	80.383	77.896	91.845	95.309
Welt	**329.988**	**338.579**	**339.023**	**338.576**	**355.715**	**360.064**

Quellen: AMI; Eurostat; FAO; MEG; nationale Statistiken

6 EU/Drittländer: Geflügel

Tabelle 144

Geflügelfleischbilanz der EU

1.000 Tonnen	2018 EU 28	2019 EU 28	2019 EU 27	2020 EU 27	2021 EU 27	2022v EU 27
Bruttoeigenerzeugung	15.260	15.635	13.549	13.673	13.304	13.177
Nettoerzeugung	15.252	15.628	13.542	13.669	13.295	13.176
Ausfuhr gesamt	1.593	1.665	848	710	711	917
Einfuhr gesamt	802	850	2.499	2.345	2.134	2.087
Verbrauch	14.462	14.813	11.891	12.034	11.872	12.005
Verbrauch je Kopf, kg [1]	24,8	25,3	23,4	23,7	23,4	23,4
Selbstversorgungsgrad %	105,5	105,5	113,9	113,6	112,1	109,8

[1] In Verkaufsgewicht. Koeffizient zur Berechnung des Schlachtkörpergewichts beträgt 0,88.
Abweichungen zur Bruttoeigenerzeugung in folgender Tabelle, die stärker auf nationalen Erhebungen basiert.
Quelle: EU-Kommission

Tabelle 145

Bruttoeigenerzeugung von Geflügelfleisch in der EU

1.000 Tonnen SG	2017	2018	2019	2020	2021	2022v
Belgien/Luxemburg	463	470	417	448	449	437
Bulgarien	107	111	109	102	102	102
Dänemark	156	159	169	165	162	160
Deutschland	1.802	1.818	1.824	1.807	1.754	1.752
Estland	20	19	20	15	15	15
Finnland	130	135	140	142	147	152
Frankreich	1.857	1.788	1.790	1.733	1.684	1.554
Griechenland	246	220	230	240	270	270
Irland	142	146	154	166	163	165
Italien	1.354	1.314	1.324	1.390	1.374	1.237
Kroatien	66	64	68	70	71	75
Lettland	33	33	35	35	36	34
Litauen	134	108	100	101	87	87
Malta	4	4	4	4	4	4
Niederlande	1.096	1.038	1.036	996	869	863
Österreich	129	132	134	144	150	150
Polen	2.511	2.597	2.863	2.981	2.762	2.963
Portugal	337	342	348	349	359	364
Rumänien	436	480	507	487	452	460
Schweden	157	155	160	172	182	187
Slowakei	71	75	71	58	56	56
Slowenien	68	69	70	73	72	75
Spanien	1.454	1.427	1.392	1.420	1.374	1.374
Tschechien	183	193	196	200	200	191
Ungarn	602	669	688	666	719	712
Zypern	25	26	27	27	27	27
EU 27	13.583	13.590	13.876	13.989	13.540	13.465
Vereinigtes Königreich	1.841	1.940	1.888	1.993	1.995	2.005
EU 28	15.424	15.530	15.763	.	.	.

Bei EU-Ländern z. T. erhebliche Unterschiede zwischen nationalen und EU-Angaben.
Teils Widersprüche zwischen der Summe der einzelnen Geflügelfleischarten und Geflügel insgesamt.
Quellen: EU-Kommission; FAO; MEG; nationale Statistiken

EU/Drittländer: Geflügel 6

Tabelle 146

Geflügelfleischerzeugung in Drittländern

1.000 Tonnen SG	2017	2018	2019	2020	2021	2022v
USA	21.409	21.783	22.341	22.828	22.882	22.797
China	19.493	20.371	20.766	21.279	21.449	21.771
Brasilien	13.612	13.289	13.936	14.424	14.980	14.818
Russische Föderation	4.558	4.563	4.631	4.617	4.541	4.589
Mexiko	3.242	3.369	3.507	3.610	3.693	3.705
Indien	3.804	4.102	4.223	3.597	3.767	4.301
Türkei	2.253	2.300	2.270	2.274	2.380	2.347
Argentinien	2.116	2.068	2.306	2.316	2.295	2.278
Südafrika	1.675	1.758	1.823	1.889	1.932	1.973
Japan	1.575	1.599	1.632	1.668	1.668	1.642
Ukraine	1.015	1.014	1.132	1.200	1.162	1.094
Chile	702	761	768	767	751	792
Saudi Arabien	655	714	805	904	913	934
Schweiz	95	102	103	107	112	115
Weltproduktion	**123.873**	**127.413**	**131.005**	**132.425**	**133.997**	**135.929**

Quellen: MEG nach OECD und nationalen Statistiken

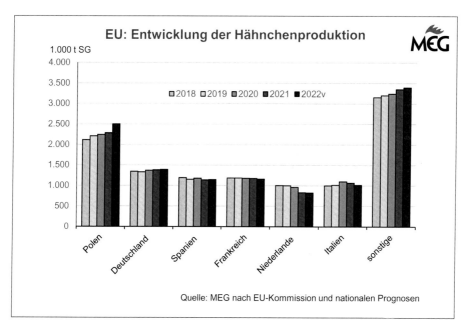

Quelle: MEG nach EU-Kommission und nationalen Prognosen

Tabelle 147

Importe der EU-Länder von Geflügelfleisch

1.000 Tonnen	2017	2018	2019	2020	2021	2022v
Geflügelfleisch (0207) [1]						
Belgien/Luxemburg	288	286	297	279	304	300
Bulgarien	111	110	112	100	93	94
Dänemark	65	73	79	75	63	63
Deutschland	694	721	721	679	695	658
Estland	21	27	22	21	22	23
Finnland	10	9	8	8	7	7
Frankreich	442	457	458	437	524	551
Griechenland	80	82	84	72	82	85
Irland	82	88	77	67	65	87
Italien	68	69	67	68	74	118
Lettland	40	43	44	45	44	38
Litauen	39	39	42	47	46	42
Malta	6	6	6	6	5	5
Niederlande	491	573	588	570	696	833
Österreich	105	103	108	96	104	114
Polen	59	79	89	63	78	69
Portugal	68	74	73	67	67	73
Rumänien	143	137	122	134	124	117
Schweden	58	55	58	53	57	63
Slowakei	57	83	102	77	59	80
Slowenien	18	20	20	18	17	20
Spanien	182	169	151	137	138	159
Tschechien	109	115	110	113	104	123
Ungarn	54	54	68	78	71	84
Zypern	11	12	12	10	12	13
Vereinigtes Königreich	429	445	434	.	.	.
EU 28 aus Drittländern	**161**	**234**	**215**	.	.	.
davon aus						
Brasilien	69	93	69	.	.	.
Chile	13	20	22	.	.	.
Thailand	7	8	7	.	.	.
Argentinien	5	5	5	.	.	.
Ukraine	61	105	110	.	.	.
EU 27 aus Drittländern	.	.	**468**	**392**	**375**	**382**
davon aus:						
Brasilien	.	.	63	54	53	64
Chile	.	.	13	10	2	0
Thailand	.	.	6	3	4	5
Argentinien	.	.	2	2	2	3
Ukraine	.	.	110	80	75	121

Fortsetzung mit Tabelle 147b

Tabelle 147b (Fortsetzung)

Importe der EU-Länder von Geflügelfleisch

1.000 Tonnen	2017	2018	2019	2020	2021	2022v
Gesalzenes Fleisch [2]						
Deutschland	39	28	30	31	35	39
Niederlande	141	121	154	134	142	159
Vereinigtes Königreich	45	36	45	.	.	.
EU 28 aus Drittländern	**211**	**176**	**204**	.	.	.
davon aus				.	.	.
Brasilien	138	82	116	.	.	.
Chile	4	2	.	.	.	.
Thailand	68	91	86	.	.	.
EU 27 aus Drittländern	.	.	177	157	160	180
davon aus						
Brasilien	.	.	86	92	107	136
Chile	.	.	.	.	.	.
Thailand	68	91	80	61	53	44
Zubereitungen aus Geflügel [3]						
EU 28 aus Drittländern	389	338	338	.	.	.
davon aus						
Brasilien	119	72	67	.	.	.
Thailand	204	217	226	.	.	.
EU 27 aus Drittländern			178	155	146	194
davon aus						
Brasilien	.	.	33	30	36	40
Thailand	.	.	63	51	62	86

1) Ohne Zubereitungen, Lebern, gesalzenem Fleisch - 2) Tarifposition "0210 99 39", fast ausschließlich Geflügelfleisch - 3) Tarifpositionen 1602 31, 1602 32, 1602 39.
Quelle: Eurostat

6 EU/Drittländer: Geflügel

Tabelle 148

Exporte der EU-Länder von Geflügelfleisch

1.000 Tonnen	2017	2018	2019	2020	2021	2022v
Geflügelfleisch (0207) [1]						
Belgien/Luxemburg	578	572	511	517	544	463
Bulgarien	44	46	43	32	35	38
Dänemark	86	83	88	81	69	84
Deutschland	482	451	475	415	427	481
Estland	7	7	9	8	9	8
Finnland	13	14	14	14	13	10
Frankreich	425	402	362	326	360	333
Griechenland	29	33	35	34	42	44
Irland	90	87	107	103	63	96
Italien	165	158	167	163	174	129
Lettland	18	17	16	15	16	15
Litauen	55	51	46	47	41	38
Malta	0	0	0	0	0	0
Niederlande	1.437	1.495	1.583	1.455	1.320	1.369
Österreich	61	63	65	67	72	69
Polen	1.156	1.325	1.461	1.495	1.482	1.586
Portugal	42	34	27	25	37	36
Rumänien	59	66	75	75	79	82
Schweden	74	76	84	82	81	91
Slowakei	21	37	37	22	22	29
Slowenien	22	23	23	21	25	24
Spanien	216	245	241	215	246	211
Tschechische Rep.	24	23	18	16	19	28
Ungarn	183	213	235	204	244	218
Zypern	1	1	1	1	1	1
Vereinigtes Königreich	335	361	383	.	.	.
EU 28	**1.483**	**1.578**	**1.686**	.	.	.
davon						
Hühner	1.317	1.419	1.526	.	.	.
Puten	140	127	133	.	.	.
EU 27	.	.	2.167	2.029	1.809	1.635
davon						
Hühner	.	.	1.953	1.842	1.631	1.491
Puten	.	.	170	154	142	119
Zubereitungen aus Geflügel [3]						
EU 28 nach Drittländern	41	44	54	.	.	.
EU 27 nach Drittländern	.	.	245	247	245	262

Fortsetzung mit Tabelle 148b

EU/Drittländer: Geflügel

Tabelle 148b (Fortsetzung)

Exporte der EU von Geflügelfleisch nach Drittländern

1.000 Tonnen [1]	2017	2018	2019	2020	2021	2022v
EU 28	1.483	1.578	1.686	.	.	.
davon nach						
Russland	0	0	0	.	.	.
Hongkong	145	125	108	.	.	.
Saudi-Arabien	98	82	67	.	.	.
Benin	105	92	77	.	.	.
Ukraine	118	130	131	.	.	.
Ghana	145	161	186	.	.	.
Rep. Jemen	5	2	4	.	.	.
Vietnam	52	86	87	.	.	.
Dem. Rep. Kongo	58	73	77	.	.	.
Malaysia	22	21	25	.	.	.
Gabun	48	44	41	.	.	.
Ver. Arabische Emirate	11	10	8	.	.	.
Philippinen	92	126	174	.	.	.
Schweiz	21	22	21	.	.	.
Südafrika	77	81	127	.	.	.
EU 27	.	.	2.167	2.029	1.809	1.635
davon nach						
Russland	.	.	.	0	0	.
Hongkong	.	.	92	87	23	10
Saudi-Arabien	.	.	67	74	58	74
Benin	.	.	69	61	64	63
Ukraine	.	.	131	106	119	75
Ghana	.	.	182	209	226	150
Rep. Jemen	.	.	4	3	4	5
Vietnam	.	.	80	49	31	29
Dem. Rep. Kongo	.	.	75	99	132	120
Malaysia	.	.	24	24	29	23
Gabun	.	.	33	37	39	33
Ver. Arabische Emirate	.	.	8	7	6	8
Philippinen	.	.	161	144	60	5
Schweiz	.	.	21	20	21	21
Südafrika	.	.	126	86	40	2

[1] Ohne Zubereitungen, Lebern, gesalzenem Fleisch - 2) Tarifposition "0210 99 39", fast ausschließlich Geflügelfleisch - 3) Tarifpositionen 1602 31, 1602 32, 1602 39.
Quelle: Eurostat

Tabelle 149

Außenhandel von Drittländern mit Geflügel- bzw. Hähnchenfleisch

1.000 Tonnen	2017	2018	2019	2020	2021	2022v
Importe von Geflügelfleisch insgesamt						
Schweiz	45	45	46	43	45	48
Importe von Hähnchenfleisch						
Angola	267	317	266	213	264	345
China	311	342	580	999	788	645
Hongkong	390	.	.	.	.	.
Irak	444	527	493	468	388	475
Japan	1.056	1.074	1.076	1.005	1.077	1.105
Mexiko	804	820	875	842	917	915
Russland	225	225	224	200	220	.
Saudi Arabien	711	629	601	618	615	615
Kuba	281	280	287	262	353	335
Ver. Arabisch Emirate	439	579	601	618	520	700
Philippinen	266	321	366	336	437	495
Südafrika	508	521	485	434	371	325
Exporte von Hähnchenfleisch						
Argentinien	178	125	155	155	183	190
Brasilien [1]	3.835	3.675	3.811	3.875	4.225	4.445
China	436	447	428	388	457	530
Kanada	134	124	124	129	133	110
Thailand	757	826	881	941	907	1.035
Türkei	357	418	408	442	563	860
Ukraine	263	317	406	428	458	420
USA	3.137	3.244	3.259	3.376	3.356	3.317
Weißrussland	150	168	172	.	.	.

1) ohne Zubereitungen und gesalzener Ware.
Quelle: MEG nach nationalen Statistiken und USDA

Tabelle 150

Pro-Kopf-Verbrauch von Geflügelfleisch in EU- und Drittländern

kg/Kopf	2017	2018	2019	2020	2021	2022v
Dänemark	23,5	25,6	27,6	27,3	26,7	25,0
Deutschland	20,8	22,2	22,0	22,3	22,1	21,4
Finnland	23,1	23,6	24,3	24,4	25,5	26,0
Frankreich	27,6	29,5	28,3	28,4	28,4	28,2
Griechenland	18,9	19,0	20,2	20,0	21,0	21,0
Irland	34,0	36,0	35,0	35,0	36,0	.
Italien	20,7	20,5	20,3	21,7	21,5	20,8
Lettland	22,5	.	23,5	25,0	24,5	.
Litauen	24,0	24,5	26,0	26,0	27,0	.
Niederlande	22,1	22,5	22,9	22,1	22,0	.
Österreich	20,8	21,0	20,9	21,0	21,5	21,7
Polen	27,6	30,0	31,4	32,7	27,8	28,0
Portugal	35,3	37,1	28,4	38,0	37,8	38,7
Schweden	23,3	22,2	22,4	21,8	23,1	23,1
Slowakei	21,0	20,5	22,0	21,5	20,0	.
Spanien	30,5	30,0	29,5	31,1	29,9	28,0
Tschechische Republik	23,5	24,0	25,0	25,5	25,3	26,0
Ungarn	32,0	32,5	32,9	33,0	33,5	34,0
EU 28	23,7	24,8	25,3	.	.	.
EU 27 [1]	.	.	23,4	23,7	23,4	23,4
Schweiz	17,8	18,4	18,4	18,4	19,2	19,4
Vereinigtes Königreich	28,9	29,7	29,8	.	.	.

[1] In Verkaufsgewicht. Koeffizient zur Berechnung des Schlachtkörpergewichts beträgt 0,88.
Quelle: MEG nach EU-Kommission und nationalen Statistiken

EU/Drittländer: Geflügel

Tabelle 151

Selbstversorgungsgrad Geflügelfleisch in der EU

Prozent	2017	2018	2019	2020	2021	2022v
Deutschland	105	99	100	97	96	97
Finnland	95	98	96	98	98	98
Frankreich	99	96	89	88	87	81
Griechenland	75	76	80	82	82	82
Irland	93	89	98	102	101	103
Italien	108	107	108	107	108	100
Lettland	70	.	62	61	63	65
Litauen	115	111	103	100	94	96
Niederlande	186	180	161	160	158	.
Österreich	70	71	72	77	78	80
Polen	240	228	249	250	223	283
Portugal	93	90	88	89	92	91
Schweden	105	115	116	.	.	.
Slowakei	70	.	.	.	.	.
Spanien	102	105	107	106	109	104
Tschechische Republik	68	67	68	67	70	68
Ungarn	127	130	132	123	129	125
EU 27			114	114	112	110
Vereinigtes Königreich	95	96	97	.	.	.
EU 28	105	106	106	.	.	.

Quelle: MEG nach EU-Kommission und nationalen Statistiken

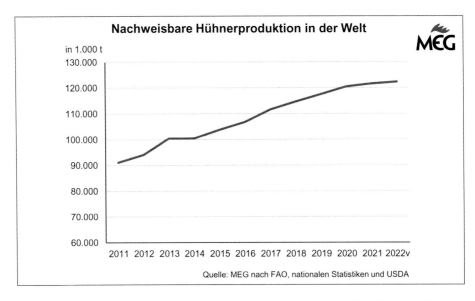

Nachweisbare Hühnerproduktion in der Welt

Quelle: MEG nach FAO, nationalen Statistiken und USDA

EU/Drittländer: Geflügel 6

Tabelle 152

Kükenschlupf der Masthähnchen

Mio. Stück	2017	2018	2019	2020	2021	2022v
Belgien/Luxemburg	258,1	258,2	256,5	272,4	247,7	260,1
Bulgarien	78,1	80,7	74,9	67,5	68,9	74,7
Deutschland	677,2	654,1	658,2	648,1	666,4	673,4
Finnland	79,0	87,9	89,8	97,1	99,5	99,9
Frankreich	848,6	824,3	830,0	842,7	822,1	759,8
Irland	88,6	90,3	94,0	98,2	95,3	92,9
Italien	443,8	437,5	439,3	436,6	454,5	453,7
Kroatien	47,5	47,3	47,4	52,8	53,6	56,3
Lettland	20,0	20,7	21,7	22,3	22,5	22,3
Litauen	58,4	60,7	55,2	.	.	.
Niederlande	494,1	530,5	523,7	498,2	433,3	437,4
Österreich	81,5	83,1	81,6	84,9	87,0	88,3
Polen	1.152,1	1.243,0	1.317,9	1.362,2	1.315,6	1.450,9
Portugal	265,9	267,6	266,8	248,5	244,6	260,0
Rumänien	148,3	144,3	139,4	193,6	200,2	197,0
Spanien	576,5	602,3	622,7	611,3	609,5	622,2
Tschechische Rep.	201,1	219,6	210,7	206,3	206,7	209,6
Ungarn	223,9	242,9	261,1	261,4	261,8	266,7
Zypern	.	13,5	13,4	13,4	13,4	13,5
EU 27	.	.	6.252,9	6.322,0	6.169,1	6.278,1
Vereinigtes Königreich	1.055,8	1.087,8	1.086,1	1.109,3	1.190,8	1.198,6
EU 28	6.937,4	7.289,1	7.339,0	7.424,4	.	.
Brasilien	6.211,5	6.072,1	6.468,6	6.824,0	6.887,6	.
USA	9.614,9	9.708,1	9.903,6	9.872,2	9.887,9	10.030,7
Türkei	1.325,2	1.316,0	1.327,7	1.329,3	1.344,3	1.410,0

Quelle: MEG nach Eurostat und nationalen Statistiken

Tabelle 153

Mastkükenexporte der EU-Länder (0105 11 99)

1.000 Stück	2017	2018	2019	2020	2021	2022v
Belgien	68.701	71.291	66.909	47.514	44.659	45.829
Dänemark	20.836	14.508	19.247	22.654	33.429	45.058
Deutschland	36.944	48.106	50.923	45.471	66.062	66.264
Spanien	11.213	7.123	7.303	7.852	6.931	6.137
Frankreich	14.352	12.855	27.565	27.578	18.509	11.396
Italien	13.710	13.710	13.700	12.990	11.032	8.263
Niederlande	204.894	166.418	167.946	151.111	207.196	226.432
Portugal	29.278	.	38.013	22.638	26.670	36.380
Tschechische Republik	80.868	94.040	84.514	77.369	73.720	82.931
Ungarn	70.857	74.515	92.328	91.002	92.295	96.340
Polen	31.754	46.578	63.917	64.933	44.017	26.859
Slowakei	2.139	3.690	.	.	.	.
EU 27 nach Drittländern	.	.	128.066	106.697	107.586	101.706
Vereinigtes Königreich	5.840	5.748	6.116	.	.	.
EU 28 nach Drittländern	83.226	94.809	113.056	.	.	.

Quelle: Eurostat

6 EU/Drittländer: Geflügel

Tabelle 154

Hähnchenproduktion in EU- und Drittländern

Bruttoeigenerzeugung in 1.000 t SG	2017	2018	2019	2020	2021	2022v
Belgien/Luxemburg	455	462	440	441	448	450
Bulgarien	87	87	89	87	91	90
Dänemark	154	157	167	164	162	160
Deutschland	1.300	1.345	1.330	1.370	1.380	1.390
Estland	20	19	20	22	23	24
Finnland	122	127	132	135	139	143
Frankreich	1.163	1.185	1.187	1.179	1.177	1.159
Griechenland	151	185	185	185	257	282
Irland	180	190	205	210	200	200
Italien	1.034	1.001	1.015	1.100	1.067	1.015
Kroatien	67	69	70	71	59	61
Lettland	33	33	35	35	35	35
Litauen	126	103	97	97	85	85
Malta	4	4	4	4	4	4
Niederlande	999	1.003	1.001	961	830	825
Österreich	110	114	117	118	121	125
Polen	2.055	2.115	2.207	2.243	2.287	2.503
Portugal	287	289	294	293	300	304
Rumänien	388	415	415	400	420	420
Schweden	148	150	154	167	177	182
Slowakei	80	80	80	80	81	86
Slowenien	63	64	64	67	67	66
Spanien	1.250	1.191	1.151	1.180	1.140	1.145
Tschechische Republik	165	170	174	177	179	170
Ungarn	409	414	436	462	479	479
Zypern	25	25	27	27	27	27
EU 27	**10.874**	**10.997**	**11.096**	**11.275**	**11.233**	**11.430**
Vereinigtes Königreich	1.630	1.750	1.726	1.779	1.841	1.825
EU 28	**12.504**	**12.747**	**12.822**	.	.	.
Argentinien	2.150	2.068	2.171	2.190	2.290	2.320
Brasilien	13.612	13.355	13.690	13.880	14.500	14.250
China	11.600	11.700	13.750	14.600	14.700	14.300
USA	18.938	19.361	19.941	20.255	20.391	21.005
Russland	4.542	4.543	4.606	4.577	4.725	.
Iran	2.182	2.231	2.332	2.430	1.983	.
Indien	3.767	4.062	4.344	4.473	3.670	.
Malaysia	1.598	1.588	1.589	1.629	1.559	.
Mexiko	3.400	3.485	3.600	3.725	3.815	3.940
Thailand	2.990	3.170	3.300	3.250	3.220	3.300
Indonesien	3.176	3.838	3.929	3.642	3.844	.
Südafrika	1.335	1.407	1.395	1.537	1.570	1.577
Türkei	2.137	2.157	2.138	2.138	2.246	2.460
Ukraine	.	.	1.383	1.423	1.365	1.280
Welt	**111.583**	**114.613**	**117.533**	**120.461**	**121.588**	**122.318**

z.T. Widersprüche gegenüber offiziellen Angaben zu Geflügelfleisch insgesamt.
Quelle: MEG nach FAO; nationalen Statistiken und USDA

EU/Drittländer: Geflügel 6

Tabelle 155

Pro-Kopf-Verbrauch von Hähnchen in ausgewählten EU- und Drittländern

kg	2017	2018	2019	2020	2021	2022v
Deutschland	13,3	14,3	14,4	14,9	15,3	15,0
Frankreich	19,0	19,5	20,1	20,7	21,6	22,6
Niederlande	20,4	20,8	21,4	20,6	20,4	.
Österreich	14,5	14,9	15,0	15,1	15,4	15,5
EU 28	19,2	20,2	20,8	.	.	.
EU 27	.	.	20,0	20,3	20,4	20,3
Drittländer						
Argentinien	44,7	46,3	45,1	45,7	47,1	.
Brasilien	47,0	46,2	46,2	47,0	48,0	45,6
China	8,1	8,1	9,7	10,4	10,3	9,9
Indien	2,8	3,0	3,2	2,8	.	.
Japan	21,1	21,9	22,2	22,0	22,9	23,2
Mexiko	33,6	34,7	35,7	36,2	37,3	38,0
Russland	33,2	33,2	32,8	32,5	32,3	.
Südafrika	31,4	32,5	31,2	32,6	31,8	31,6
USA	48,7	49,5	50,8	50,6	50,9	52,3

Quelle: MEG nach FAO; nationalen Statistiken und USDA

Tabelle 156

Erzeugerpreise für Hähnchen in EU- und Drittländern

kg Lebendgewicht		2017	2018	2019	2020	2021	2022v
Belgien	Euro	0,87	0,88	0,84	0,79	0,93	1,23
Deutschland	Euro	0,85	0,87	0,83	0,79	0,87	1,28
Niederlande	Euro	0,82	0,85	0,79	0,72	0,80	1,06
Ungarn	HUF	249	.	265	251	317	499
Ungarn	Euro	0,81	.	0,79	0,70	0,86	1,23
Polen	Zloty	3,34	3,45	3,39	3,19	3,92	5,73
Polen	Euro	0,78	0,81	0,79	0,72	0,86	1,22
USA	USD	1,20	1,25	1,06	0,80	1,23	1,87
USA	Euro	1,01	1,10	0,96	0,67	1,09	1,80
Brasilien	Real	2,58	2,78	3,26	3,68	5,28	5,35
Brasilien	Euro	0,72	0,65	0,74	0,57	0,84	0,97

Quelle: MEG nach nationalen Erhebungen

6 EU/Drittländer: Geflügel

Tabelle 157

Internationale Erzeugerpreise für Schlachthennen

kg (LG)	Währung	2017	2018	2019	2020	2021	2022
Belgien	Euro	0,16	0,07	0,11	0,09	0,12	0,29
Deutschland	Euro	0,21	0,14	0,14	0,15	0,21	0,34
Niederlande	Euro	0,13	0,05	0,11	0,08	0,12	0,30
Frankreich (Bretagne)	Euro	0,10	0,07	0,07	0,02	0,05	0,15

Quelle: MEG nach nationalen Erhebungen

Tabelle 158

EU: Großhandelspreise für Hähnchen (Griller, 65%) in der EU

Euro/kg	2017	2018	2019	2020	2021	2022v
Belgien	1,66	1,68	1,61	1,54	1,78	2,32
Bulgarien	1,47	1,53	1,51	1,47	1,52	2,15
Dänemark	2,42	2,41	2,13	2,43	2,41	.
Deutschland	2,69	2,76	2,86	2,88	3,02	3,85
Estland	1,63	.	.	.	.	.
Finnland	2,56	2,70	3,01	3,04	3,09	3,38
Frankreich	2,30	2,30	2,30	2,25	2,33	2,87
Griechenland	2,04	2,00	2,02	1,97	2,01	2,56
Irland	0,97	1,19	2,13	2,13	2,14	2,38
Italien	2,05	2,07	1,99	2,04	2,44	3,30
Kroatien	1,85	1,88	1,86	1,82	1,88	2,44
Lettland	1,62	.	.	.	.	.
Litauen	1,44	1,51	1,52	1,47	1,57	2,11
Malta	2,23	2,24	2,25	2,22	2,20	2,92
Niederlande	1,72	.	.	1,74	1,74	.
Österreich	1,83	2,15	2,45	2,72	2,85	3,49
Polen	1,25	1,28	1,25	1,09	1,39	1,89
Portugal	1,54	1,52	1,49	1,56	1,72	2,36
Rumänien	1,49	1,55	1,48	1,33	1,49	2,02
Schweden	2,48	2,38	2,39	2,53	2,77	3,31
Slowakei	1,51	1,57	1,80	1,85	1,88	2,54
Slowenien	1,93	2,12	2,10	2,08	2,31	2,94
Spanien	1,65	1,65	1,55	1,55	1,64	2,20
Tschechische Republik	1,81	1,99	2,13	2,00	1,77	2,35
Ungarn	1,45	1,50	1,51	1,47	1,52	2,19
Zypern	2,54	2,52	2,52	2,36	2,29	2,46
EU 27-Schnitt	**1,86**	**1,90**	**1,88**	**1,84**	**2,00**	**2,58**
Vereinigtes Königreich	1,50	1,65	1,70	1,66	.	.

Quelle: EU-Kommission

EU/Drittländer: Geflügel 6

Tabelle 159

Verbraucherpreise für Hähnchen

je kg	Währung	2017	2018	2019	2020	2021	2022v
Deutschland, bratfertig frisch	Euro	4,90	4,60	4,77	4,85	5,07	5,65
Deutschland, bratfertig gefroren	Euro	2,46	2,50	2,57	2,53	2,69	3,27
USA, bratfertig frisch	USD	3,25	3,26	3,30	3,45	3,37	3,97
USA, bratfertig frisch	Euro	2,87	2,76	2,95	2,89	2,99	3,83
Brasilien, ganze Schlachtkörper	Real	5,53	5,61	6,75	7,69	9,80	10,00
Brasilien, ganze Schlachtkörper	Euro	1,53	1,30	1,53	1,20	1,55	1,81

Quelle: MEG nach nationalen Erhebungen

Tabelle 160

Preise für Hähnchenmastfutter

Euro je 100 kg		Währung	2017	2018	2019	2020	2021	2022v
Deutschland	1)	Euro	31,47	32,34	32,10	32,37	37,32	49,75
Niederlande	1)	Euro	31,45	32,70	31,78	31,33	37,05	50,29
Polen		PLN	138,10	143,17	145,42	146,48	170,38	229,94
Polen		Euro	32,36	33,71	33,80	32,98	37,21	49,11
Spanien		Euro	30,43	30,89	28,78	31,04	38,16	50,93
Österreich		Euro	36,13	37,02	36,20	36,13	45,13	60,55

1) Frei Farm, lose.
Quelle: MEG nach nationalen Erhebungen

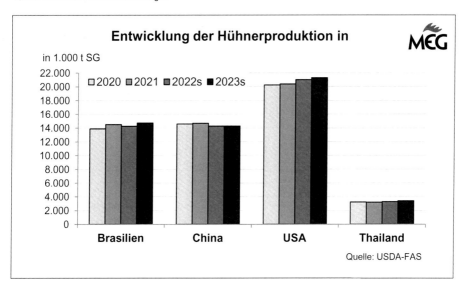

Entwicklung der Hühnerproduktion in
Quelle: USDA-FAS

MEG-Marktbilanz Eier und Geflügel 2023

Tabelle 161

Putenproduktion in EU- und Drittländern

Bruttoeigenerzeugung in 1.000 t SG	2017	2018	2019	2020	2021	2022v
Belgien/Luxemburg	8	8	8	7	7	7
Bulgarien	0	0	0	0	0	0
Dänemark	1	1	1	1	1	1
Deutschland	387	360	388	390	361	335
Finnland	8	8	8	6	9	9
Frankreich	369	338	339	328	305	252
Griechenland	3	3	3	3	3	3
Irland	25	27	29	31	33	34
Italien	309	301	301	313	298	215
Kroatien	12	14	15	17	17	18
Malta	0	0	0	0	0	0
Niederlande	28	28	.	.	.	.
Österreich	18	18	16	18	20	19
Polen	376	384	408	392	368	364
Portugal	40	42	44	47	49	50
Rumänien	10	14	15	15	15	20
Schweden	5	5	5	5	5	5
Slowakei	1	1	1	1	1	1
Slowenien	5	5	6	6	8	5
Spanien	200	233	236	235	230	225
Tschechische Republik	7	10	10	10	10	10
Ungarn	97	98	96	100	95	98
Zypern	0	0	0	0	0	0
EU 27	**1.907**	**1.896**	**1.956**	**1.954**	**1.863**	**1.698**
Vereinigtes Königreich	147	157	175	174	129	.
EU 28	**2.054**	**2.053**	**2.131**	.	.	.
Brasilien	546	549	551	562	.	.
USA	2.713	2.666	2.639	2.605	2.521	2.369
Kanada	171	169	165	159	171	.
Chile	77	95	84	72	72	.
Russland	100	.	.	.	.	.
Mexiko	16	17	17	17	18	.
Maroko	90	100	107	100	115	.
Welt	**5.884**	**6.037**	**6.020**	**6.029**	**5.792**	**5.480**

Quelle: MEG nach FAO; USDA und nationalen Statistiken

Tabelle 162

Einstallungen bzw. Schlupf von Putenküken und Putenfleischexporte

1.000 Stück	2017	2018	2019	2020	2021	2022v
Deutschland [1]	33.176	32.026	32.298	30.998	30.331	29.099
Finnland [2]	947	965	962	944	974	975
Frankreich [2]	.	44.967	55.069	51.378	48.185	40.275
Irland [2]	591	562	577	396	477	496
Italien [2]	27.277	30.894	29.337	27.551	26.778	.
Niederlande [2]	1.698	1.605	1.456	1.865	1.154	959
Polen [1]	39.146	42.435	46.713	48.638	47.758	44.764
Spanien [2]	23.053	25.025	25.136	23.979	24.005	26.265
Ungarn [2]	5.865	6.202	6.602	6.471	6.813	6.764
USA [1]	269.826	265.885	257.915	252.115	246.434	252.230
Vereinigtes Königreich [1]	14.500	18.159	16.100	14.500	15.200	14.500
Ausfuhren von Putenfleisch, Tonnen						
Frankreich [3]	86.387	79.325	71.617	64.850	62.300	57.600
Niederlande	23.656	25.274	25.749	21.323	30.118	21.095
USA	282.139	277.150	289.850	259.913	248.369	184.837

1) Einstallungen, 2) Schlupf, 3) inklusive Zubereitungen
Quelle: MEG nach Eurostat; nationalen Statistiken und USDA

Tabelle 163

Pro-Kopf-Verbrauch von Puten in EU- und Drittländern

kg	2017	2018	2019	2020	2021	2022v
Deutschland	5,7	5,9	5,8	5,3	5,1	4,8
Frankreich	4,7	4,4	4,4	4,5	4,1	3,6
Österreich	4,8	4,7	4,4	4,5	4,6	4,6
EU 28	4,0	4,0	4,1	.	.	.
EU 27	.	.	4,0	3,9	3,8	3,7
USA	7,4	7,3	7,3	7,1	6,9	6,6

Quelle: MEG nach nationalen Statistiken

6 EU/Drittländer: Geflügel

Tabelle 164

Internationale Preise für Puten

kg LG bzw. SG	Währung	2017	2018	2019	2020	2021	2022v
Erzeugerpreise							
Deutschland [1]	Euro	1,20	1,25	1,30	1,27	1,26	1,65
Polen	Zloty	5,07	4,95	5,68	4,65	5,40	8,21
Polen	Euro	1,19	1,16	1,33	1,05	1,18	1,75
USA	USD	.	.	.	1,56	1,81	2,35
USA	Euro	.	.	.	1,31	1,61	2,27
Großhandelspreise							
Polen [2]	Zloty	16,87	17,79	19,29	14,54	16,15	24,38
Polen [2]	Euro	3,96	4,17	4,48	3,29	3,53	5,20
USA [3]	USD	2,12	1,77	1,97	2,35	2,71	3,41
USA [3]	Euro	1,79	1,55	1,79	1,97	2,40	3,29

1) Erzeugerpreis Hähne 18,5 kg 2) Preise für Putenbrustfilet 3) Großhandelspreise für Hennen
Quelle: MEG; Minrol; USDA

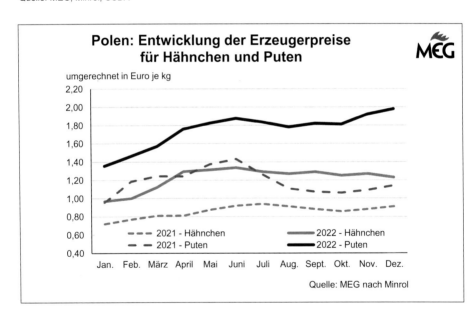

Tabelle 165

Entenproduktion in EU-Ländern

1.000 Tonnen (SG)	2017	2018	2019	2020	2021	2022v
Belgien	0,1	0,1	0,1	0,1	0,1	0,1
Bulgarien	19,6	23,1	19,8	19,8	19,9	19,9
Dänemark	1,8	1,2	1,5	1,3	1,3	0,1
Deutschland	40,5	41,4	38,9	30,7	26,3	25,7
Frankreich	203,6	227,3	226,3	193,5	176,6	115,4
Griechenland	0,1	0,1	0,1	0,1	0,0	0,0
Irland	5,8	5,8	4,5	5,0	5,5	5,5
Italien	5,5	6,0	4,0	4,0	4,0	3,0
Kroatien	0,4	0,5	0,5	0,5	0,5	0,5
Litauen	0,1	0,1	0,0	0,0	0,0	0,0
Niederlande	18,0	19,0	.	.	.	.
Österreich	0,1	0,4	0,5	0,6	0,9	0,9
Polen	47,5	45,0	52,2	70,1	57,9	67,8
Portugal	10,1	10,6	10,6	9,7	9,7	9,7
Slowakei	0,4	0,4	0,6	0,6	0,6	0,6
Spanien	3,7	3,2	4,6	4,5	4,3	4,1
Tschechische Republik	11,1	12,2	11,0	12,0	10,3	11,0
Ungarn	68,0	122,9	118,4	82,5	117,8	115,4
EU 27	**475,0**	**555,0**	**550,0**	**500,0**	**495,0**	**445,0**
Vereinigtes Königreich	30,6	30,4	28,3	22,7	21,3	.
EU 28	**505,6**	**585,4**	**578,3**	.	.	.
China	3.117,7	3.257,0	4.641,0	4.857,6	4.902,4	.
Vietnam	123,2	134,6	154,2	172,9	182,7	.
Thailand	64,3	78,3	77,3	62,6	59,8	.
Welt	**4.426,0**	**4.661,0**	**6.072,0**	**6.159,0**	**6.201,0**	.

Zum Teil Widersprüche gegenüber offiziellen Angaben zu Geflügelfleisch insgesamt.
Quelle: MEG nach EU-Kommission; FAO und nationalen Statistiken

6 EU/Drittländer: Geflügel

Tabelle 166

Mastgeflügel in der Niederlande, Zählzeitpunkt 1. April

	2017	2018	2019	2020	2021	2022v
Bestände in 1.000 Tieren						
Masthähnchen	48.237,2	48.971,1	48.684,3	49.228,5	47.056,1	45.903,3
Puten	670,5	556,4	531,6	585,1	604,1	575,6
Enten	1.009,4	907,6	968,0	819,2	632,3	644,1
sonstiges Geflügel	32,0	203,4	201,9	33,3	32,0	32,1
Elterntiere von Masthähnchen	8.996,4	7.451,1	7.163,1	7.794,3	7.875,4	7.342,7
Betriebe Stück						
Masthähnchen	625	641	642	640	620	620
Puten	31	31	30	30	30	30
Enten	53	55	52	50	40	50
sonstiges Geflügel	10	16	15	10	10	10
Elterntiere von Masthähnchen	272	244	233	248	^240	220

Quelle: CBS

Tabelle 167

Schlupf von Hähnchenküken in den Niederlanden

1.000 Stück	2017	2018	2019	2020	2021v	2022v
Januar	47.509	44.272	45.250	44.943	34.439	37.119
Februar	34.544	39.616	39.414	41.065	36.334	34.920
März	45.276	46.796	43.563	47.323	36.581	39.324
April	42.847	44.081	47.190	42.916	36.872	37.032
Mai	38.705	47.642	45.189	42.439	35.639	38.918
Juni	45.212	42.935	41.477	43.060	37.955	37.064
Juli	36.629	43.019	48.016	41.889	37.029	37.254
August	44.243	45.569	44.785	40.917	37.094	36.667
September	36.292	41.977	42.457	40.636	33.381	34.398
Oktober	40.678	48.779	47.430	40.645	34.083	33.353
November	41.942	42.387	37.540	32.244	35.905	33.106
Dezember	40.194	43.426	40.975	38.231	37.291	37.567
Januar - Dezember	494.071	530.499	523.286	496.308	432.603	436.723

Quelle: Eurostat

Tabelle 168

Geflügelfleischexporte der Niederlande ohne Zubereitungen

Tonnen	2017	2018	2019	2020	2021	2022v
Gesamt	1.436.788	1.494.973	1.583.015	1.455.264	1.320.013	1.369.179
davon nach:						
Deutschland	360.103	349.239	364.454	350.425	333.436	369.848
Frankreich	136.409	129.550	125.717	121.424	139.668	163.194
Belgien	123.215	118.079	131.263	131.548	144.542	147.117
EU 27	.	.	859.281	823.658	840.019	942.191
Vereinigtes Königreich	248.561	266.380	271.750	215.487	190.006	180.932
EU 28	1.088.835	1.110.452	1.123.877	.	.	.
Hongkong	23.431	18.046	18.971	17.643	1.676	28
Dem. Rep. Kongo	21.970	30.601	30.568	31.635	38.332	25.829
Ukraine	5.148	4.634	1.701	32	.	.
Philippinen	66.830	82.405	128.185	110.833	25.326	3.078
Ghana	66.210	77.180	111.605	92.153	83.500	58.431
Drittländer [1]	**347.953**	**384.521**	**448.317**	**631.606**	**479.994**	**426.987**

1) jeweiliger Gebietsstand
Quelle: Eurostat

Tabelle 169

Schlupf der Masthühner in Frankreich

1.000 Stück	2017	2018	2019	2020	2021v	2022v
Januar	75.894	79.650	76.138	73.525	65.725	62.744
Februar	67.425	69.862	66.124	64.469	67.719	60.848
März	73.769	76.834	67.671	70.202	80.217	65.004
April	69.890	70.303	72.844	73.794	70.841	58.642
Mai	76.354	74.322	72.095	69.315	70.467	60.318
Juni	78.330	66.544	66.969	73.472	75.264	64.917
Juli	74.944	72.300	73.374	73.409	74.289	66.387
August	78.440	72.601	70.486	69.964	69.756	69.144
September	65.681	63.693	65.035	71.926	66.075	67.611
Oktober	74.757	75.747	72.087	70.638	63.460	64.385
November	67.528	62.461	57.313	59.983	61.889	58.806
Dezember	72.003	69.120	69.906	72.827	68.367	60.233
Januar - Dezember	**875.015**	**853.437**	**830.042**	**843.524**	**834.068**	**759.039**

Quelle: ab 2019 Eurostat, vorher Einstellungen laut Ministere de l'Agriculture

Tabelle 170

Puteneinschlupf in Frankreich

1.000 Stück	2017	2018	2019	2020	2021	2022v
Januar	3.735	3.965	4.345	4.642	3.556	3.682
Februar	3.569	3.880	4.320	4.515	3.790	3.480
März	4.530	3.996	4.850	4.682	4.472	3.611
April	3.921	3.378	4.449	4.175	3.836	2.985
Mai	4.206	3.458	4.679	3.852	3.591	2.835
Juni	5.228	4.006	5.274	4.732	4.212	3.226
Juli	4.230	3.939	4.885	4.449	4.239	3.233
August	3.894	3.498	4.469	3.901	3.896	3.591
September	5.063	4.036	5.009	4.720	4.240	3.750
Oktober	5.221	4.222	5.702	3.727	4.379	3.970
November	3.898	3.224	3.209	3.455	3.635	3.351
Dezember	3.877	3.708	3.878	4.530	4.339	2.560
Januar - Dezember	51.371	45.310	55.069	51.378	48.185	40.275

Quelle: ab 2019 Eurostat, vorher Einstellungen laut Ministere de l'Agriculture

Tabelle 171

Geflügelschlachtungen kontrollierter Betriebe Frankreichs

Tonnen (SG)		2017	2018	2019	2020	2021	2022v
Hähnchenschlachtungen							
Januar	- März	265.983	279.940	272.800	267.000	274.000	286.280
April	- Juni	256.000	275.190	276.000	276.000	280.000	260.270
Juli	- September	269.000	262.380	272.200	286.000	297.000	279.720
Oktober	- Dezember	258.000	256.100	263.100	291.000	288.000	289.070
Januar	- Dezember	1.048.983	1.073.610	1.084.100	1.120.000	1.139.000	1.115.340
Putenschlachtungen							
Januar	- März	83.895	86.000	80.100	80.000	75.000	69.380
April	- Juni	82.000	83.000	79.000	81.000	74.000	55.670
Juli	- September	81.000	80.700	77.300	79.000	72.000	53.900
Oktober	- Dezember	83.000	82.800	83.000	81.000	76.000	65.960
Januar	- Dezember	329.895	332.500	319.400	321.000	297.000	244.910

Quelle: Ministere de l'Agriculture, Eurostat

EU/Drittländer: Geflügel 6

Tabelle 172

Geflügelfleischexporte Frankreichs, ohne Zubereitungen

Tonnen	2017	2018	2019	2020	2021	2022v
Geflügelfleisch insgesamt						
Gesamt	**424.854**	**401.502**	**361.604**	**325.500**	**360.295**	**333.011**
davon nach:						
Belgien/Luxemburg	33.667	49.122	49.886	50.046	51.837	52.319
Deutschland	49.467	51.820	50.033	42.067	61.389	57.519
Spanien	29.935	31.444	25.503	21.784	22.532	21.356
Niederlande	19.965	173.236	164.790	15.089	47.649	43.619
EU 27	**172.111**	**188.799**	**175.990**	**157.009**	**216.164**	**208.036**
Vereinigtes Königreich	15.811	18.441	20.503	11.381	12.423	11.124
EU 28	**187.922**	**207.239**	**196.492**	.	.	.
Schweiz	5.620	5.447	5.238	4.657	4.620	4.671
Russland	.	41	.	.	.	.
Hongkong	18.233	15.954	16.143	13.018	4.590	1.100
Südafrika	0	349	1	28	25	54
Mittlerer und Naher Orient						
Jemen	4.721	1.766	4.167	3.152	3.619	5.199
Saudi Arabien	97.658	81.767	66.385	66.835	57.868	60.197
Oman	3.647	1.619	900	262	140	47
Kuwait	1.951	1.131	622	1.068	645	1.476
Verein. Arab. Emirate	7.852	7.124	6.437	3.671	5.110	6.222
Benin	28.891	23.270	13.492	11.640	11.456	7.554
Drittländer [1]	**236.933**	**194.262**	**165.112**	**168.491**	**144.131**	**124.975**
Hühnerfleischexporte						
Gesamt	298.450	281.764	251.158	228.149	266.401	306.087
Putenfleischexporte						
Gesamt	86.387	79.326	71.616	65.187	58.564	50.069

1) jeweiliger Gebietsstand
Quelle: Eurostat

Tabelle 173

Geflügelfleischimporte Frankreichs ohne Zubereitungen

Tonnen	2017	2018	2019	2020	2021	2022v
Gesamt	**442.285**	**457.013**	**457.854**	**437.121**	**523.923**	**551.359**
davon aus:						
Belgien/Luxemburg	104.891	111.213	116.323	111.721	131.210	144.458
Deutschland	50.474	46.913	48.582	47.097	45.086	45.327
Spanien	32.085	37.963	36.063	25.287	26.832	24.561
Niederlande	109.710	98.066	93.687	87.881	92.947	90.824
Ungarn	7.746	14.197	13.314	8.851	10.881	8.228
Polen	68.967	82.370	86.918	97.688	110.003	133.570
Bulgarien	6.383	7.228	6.194	5.341	5.961	6.377
EU 27	**410.691**	**425.433**	**434.784**	**414.951**	**457.227**	**488.657**
Vereinigtes Königreich	29.808	30.317	20.707	19.197	62.034	61.035
EU 28	**440.491**	**455.750**	**455.491**	.	.	.
Brasilien	1.476	923	1.371	2.281	4.512	1.521
Thailand	.	17	.	.	2	.
Drittländern [1]	**1.794**	**1.263**	**2.363**	**22.170**	**66.696**	**62.702**

1) jeweiliger Gebietsstand
Quelle: Eurostat

Tabelle 174

Kükeneinstallungen und Außenhandel Belgiens mit Geflügelfleisch

	2017	2018	2019	2020	2021	2022v
Mastkükenschlupf, 1.000 Stück	258.063	258.189	256.512	272.431	247.736	260.072
Putenkükenschlupf, 1.000 Stück	588	616	622	.	.	.
Geflügelfleischexporte, Tonnen						
Gesamt	577.999	571.836	510.869	517.003	544.349	463.288
davon nach:						
Deutschland	57.796	64.518	61.322	58.247	59.393	58.105
Frankreich	140.218	146.886	155.035	154.103	164.224	158.458
Niederlande	134.881	130.369	104.879	100.834	106.731	93.058
EU 27	**359.053**	**373.237**	**348.940**	**335.949**	**354.898**	**332.978**
Vereinigtes Königreich	53.376	48.295	48.309	45.038	42.226	36.571
EU 28	**412.429**	**421.532**	**397.771**	.	.	.
Ghana	53.452	56.759	32.725	38.894	37.412	25.822
Dem. Rep. Kongo	17.481	19.560	18.979	19.597	27.372	22.416
Südafrika	20.851	405	27	25	344	135
Hongkong	2.032	986	1.695	800	53	81
Drittländer [1]	**165.571**	**150.304**	**113.647**	**180.552**	**189.451**	**130.320**
Geflügelfleischimporte, Tonnen	**278.299**	**285.643**	**297.257**	**278.641**	**304.308**	**299.591**

1) jeweiliger Gebietsstand
Quelle: Eurostat

Tabelle 175

Geflügelfleischexporte Dänemarks, ohne Zubereitungen

	2017	2018	2019	2020	2021	2022v
Geflügelfleischexporte, Tonnen						
Gesamt	85.624	83.194	87.869	81.231	69.220	83.549
davon nach:						
Deutschland	4.743	3.245	3.972	6.622	5.807	11.996
Niederlande	13.581	13.054	14.021	15.078	5.055	18.466
Frankreich	2.617	2.540	2.271	2.181	1.958	307
Schweden	12.778	12.370	12.278	10.630	11.593	11.318
Litauen	546	201	438	592	781	575
EU 27	45.986	40.776	42.936	44.992	42.557	58.449
Vereinigtes Königreich	3.154	1.417	476	353	257	277
EU 28	49.139	42.193	43.442	.	.	.
Südafrika	19.232	24.156	22.915	15.346	54	25
Singapur	2.174	2.591	2.872	2.811	3.748	2.869
Malaysia	306	621	2.015	1.754	3.497	3.995
Südkorea	6.154	5.767	8.632	6.849	.	2.470
Ukraine	1.013	233	171	496	294	.
Hongkong	2.389	1.310	2.058	1.681	1.193	1.413
Drittländern [1]	36.485	41.002	44.933	36.239	26.663	25.100

1) jeweiliger Gebietsstand
Quelle: Danmarks Statistik, Eurostat

Tabelle 176

Kükenschlupf im Vereinigten Königreich

	2017	2018	2019	2020	2021	2022v
Schlupf von Mastküken, 1.000 Stück						
Januar - März	257.600	270.000	266.500	277.500	305.900	310.000
April - Juni	267.500	276.300	273.400	268.300	309.000	298.300
Juli - September	269.700	278.800	276.100	272.300	285.200	300.300
Oktober - Dezember	260.700	263.400	270.100	291.200	290.500	290.000
Januar - Dezember	**1.055.500**	**1.088.500**	**1.086.100**	**1.109.300**	**1.190.600**	**1.198.600**
Schlupf von Putenküken, 1.000 Küken						
Januar - März	2.700	3.274	2.700	3.300	3.200	3.200
April - Juni	3.400	4.549	3.400	2.600	3.500	3.200
Juli - September	6.000	7.295	6.800	5.400	5.100	4.800
Oktober - Dezember	2.400	3.310	3.000	3.200	3.400	3.300
Januar - Dezember	**14.500**	**18.427**	**15.900**	**14.500**	**15.200**	**14.500**

Quelle: Ministry of Agriculture, Fisheries and Food

6 EU/Drittländer: Geflügel

Tabelle 177

Geflügelfleischproduktion (Schlachtungen) im Vereinigten Königreichs

1.000 t	2017	2018	2019	2020	2021	2022v
Gesamt	1.858	1.951	1.908	1.973	1.987	1.936
davon						
Hähnchen	1.596	1.674	1.625	1.696	1.770	1.754
Suppenhennen	77	76	84	84	70	48
Puten	154	171	175	174	129	.
Enten	31	31	28	23	21	.

Quelle: MEG nach Defra

Tabelle 178

Kennziffern zum polnischen Geflügelmarkt

1.000 t	2017	2018	2019	2020	2021	2022v
Bruttoeigenerzeugung	2.511	2.597	2.863	2.981	2.762	2.963
davon:						
- Hähnchen	2.055	2.115	2.207	2.243	2.287	2.503
- Puten	376	384	408	392	368	364
Erzeugung polnischer Schlachtereien	2.344	2.545	2.593	2.696	2.548	2.730
davon:						
- Hühner	1.937	2.080	2.111	2.200	2.097	2.232
- Puten	333	377	386	407	363	409
- Enten	47	55	62	64	57	65
Ausfuhr Fleisch [1]	1.156	1.325	1.461	1.495	1.482	1.586
Einfuhr Fleisch [1]	59	79	89	63	78	69
Selbstversorgungsgrad, %	240	228	249	250	223	283
Verbrauch je Kopf, kg	27,6	30,0	31,4	32,7	27,8	28,0

1) Produktgewicht, ohne Zubereitungen und Lebern.
Quellen: EU-Kommission; Eurostat; Glowny Urzad Statystyczny; MEG-Berechnungen

Tabelle 179

Außenhandel Polens mit Geflügelfleisch (0207)

Tonnen	2017	2018	2019	2020v	2021	2022v
Importe Gesamt	58.775	79.371	88.905	62.613	77.632	69.170
davon aus:						
Deutschland	22.618	17.929	21.537	25.631	30.751	25.812
Vereinigtes Königreich	10.543	9.344	8.555	7.885	626	419
Ungarn	4.799	6.012	5.168	4.164	5.616	5.605
Niederlande	2.055	2.723	6.940	2.792	3.932	2.054
Italien	3.437	4.674	4.019	4.211	4.740	3.220
Frankreich	1.617	1.926	695	2.237	2.504	1.667
Ukraine	3.213	24.469	27.162	5.516	13.225	21.285
Exporte Gesamt	1.156.317	1.324.610	1.460.851	1.483.806	1.481.531	1.585.937
davon nach:						
Deutschland	172.107	216.142	224.723	247.757	247.329	286.389
Tschechische Republik	78.221	82.214	79.913	83.402	70.702	70.208
Vereinigtes Königreich	98.315	110.107	122.254	137.606	141.132	159.552
Niederlande	83.039	97.546	116.768	127.692	141.476	157.094
Frankreich	83.503	88.099	92.060	105.215	122.091	147.182
Hongkong	40.190	20.339	34.008	33.949	.	.
China	.	14.883	24.634	.	.	.

Quelle: Minrol

Polen: Entwicklung des Außenhandels mit Geflügelfleisch

Quelle: Minrol

Online-Fortbildung
TIERSEUCHEN-PRÄVENTION GEFLÜGEL

ulmer-akademie.de

Jederzeit anmelden und starten!

In der Geflügelhaltung können Tierseuchen auftreten, die für Menschen und Tiere gefährlich sind. Ein Seuchenfall kann in Betrieben zu großen wirtschaftlichen Schäden führen. In diesem E-Learning-Kurs lernen Sie, wie Sie das Risiko für Tierseuchen auf Ihrem Betrieb verringern und die Biosicherheit erhöhen können.

In Kooperation mit:

HOCHSCHULE OSNABRÜCK
UNIVERSITY OF APPLIED SCIENCES

JETZT QR-CODE SCANNEN